高职高专教育"十三五"规划建设教材
高职高专畜牧兽医专业群"工学结合"系列教材建设

养殖企业经营管理

张慧玲　主编

中国农业大学出版社
·北京·

内容简介

本教材以实际应用知识和实践操作为主，按照“项目导向、任务驱动”的教学方法，基于工作过程设定了畜产品市场调查、养殖企业经营预测、经营决策、经营计划、合同管理、生产要素的利用与管理、畜产品质量安全管理、物流管理、养殖企业经济核算与经营效果分析、客户关系管理等教学内容。具体编写结构以工作项目为基础，分设“学习目标”“学习内容”“案例分析”“知识拓展”“考核评价”“知识链接”六个教学组织单元，并渗透了养殖企业各工作岗位应遵守的法律法规、制度和技术标准。

本教材文字精练，图文并茂，通俗易懂，现代职业教育特色鲜明，既可作为教师和学生开展“校企合作、工学结合”人才培养模式的特色教材，又可作为养殖企业经营管理人员的培训教材，还可作为广大畜牧兽医工作者短期培训、技术服务和继续学习的参考用书。

图书在版编目(CIP)数据

养殖企业经营管理/张慧玲主编．—北京：中国农业大学出版社，2015.8(2020.10重印)
ISBN 978-7-5655-1355-8

Ⅰ.①养…　Ⅱ.①张…　Ⅲ.①养殖业-农业企业管理-企业经营管理-教材　Ⅳ.①F307.36

中国版本图书馆CIP数据核字(2015)第177627号

书　　名　养殖企业经营管理
作　　者　张慧玲　主编

策划编辑	康昊婷	**责任编辑**	田树君
封面设计	郑　川	**责任校对**	王晓凤
出版发行	中国农业大学出版社		
社　　址	北京市海淀区圆明园西路2号	**邮政编码**	100193
电　　话	发行部 010-62818525,8625	**读者服务部**	010-62732336
	编辑部 010-62732617,2618	**出　版　部**	010-62733440
网　　址	http://www.cau.edu.cn/caup	**e-mail**	cbsszs@cau.edu.cn
经　　销	新华书店		
印　　刷	北京时代华都印刷有限公司		
版　　次	2015年9月第1版　2020年10月第3次印刷		
规　　格	787×1 092　16开本　17.5印张　430千字		
定　　价	46.00元		

编审人员
CONTRIBUTORS

主　编　张慧玲(甘肃畜牧工程职业技术学院)

参　编　陈学聪(甘肃前进牧业科技有限责任公司)
　　　　黄文东(甘肃武威市凉州区白猪育种场)
　　　　孙月华(甘肃畜牧工程职业技术学院)
　　　　师晓娟(甘肃畜牧工程职业技术学院)

审　稿　史兆国(甘肃农业大学动物科技学院)
　　　　李和国(甘肃畜牧工程职业技术学院)

前言 PREFACE

为了认真贯彻落实教职成[2011] 11号《关于支持高等职业教育提升专业服务产业发展能力的通知》、教职成[2012] 9号《关于"十二五"职业教育教材建设的若干意见》精神，切实做到专业设置与产业需求对接、课程内容与职业标准对接、教学过程与生产过程对接，自2011年以来，甘肃畜牧工程职业技术学院与甘肃荷斯坦奶牛繁育中心、宁夏晓鸣农牧股份有限公司、兰州正大有限公司和大北农集团等企业联合，积极开展现代职业教育"产教融合、校企合作、工学结合、知行合一"的人才培养模式研究。课题组在大量理论和实践探索的基础上，制定了畜牧兽医专业群畜牧专业"产教融合、校企合作"人才培养方案和专业课程教学标准；开发了畜牧兽医专业群畜牧专业职业岗位培训教材和相关教学资源库。其中，《畜牧专业基于"校企合作、工学结合"的人才培养模式研究》于2013年12月由中国农业职业教育研究会结题验收，项目成果达到国内畜牧专业同类研究领先水平；《畜牧专业基于"工作过程和职业标准"教学资源库建设研究》于2014年12月获得甘肃省教育厅教学成果奖。这些成果，一是完善了高职院校畜牧兽医专业群畜牧专业"产教融合、校企合作、工学结合、知行合一"人才培养机制；二是推进了专业课程在现场工作情景、模拟场景或仿真环境中的"工学结合"教学；三是锤炼了学生的就业能力和职业发展能力。为了充分发挥该项目成果的示范带动作用，甘肃畜牧工程职业技术学院委托中国农业大学出版社，依据国家教育部《高等职业学校专业教学标准(试行)》，以项目研究成果《畜牧专业基于"工学结合、校企合作"的职业岗位培训教材》为基础，组织学校专业教师和企业技术专家，并联系相关兄弟院校教师参与，编写了畜牧兽医专业群畜牧专业"工学结合"系列教材，期望为技术技能人才培养提供支撑。

本套教材专业基础课以技术技能人才培养为目标，以畜牧兽医专业群畜牧专业的岗位能力需求为导向，坚持适度、够用、实用及学生认知规律和同质化原则，以模块→项目→任务为主线，设"学习目标""学习内容""学习要求"三个教学组织单元，并以任务的形式展开叙述，明确学生通过学习应达到的识记、理解和应用等方面的基本要求。其中，识记是指学习后应当记住的内容，包括概念、原则、方法等，这是最低层次的要求；理解是指在识记的基础上，全面把握基本概念、基本原则、基本方法，并能以自己的语言阐述，能够说明与相关问题的区别及联系，这是较高层次的要求；应用是指能够运用所学的知识分析、解决涉及动物生产中的一般问题，包括简单应用和综合应用。有些项目的相关理论知识或实践技能，可通过扫描二维码、技能训练、知识拓展或知识链接等形式学习，为实现课程的教学目标和提高学生的学习效果奠定基础。

本套教材专业课以“职业岗位所遵循的行业标准和技术规范”为原则，以生产过程和岗位任务为主线，设计学习目标、学习内容、案例分析、知识拓展、考核评价和知识链接等教学组织单元，尽可能开展“教、学、做”一体化教学，以体现“教学内容职业化、能力训练岗位化、教学环境企业化”特色。

本套教材编写由甘肃畜牧工程职业技术学院杨孝列教授和李和国教授主持，其中杨孝列、郭全奎担任《畜牧基础》主编；余彦国担任《动物解剖生理》主编；杨孝列、刘瑞玲担任《动物营养与饲料》主编；张玲清担任《畜禽环境控制技术》主编；张登辉担任《畜禽遗传育种》主编；李来平、贾万臣担任《动物繁殖技术》主编；康程周担任《基础兽医》主编；王治仓担任《临床兽医》主编；黄爱芳、王选慧担任《动物防疫与检疫》主编；张慧玲担任《养殖企业经营管理》主编；李克广、郭全奎担任《饲料分析检测技术》主编；王璐菊、张延贵担任《养牛生产技术》主编；郭志明、杨孝列担任《养羊生产技术》主编；李和国、关红民担任《养猪生产技术》主编；郑万来、徐英担任《养禽生产技术》主编。本套教材内容渗透了畜牧、兽医、饲料等方面的行业标准和技术规范，文字精练，图文并茂，通俗易懂，并以微信二维码的形式，提供了丰富的教学信息资源，编写形式新颖、职教特色明显，既可作为教师和学生开展“校企合作、工学结合”人才培养模式的特色教材，又可作为企业技术人员的培训教材，还可作为广大畜牧兽医工作者短期培训、技术服务和继续学习的参考用书。

本教材由甘肃畜牧工程职业技术学院张慧玲任主编。其中绪论、项目一至项目四、项目六、项目九由张慧玲编写，项目七、项目八由孙月华编写，项目五、项目十由师晓娟编写，全书由张慧玲统稿。企业专家黄文东提供了案例分析资料，陈学聪提供了企业经营管理制度和技术标准，甘肃农业大学动物科技学院史兆国教授、甘肃畜牧工程职业技术学院李和国教授审稿，对书稿提出了许多宝贵意见和建议，提高了本教材的质量，在此一并深表谢意。

由于编者初次尝试“专业群”系列教材开发，时间仓促，水平有限，书中错误和不妥之处在所难免，敬请同行专家批评指正。

编　者

2015 年 5 月 26 日

目录 CONTENTS

绪论

一、课程简介

“养殖企业经营管理”是养殖企业经营管理人员需要学习和掌握的基本知识和基本理论，是畜牧专业及相关专业学生在掌握本专业生产性基础知识之后或同步学习的一门紧密联系生产实际的专业必修课，它包括畜产品市场调查、养殖企业经营预测、经营决策、经营计划、合同管理、生产要素的利用与管理、畜产品质量安全管理、物流管理、养殖企业经济核算与经营效果分析、客户关系管理十个部分。

畜产品市场调查主要阐明畜产品市场的特征、畜产品市场需求的特点、畜产品市场供给的特点、市场供求平衡的规律、市场调查的含义和意义、市场调查的原则和内容、市场调查的方法。学习的最终目的是通过对畜产品市场的深入而细致的调查分析，收集和整理与畜产品市场有关的信息和资料，为养殖企业经营预测提供客观的依据。

养殖企业经营预测主要阐明经营预测的概念和意义、经营预测的内容、经营预测的原则、经营预测的定性方法和定量方法。学习的最终目的是在对畜产品市场调查的基础上，选择运用经营预测的定性分析和定量分析的方法，对与养殖企业经营有关的未来状况进行预测和分析，为养殖企业做出科学而合理的经营决策和编制经营计划提供重要的依据。

养殖企业经营决策主要阐明经营决策的概念和意义、经营决策的内容、经营决策的原则、经营决策的方法。学习的最终目的是在对畜产品市场调查和经营预测的基础上，选择运用经营决策的定性分析和定量分析的方法，选择最优或合理而满意方案，作为企业的行动纲领，为企业的发展明确了奋斗目标和前进方向。

养殖企业经营计划主要阐明计划管理的意义、计划体系及其内容、计划指标体系、主要年度生产计划的编制方法。学习的最终目的是为了落实经营决策的目标，通过编制各种经营计划，合理利用人力、物力、财力，做到根据畜产品市场需求安排生产，即以需定产。

养殖企业合同管理主要阐明合同的含义、法律特征和原则、合同的主要条款、合同签订和履行、合同担保、合同纠纷处理。学习的最终目的是合同是一种法律行为，通过合同管理，实现企业依法经营依法管理的目的。

养殖企业生产要素的利用与管理主要阐明人力资源、信息、技术、时间、资金概念及特点、合理利用人力资源的途径、合理利用信息和时间的途径、提高领导艺术的途径、筹资的渠道、筹集的方式。学习的最终目的是合理而有效地利用各种生产要素，根据市场需求组织生产，尽可能以最小的投入取得最大的产出。

畜产品质量安全管理主要阐明畜产品质量安全的概念及主要影响因素、畜产品不安全的危害、饲料及兽药对畜产产品质量安全的影响、畜产品安全生产的环节。学习的组织目的是提高养殖企业经营管理人员对畜产品质量安全的意识和认识，加强对畜产品安全生产的监管工作，为消费者提供安全放心的各类畜产品。

畜产品物流管理主要阐明现代物流的概念与类型、运输的概念与功能、仓储的概念与功能、包装的概念与功能、肉类及蛋类的储藏技术与保鲜技术。学习的最终目的是将畜产品安全迅速地从生产者、供应者手中转移到消费者手中，满足市场需求，降低物流成本，提高企业竞争力，达到保值、增值、创造效益的目的。

养殖企业经济核算和经营效果分析主要阐明资产、成本、利润的概念、经济核算和经营效果分析的内容、企业资产核算的方法、畜产品成本核算的方法、企业利润的方法、经营效果分析的方法。学习的最终目的是树立和提高经营管理人员经济核算和经营效果分析的理念和认识，加强畜产品生产成本核算，提出增收节支和改善经营管理的措施，以实现企业经营目标——追求利润最大化。

养殖企业客户关系管理主要阐明客户关系管理产生的原因、客户关系管理的内涵和意义、客户关系管理的内容、客户关系管理的策略。学习的最终目的是使企业与客户保持良好、稳定的关系，提高客户的满意度与忠诚度，降低企业的交易成本，为企业带来源源不断的利润。

二、课程性质

"养殖企业经营管理"是一门实践性、应用性很强的课程。本课程以辩证唯物主义为指导，密切关注当前政治经济与法律环境，科学阐明养殖企业经营管理的规律及其运用；引导学生理论学习与实践技能训练相结合，强化实训，注重培养学生分析问题解决问题能力。另外，"养殖企业经营管理"是一门集经济学、管理学、养殖生产技术科学、数学、统计、会计、财务管理等多学科为一体的交叉学科，因此，在学习过程中，除了注意上述学习方法之外，还应注意学好数学、统计学等方面的知识（函数、微分、线性代数、回归分析等），具备计算机方面的基本知识及基本操作技能，还应有政治经济基础理论方面的知识。为了学好这门课程，学生还应注意课外知识的吸收，善于利用各种媒体（报纸、杂志、互联网、电视、广播等）来吸收有关经营管理方面的知识，不断丰富自己的头脑，具备解决实际工作中有关经营、管理等方面问题的能力。

三、课程内容

本课程内容编写是以技术技能人才培养为目标，以畜牧兽医专业养殖企业经营管理方面的岗位能力需求为导向，结合行业发展现状和养殖企业发展特点及具体情况，坚持适度、够用、实用及学生认知规律和同质化原则，以过程性知识为主、陈述性知识为辅。

在课程内容编排上，尽量按照学习过程中学生认知心理顺序，与专业所对应的典型职业工作顺序，或对实际的多个职业工作过程来序化知识，将陈述性知识与过程性知识整合、理论知识与实践知识整合，课程内容不再是静态的学科体系的显性理论知识的复制与再现，而是着眼于动态的行动体系的隐性知识生成与构建，更符合职业教育课程开发的全新理念。

本课程在内容的设计上，打破原有学科体系的完整性，充分体现"以工作过程为基础"的课程理念，以理论讲授、课堂讨论和案例分析为主要教学形式，依据教学内容的同质性和技术技能的相似性，进行归类和教学设计，划分为 10 个项目，38 个任务，即：

项目一　畜产品市场调查

项目二　养殖企业经营预测

项目三　养殖企业经营决策

项目四　养殖企业经营计划

项目五　养殖企业合同管理

项目六　养殖企业生产要素的利用与管理
项目七　畜产品质量安全管理
项目八　畜产品物流管理
项目九　养殖企业经济核算与经营效果分析
项目十　养殖企业客户关系管理

每一项目又设"学习目标""学习内容""案例分析""知识拓展""考核评价""知识链接"六个教学组织单元，以任务的形式展开叙述，并渗透了养殖企业各工作岗位应遵守的相关法律法规、制度和技术标准。

四、课程目标

掌握养殖企业经营管理的基本知识，能够：

(1)展开畜产品市场调查，撰写市场调查报告。
(2)选择运用科学的方法，进行经营预测。
(3)运用定性定量的方法，进行经营决策。
(4)运用平衡法，编制畜群配种分娩计划、周转计划。
(5)遵循签订合同的原则，模拟编制和签订一份畜禽买卖合同。
(6)运用激励原理，提高企业员工的劳动积极性。
(7)根据影响畜产品质量安全的主要因素，加强畜产品质量安全的监管。
(8)调查周边畜产品物流企业的运营状况，分析加强畜产品运输或仓储合理化的措施。
(9)运用畜产品成本核算的方法，核算养猪业产品成本。
(10)运用客户投诉的知识，设计和策划有效处理客户投诉的解决方案。

Project 1

畜产品市场调查

学习目标

了解与养殖企业经营管理有关的几个概念及经营与管理的关系；熟悉畜产品市场及市场机制；掌握畜产品市场调查的原则、程序、方法。

【学习内容】

任务一　概述

养殖企业所生产的肉、蛋、奶、皮、毛等动物性产品，是人们基本生活资料的重要来源，在国民经济中具有重要的地位与作用。对于养殖企业的工作者来说，不但要学会和掌握先进的养殖科学技术，还要熟悉和掌握与养殖企业经营管理有关的科学理念、基本原理、基础知识，才能在工作中更好地发挥作用。

一、养殖企业经营管理的一般性

(一)相关概念

1. 养殖企业

养殖企业是指从事畜产品生产和交换活动，实行自主经营、独立核算、自负盈亏，以盈利为目的的经济组织或基本经营单位。并具有法人地位。市场经济中企业是市场的主体，根据其营利性及自身特点，决定了企业运作的重心是经营管理。

2. 经营

经营是指企业在一定的社会制度和环境条件下，有目的地将劳动力与生产资料结合起来，进行产品的生产与交换或提供劳务的动态活动过程。经营是商品经济特有的范畴。市场经济条件下，生产者不仅要用最经济有效的方法把产品生产出来，还要从事市场流通过程的活动，以最有利的条件将产品销售出去，以获得最大化的利润。

3. 管理

管理是指为企业实现一定经营目标而采取的组织协调方法和组织活动。管理具有明确的目的性、特定的范围、界限或权限，管理的主体(即谁进行管理)应该是明确的。管理体现在企业生产经营中的各个方面，于是形成了市场管理、生产管理、要素管理、财务管理、物流管理、客户管理等。

4. 养殖企业经营管理

养殖企业经营管理就是指畜产品的生产经营者为了达到一定的经营目标，对经营要素的结合与经营过程的运转(供应—生产—销售—分配)进行决策、计划、组织、指挥、协调、控制等全部工作的总称。其主要是合理确定生产方针和核算制度，科学安排生产项目和生产计划，科学管理和有效运用各种生产资源，合理组织生产，制订正确的营销策略、有效监督调控生产过程等。

(二)经营与管理的关系

企业的经营与管理是两个不同的概念，它们既有联系又有区别。

1. 经营与管理的区别

企业运营都会包括经营和管理这两个主要环节，经营是指企业进行市场活动的行为，而管理是指企业理顺工作流程、发现问题的行为；经营是对外的，追求从企业外部获取资源和建立影响；管理是对内的，强调对内部资源的整合和建立秩序；经营追求的是效益，要资源，要赚钱；管理追求的是效率，要节流，要控制成本；经营是扩张性的，要积极进取，抓住机会，胆子要大；管理是收敛性的，要谨慎稳妥，要评估和控制风险。

2.经营与管理的联系

经营与管理是密不可分的，好比企业中的阳与阴，人类社会共同生活中的“他”与“她”，必须共生共存，在相互矛盾中寻求相互统一，光明中必须有阴影，而阴影中必须有光明；经营与管理是相互依赖的，忽视管理的经营是不能长久、不能持续的，另一方面，忽视经营的管理是没有活力的，是僵化的；经营管理是相互渗透的，经营是龙头，管理是基础，管理必须为经营服务，只有管理跟上了，经营才可能继续往前进，经营前进后，又会对管理水平提出更高的要求。所以，企业发展的规律就是经营—管理—经营—管理交替前进。如果撇开管理光抓经营是行不通的，管理扯后腿，经营就前进不了。相反的，撇开经营，光抓管理，就会原地踏步甚至倒退。

(三)经营管理的职能

经营管理职能包括5个方面的内容，即战略职能、决策职能、开发职能、财务职能和公共关系职能。

1.战略职能

战略职能是企业经营管理的首要职能。因为企业所面对的经营环境是一个非常复杂的环境。影响这个环境的因素很多，变化很快，而且竞争激烈。在这样一个环境里，企业欲求长期稳定的生存与发展，就必须高瞻远瞩，审时度势，随机应变。经营管理的战略职能包括五项内容：经营环境分析、制定战略目标、选择战略重点、制定战略方针和对策、制定战略实施规划。

2.决策职能

经营职能的中心内容是决策。企业经营的优劣与成败，完全取决于决策职能。决策正确，企业的优势能够得到充分的发挥，扬长避短，在风险经营环境中以独特的经营方式取得压倒的优势；决策失误，将使企业长期陷于困境之中。

3.开发职能

开发不仅仅限于人、财、物，经营管理的开发职能的重点在于产品的开发、市场的开发、技术的开发，以及能力的开发。企业要在激烈的市场竞争中稳操胜券，企业就必须拥有第一流的人才，第一流的技术，制造第一流的产品，创造出第一流的市场竞争力。只有企业在技术、人才、产品、服务、市场适应性方面都出类拔萃，企业才能在瞬息万变的市场竞争中，得心应手，应付自如。

4.财务职能

财务过程，是指资金的筹措、运用与增值的过程。财务职能集中表现为资金筹措职能、资金运用职能、增殖价值分配职能以及经营分析职能。企业经营的战略职能、决策职能、开发职能，都必须以财务职能为基础，并通过财务职能做出最终的评价。

5.公共关系职能

企业同它赖以存在的社会经济系统的诸环节保持协调，这种同外部环境保持协调的职能，被称为社会关系职能或公共关系职能。

公共关系的内容包括：企业与投资者的关系，与往来厂商的关系、与竞争者的关系、与客户的关系、与职工的关系、与地区社会居民的关系、与公共团体的关系、与政府机关的关系。

二、养殖业经济再生产的特点

要搞好养殖企业经营管理，必须认识和掌握养殖业经济再生产的特点。

(一)养殖业的经济再生产过程与自然再生产过程总是交织在一起

养殖业的生产对象是有生命的畜禽，每种畜禽依靠其特有的新陈代谢机能，通过生长、发育、繁殖等一系列生命活动，不断更新其后代的过程，称为养殖业自然再生产。以追求经济效益的最大化为经营目标，养殖业总产品、劳动力和生产关系的生产不断反复和更新，称为养殖业经济再生产。二者总是密切交织在一起，互不离分，养殖业经济再生产指导着自然再生产活动有序进行，而自然再生产随着经济再生产的变化而不断变化。因此，要求养殖企业不但要按自然规律组织生产经营，同时，还要求按照经济规律进行生产管理，以取得良好的经济效益和生态效益。

(二)养殖业是以第一性生产为基础的第二性生产

第一性生产是指饲草饲料生产(即草料生产)，第二性生产是指家畜家禽生产(即畜禽生产)，因此，发展养殖业必须重视第一性生产。

(三)养殖业生产的周期长，产品提供具有间歇性，而饲养管理具有连续性

养殖业生产周期一般较长，产品具有鲜活性，在整个生产周期中要投入大量的劳动力和资本，只有在生产周期结束时才能获得收入，实现资本的回收。从生产时间分析，比如奶牛泌乳有高产期、低产期和干乳期；蛋鸡有产蛋期和休产期等。因此，要求企业要注意均衡生产，在生产中要求选用优良品种，采用科学饲养管理，延长生产时间，缩短生产周期，提高畜禽的产品率，提高劳动者素质，并搞好产品的加工、贮存、运输、销售等工作。

(四)养殖业生产的转化性

养殖业将植物能转化为动物能。饲料在生产成本中占有很大的比例，因此，养殖业生产管理的主要任务之一，是提高饲料转化率。

(五)养殖业生产的双重性

作为繁殖用的母畜、种畜、奶畜是劳动手段和生产资料，而作为肉畜、肉禽则又是劳动产品和消费资料，具有双重性特点。因此，养殖业生产，既要满足社会对生活消费品需要，又要保证企业自身再生产的需要。

(六)养殖业对自然条件具有特别的依赖性

养殖企业要适应自然条件，利用自然条件，保护生态条件，维持生态平衡，才能促进养殖业大发展。

任务二　畜产品市场

养殖企业为了做到以销定产，以便更好地满足广大消费者对畜产品的需求，生产经营者必须了解畜产品市场，做好市场调查与市场预测，合理决策，降低生产成本，提高企业经济效益。

一、畜产品市场的概念

(一)市场的概念

市场是随着社会分工和社会生产的发展而形成与发展起来的,是一种以商品交换为内容的经济联系形式,是连接生产和消费的桥梁与纽带。

随着商品经济的发展,对市场的认识也是不断发展的,市场属于历史的范畴,因此,可以从不同的角度定义市场。

1.狭义的市场

狭义的市场是指商品交换或商品流通的场所。这种场所不仅为生产者和消费者提供了一个彼此相聚进行交易活动的场地,还包括设立在该场地上服务于商品流通的经济组织和管理机构。随着市场经济的日益发展,商品供应的数量、品种、范围日趋增大而复杂,交易手续日益便捷,沟通工具日益先进,打破了交易场所、交易时间的局限性,出现了更为广泛的市场。

2.广义的市场

广义的市场是指一切商品交换关系的总和。它包括生产者之间、生产者与经营者之间、生产者与消费者之间、经营者与消费者之间所发生的全部交换关系的总和,在交换中反映了人与人之间的关系。可见,现代市场的含义已不再单指商品交换和商品流通的场所,它已发展成为资源配置、商品流通、供求平衡、利益协调的一种有效手段。

3.从企业市场的角度来理解市场

市场是指某种产品或劳务的所有现实购买者和潜在购买者需求的总和。养殖企业是卖方,消费者是买方,卖方集合被称为产业,买方集合被称为市场。简单说市场就等于需求,它是需求的总和,需求包括现实需求和潜在需求。

(二)市场的三要素

市场包含三个主要因素:有某种需要的人、为满足这种需要的购买能力和购买欲望。我们可用一个公式来表示:

市场=人口+购买力+购买欲望

市场的这三个构成要素是相互制约、缺一不可的,只有将三者结合起来才能构成现实有效的市场。潜在市场指随着经济的发展和消费水平提高以及经过努力可以转化为现实市场的市场。人口的多少、购买力的大小、购买欲望的强弱决定了市场的规模。对于一个国家或地区来说,如果人口多,但收入低,购买力也低,市场规模就会小。同样,如果收入很高,但人口很少,市场规模也会小;但是有了人口和购买力,如果商品不适应消费者的需要,也就不能引起消费者的购买欲望。人口的多少与日用基本消费品的销量相联系,购买力的高低与高档消费品的销量相联系,购买欲望与人的个性相联系。

(三)市场的功能

畜产品市场是我国整体市场体系的组成部分,它与其他市场一样,具有以下功能。

1.交换功能

交换是商品的根本属性。畜产品生产者拥有产品所有权,但他们不需要这么多的产品,而消费者需要畜产品，他们又不拥有产品的所有权。借助于市场交换，各取所需，各得其所。

2. 竞争功能

竞争性是市场的本质属性。市场是竞争的场所，表现为畜产品的质量竞争、价格竞争以及服务竞争等。通过竞争给企业和劳动者带来压力和动力，促进社会分工和技术进步，加强经营管理，提高产品质量，降低成本，改进服务态度，以便在市场竞争中取得优胜地位。

3. 供给功能

畜产品市场与消费存在着时间、空间、形态上的矛盾，通过营销组织的贮运、屠宰、加工，使产品以适当的时间、地点和形式提供给消费者，还提供产品标准化、融通资金、承担风险、沟通信息等营销工作，为畜产品交换提供便利。

4. 导向功能

通过市场供求与价格导向，使畜产品生产、计划、技术、劳力以及消费都朝着市场需求方向调整与发展，从而起到调节畜产品商品供求矛盾，引导公平竞争，实现优胜劣汰，推动要素优化组合，促进生产发展的作用。

5. 价值增值功能

某些商品通过市场交换不但能转移和实现商品价值，而且能够使商品价值实现增值。如通过异地运输调节商品供需的地域矛盾，创造或增加商品的地域效用；通过商品贮存和加工，调节商品供需的时间矛盾，创造或增加商品的时间效用和形态效用，实现商品价值增值。

6. 调节功能

市场是实现畜产品供求平衡的调节器。生产的目的是为了满足人们的消费需求，市场是连接两者的桥梁。市场上的产品客观上要求供给与需求相适应，但畜产品的产销、供求之间又经常处于不平衡状态，这样，市场就起着自发调节供求平衡的作用。当市场上某种畜产品供不应求时，价格就会上升，从而刺激生产，抑制消费；当市场上某种畜产品供过于求时，价格就会下降，从而刺激消费，抑制生产。通过这种调节，使得畜产品产销、供求之间达到平衡。

(四)市场机制

市场机制，也称市场运行机制或市场调节机制，指在市场竞争过程中，通过供求动态变化信号导致市场价格波动；而市场价格的波动，反过来又影响和调节着市场供求关系，所以供求关系、价格和竞争关系是构成市场机制的主要要素。其中价格是市场机制的核心。

1. 供求关系

参加市场竞争的各个主体，即商品的供给者和需求者，市场主体之间的关系首先表现为供求关系。没有供求关系，商品不会自己来到市场上，也不会自动地发生交换行为。市场主体之间的供求关系，又是通过商品和货币之间的关系表现出来的。作为交换对象的商品和货币便构成市场客体，它们之间的这种相互关系是市场机制赖以存在和运转的基础。

2. 价格

价格是构成市场机制的另一要素。价格是商品与货币的交换比例，市场上最重要的信息是价格，市场上供求关系是通过价格来表现、衡量和调节的。

3. 竞争

竞争是构成市场机制的又一个要素。竞争是商品生产者之间互相争取各自利益的斗争。在供求双方的竞争中，多以价格变动形式表现出来。

二、畜产品市场的分类

(一)按购买者的购买目的和身份分类

按购买者的购买目的和身份将市场分为消费者市场和组织市场。消费者市场是指为满足自身需要而购买的一切个人和家庭构成的市场。组织市场是指一切为了自身生产、转售或转租或者用于组织消费而采购的一切组织构成的市场,主要包括生产者市场、中间商市场和政府市场。

(二)按市场组成结构分类

将总体市场按照一定的标准加以区分,可以按照畜产品类别、地理位置、人文特点等进行划分。

1.按畜产品类别划分

一般有肉类市场、蛋类市场、奶类市场、毛皮类市场等。

2.按地理位置划分

一般有城市市场、农村市场、国内市场、国际市场等。

3.按人文特点划分

按性别和年龄分为妇女市场、儿童市场、老年人市场,按职业和收入分为工薪阶层市场、高收入群体市场等。

(三)按市场形成特点分类

按市场形成特点将市场分为产地市场、中心集散市场、消费地市场。产地市场是指在畜产品产地直接收集或收购的市场,它分布于各牧区的集镇,是定期或不定期的小型分散市场。中心集散市场一般分布于大的集中产区、消费区、加工区或交通枢纽点,包括地区性的集散市场与全国性的集散市场。消费地市场主要分布在大中城市、工矿区等人口稠密的地区。许多消费地市场与中心集散市场结合在一起。

(四)按市场状况来分类

按市场状况将市场分为买方市场和卖方市场。买方市场是指在商品供过于求的条件下,买方掌握着市场交易主动权的一种市场形态。卖方市场是与买方市场相对称的,是指供给小于需求、商品价格有上涨趋势,卖方在交易上处于有利地位的市场。

(五)按商品流通环节分类

按商品流通环节将市场分为批发市场和零售市场。批发市场是指向再销售者、产业和事业用户销售商品和服务的商业市场。零售市场是指把商品和服务直接卖给最终消费者的商业市场。

三、畜产品市场需求、供给与价格

在市场经济条件下,消费需求是第一位的,生产供给是第二位的。消费需求开拓着市场,并为生产供给提供动力和内容。供给和需求状况是企业经营的方向和晴雨表。

(一)畜产品市场需求

1.市场需求的概念

畜产品市场需求是指人们在一定时期,按不同的市场价格水平购买某种畜产品的能力。根据需求满足的程度,畜产品需求可分为现实需求和潜在需求。潜在需求是现实需求的基础,一旦条件成熟,潜在需求就会转化为现实需求。

畜产品需求可分为生产需求和生活需求。生产需求是指生产过程中物化劳动和活劳动的消耗。在这里撇开活劳动消耗,畜产品生产需求仅指以畜产品为原料的生产者的物化劳动的消耗。生活需求是指人们为了满足个人生活需要而对各种物质和精神产品的消费,畜产品是人们必不可少的消费资料。

2.畜产品需求的特点

(1)畜产品需求的普遍性和大量性。畜产品是人们生活中必需的消费品,大部分畜产品属于"生存资料",直接满足人类的吃、穿、用等生活基本需要。随着生活水平的提高,膳食结构的改善,消费观念的改变,畜产品的需求量迅速增长。

(2)畜产品需求的连续性和季节性。畜产品特别是肉、蛋、奶等食品,已成为许多家庭的日常生活必需品,需求弹性小,即使价格上涨,也很少影响消费的连续性。在我国,受消费习惯和气候变化的影响,在不同的季节对畜产品需求的种类和数量不同,呈现出某种周期性的变化。如在春节期间,畜产品需求量大增,夏季需求量减少。

(3)畜产品需求的多样性和替代性。由于人们的性别、年龄、民族和生活习俗不同,收入和文化水平不同,因而不同的人对畜产品的需求种类和需求量不尽相同,即使是同一个人在不同时间和不同地点的需求也不一样。如有的人喜欢吃猪肉,有的人喜欢吃羊肉,有的人喜欢喝牛奶,有的人喜欢吃鸡蛋。兴趣和爱好的差别形成了整个社会对畜产品需求的多样化。这种多样化又增大了畜产品需求的复杂性。畜产品营养价值高,可供人类直接利用,对于季节性较强或价格过高的产品,就会选择另一种产品来替代,如肉价高了,可选择蛋、鱼、奶等。

(4)畜产品需求的层次性和发展性。需求的层次性主要是由于人们收入水平的差异性所引起。虽然大多数畜产品属于人们的生活必需品,是任何一个需求层次都离不了的消费品,但是由于其品种、质量不同,加工层次不同,都可以使畜产品处于不同的需求层次。畜产品需求还具有发展性的特点,即随着生产的发展和消费者收入水平的提高,人们对畜产品的要求也在不断地发展变化。

(5)畜产品需求的地域性和诱导性。我国是一个多民族和多温带国家,在不同的地域,由于气候差异和风俗习惯的差异,对畜产品的需求种类有着较大差别。回、蒙、藏民族对牛、羊肉的需求量高于汉族,而汉族对猪肉的需求量要高得多。这种因民族居住集中程度和气候的地带性所导致的对畜产品需求的不同性,使畜产品需求呈现明显的地域性。畜产品需求的弹性较大,选择性强,可通过广告宣传、营业推广等促销手段进行开导、启发和诱导,增强消费者对某一畜产品的购买欲望,使潜在需求变成现实需求。

3.影响市场需求的因素

(1)价格因素。同样的商品有不同的价格,消费者会选择价格低的购买。在一般情况下,商品的价格和需求量之间总是表现为一种反向变动关系,即一种商品的价格越高,市场可能的需求量越少;价格越低,市场可能的需求量越大。因此,某种产品价格的高低直接关系到该产品市场需求量的大小,降低价格有利于扩大市场需求量。

(2)非价格因素。非价格因素指除了价格以外对需求量产生影响的因素。随着经济的发展,消费者收入水平的提高,非价格因素对需求量的影响越来越明显。

①人口因素。消费人口是影响畜产品需求的首要因素。畜产品是生活必需品,其需求量和人口数量息息相关。就一般趋势而言,畜产品的社会需求量随着人口的增加而增加。

②消费者的收入。对大多数商品来说,消费者的收入越高,可能的需求量就越大,但对不同的商品来说,影响程度不同,一些低档商品的需求量反而会因人们收入的上升而下降。

③消费偏好。广告宣传等可以使消费者在心理上对某种产品产生偏好,增加需求量。品牌忠诚者对品牌产品具有明显的消费偏好。

④消费者对价格变动的预期。在市场价格出现变动时,消费者如果预期今后价格会上升,就可能提前购买,扩大了当前的需求量;反之,如果消费者认为价格在不远的将来可能下降时,会推迟购买,减少了当前的需求量。

⑤相关产品的购买量。一种产品的需求量增加,会导致另一种产品的需求量减少,这就是市场的替代效应,两种产品互为替代品,如鲜奶和奶粉。而当一种产品的需求量增加时,另一种产品的需求量也随之增加,这称为市场互补效应,如鸡苗与种蛋。

4.需求弹性

(1)畜产品需求的价格弹性(简称价格弹性)。畜产品价格变动会引起畜产品需求量的变动。畜产品需求的价格弹性表明畜产品需求量对其价格变化的反映程度,一般用需求价格弹性系数,即需求量的变动率同商品价格变动率之比来表示。需求价格弹性系数用以衡量价格变动1%时所引起的需求量变动的百分比。公式为:

需求价格弹性系数=需求量变动率/价格变动率

即
$$E_D=(\Delta Q_D/\overline{Q}_D)/(\Delta P/\overline{P})$$

其中
$$\overline{Q}_D=(Q_{D1}+Q_{D2})/2 \qquad \overline{P}=(P_1+P_2)/2$$
$$\Delta Q_D=Q_{D2}-Q_{D1} \qquad \Delta P=P_2-P_1$$

式中:E_D 为需求价格弹性系数;

Q_D 为需求量;

ΔQ_D 为需求量的增量;

P 为价格;

ΔP 为价格的增量;

Q_{D1} 为变化前的需求量;

Q_{D2} 为变化后的需求量;

P_1 为变化前的价格;

P_2 为变化后的价格。

在通常情况下,需求量与价格呈反向变动,因此畜产品需求价格弹性系数一般为负值。为便于比较,一般取其绝对值。

当 $|E_D|>1$ 时,表明需求富有弹性;当 $|E_D|<1$ 表明需求缺乏弹性,$|E_D|=0$ 为无弹性;当 $|E_D|=1$ 为单位弹性。一般说来,畜产品需求价格弹性系数由小到大的顺序依次为:粮食、蔬菜、猪肉、牛奶、牛羊肉、皮毛加工产品。

(2)畜产品需求的收入弹性。畜产品需求的收入弹性表示需求量对消费者收入变动的反应敏感程度。一般用需求收入弹性系数，即需求量变动率与消费者收入变动率之比来表示，以用来衡量当收入变动1%时，所引起需求量变动的百分比。公式为：

$$畜产品需求收入弹性系数\ E_I=畜产品需求量变动率/收入变动率$$

畜产品需求收入弹性与需求价格弹性相似，弹性由小到大一般依次是猪肉、鲜奶、牛羊肉、家禽和蜂产品。

（二）畜产品市场供给

1. 市场供给的概念

市场供给是指卖方或生产者在一定时间内，按各种可能的市场价格水平，愿意并且能够提供给市场出售的产品的数量。按照这个定义，供给必须具备两个条件：一是有出售的愿望，二是有供给能力，两者缺一不可。

2. 畜产品供给的特点

(1)不稳定性。粮食产量与粮价的稳定性，在很大程度上决定着养殖企业生产，特别是猪禽生产的稳定性。

(2)季节性。由于畜禽的生物学特性，饲料生产的季节性，形成了畜禽生产和供给的季节性。

(3)地区性。受各地的饲料资源、畜牧地区类型、经济发展水平和市场环境条件影响，养殖企业生产与供给表现出一定的地区性。

(4)小规模与分散性。不少地区的养殖业仍以家庭经营为主，畜产品来自千家万户，受土地、饲料、资金、场地限制，饲养规模小，相对分散。

(5)时效性。鲜活畜产品不耐贮藏，易腐烂变质，难以远距离运输，在供应上具有很强的时效性，使得畜产品的销售变的刻不容缓，极具挑战性。

(6)二重性。农牧民既是畜产品的生产者，也是畜产品的消费者，其畜产品生产的总量、自食量和商品量左右着市场供给量的多少。

3. 影响畜产品市场供给的因素

(1)生产因素。生产和供给是两个相互联系但又截然不同的概念。生产是供给的源泉和物质基础，没有生产，就谈不上供给。畜产品供给总量的多少，首先，取决于畜牧业生产的发展水平，只有养殖业普遍的、迅速地发展，其产品在满足自身消费需求后，才会有更多的剩余产品提供给市场出售，即增加市场供给量；其次，决定于生产资源的投入量和技术水平，二者是实现高产、优质、高效、安全、生态养殖业的关键；再次，看成本、价格与收益的比较，在高产、优质的前提下，如果产品成本低，收益大，加快生产发展，增加有效供给就有了效益保证。

(2)价格因素。价格影响市场供给表现在两方面：一是受市场上畜产品购销价格影响；二是受成本价格，特别是饲料原料价格的影响。

①畜产品购销价格。在既定的时期，既定的市场条件下，当其他因素不变时，价格与供给量呈同方向变动的关系，即畜产品购销价格上涨，供给就会增加；价格下跌，供给就会减少。

②价格周期。是指畜产品价格从一个高峰到另一个高峰的时间间隔。形成间隔的原因是市场价格对畜产品生产的调节具有一定的滞后性。由于价格信号在反馈指导生产时，一

方面生产者无法打破畜禽生产的自然再生产规律，另一方面生产经营者在调节自己的行动时，没有相应的信息能表明其他生产经营者对价格信号所做出的反应，这就使畜产品的生产经营者带有某种自发性和盲目性，迫使供给量往往处于波动之中，也给价格带来了某种周期性变化。

③替代产品的价格。如果可以替代某一畜产品的产品价格上涨，则这种替代品的供给就会增加，而被替代的畜产品的供给就会减少；如果畜产品价格和替代品价格都上升，而替代品的价格上升幅度大于被替代品价格上升幅度，则替代品的供给仍增加，而被替代品的供给会减少。

④预期价格和效益。如果畜产品生产者预测到某种畜产品未来会涨价，效益会增加，在可以贮存和保鲜的情况下，生产者就会缩减现在的供给而增加未来的供给，或者扩大生产规模，直接增加未来的供给。

⑤饲料原料价格。当饲料原料价格上涨，或以饲料原料为基础的配合饲料价格上涨时，如果市场上畜产品购销价格不变或上涨幅度小于饲料原料价格上涨幅度时，生产者就会缩小生产规模，减少市场供给；反之，如果饲料原料价格上涨幅度小于畜产品购销价格上涨幅度，市场供给量仍会出现增加的趋势。

(3)畜产品进出口贸易量。在市场供给总量不断增加，特别是少数畜产品出现供过于求的情况下，增加畜产品出口量，既能缓解国内市场供求矛盾，又能增加出口创汇。反之，在国内市场供给不足的情况下，通过增加进口量，则能补充市场有效供给，保证加工和消费的基本需求。

(4)畜产品的商品率。在畜产品生产总量一定的条件下，生产单位用于生产消费和生活消费少了，那么市场商品供给量就会增加；反之，亦然。

(5)畜产品的储备能力。所谓储备能力，一是指饲料、肉类、羊毛等实物的储备量；二是指储备基金。畜产品的储备是畜产品供给的调节器和蓄水池，它可以消除畜产品的消费和生产在时间上与空间上的不一致性。

4.畜产品供给弹性

畜产品供给弹性是指畜产品供给量对影响其变动的各种因素变化的反应程度，通常指供给价格弹性。畜产品供给弹性用来表示某种畜产品的供给量对其价格变化的反应程度，用供给弹性系数来表示。

供给弹性系数是指畜产品供给量变动率与其价格变动率之比。用来衡量当某畜产品的价格变动1%，所引起的该畜产品供应量变动的百分比。计算公式为：

畜产品供给价格弹性系数＝供给量变动率/价格变动率

即 $$E_s=(\Delta Q_s/\overline{Q}_s)/(\Delta P/\overline{P})$$

其中 $$\overline{Q}_s=(Q_{s1}+Q_{s2})/2 \qquad \overline{P}=(P_1+P_2)/2$$

$$\Delta Q=Q_{s2}-Q_{s1} \qquad \Delta P=P_2-P_1$$

式中：E_s 为畜产品供给价格弹性系数；

Q_s 为供给量；

ΔQ_s 为供给量的增量；

P 为价格；

ΔP 为价格的增量；

Q_{s1} 为变化前的供给量；

Q_{s2} 为变化后的供给量；

P_1 为变化前的价格；

P_2 为变化后的价格。

通常情况下，畜产品的供应量与其价格呈正向变动，因此畜产品供给价格弹性系数一般为正值。

根据供给价格弹性系数的大小，可以把供给弹性划分为如下类型：$|E_s|>1$ 为富有弹性，$|E_s|<1$ 为缺乏弹性，$|E_s|=0$ 为无弹性，$|E_s|=1$ 为单位弹性，$E_s=\infty$ 为完全弹性。

一般来说，畜产品供给价格弹性系数由大到小的顺序依次为：鸡蛋、鸡肉、猪肉、牛养肉，而畜产品供给价格弹性系数大于粮食的。而同样的价格变动，畜产品的供给价格弹性一般往往大于其需求价格弹性。这也是畜产品市场往往呈现出比较剧烈的波动和周期性的原因之一，如生猪价格的周期性波动。

(三)畜产品市场供求关系

1. 畜产品的一般供求关系

畜产品的供给与需求是市场经济最基本的概念。供给与需求之间是一种对立统一的辩证关系，如果相互都能适应，就会达到协调与平衡，反之，就会产生矛盾。这种矛盾主要表现在供求总量、供求结构、供求时间和供求地区四个方面。

(1)供求总量上的矛盾。主要是生产发展与消费上的差距致使生产总量和消费总量产生的不一致，或供过于求或供不应求而产生的矛盾。

(2)供求结构上的矛盾。畜产品供求之间不仅总量上有矛盾，而且在品种结构上会产生矛盾，即畜产品供给的种类、品种与畜产品需求的种类、品种不一致而引起的供求矛盾。

(3)供求地区上的矛盾。其源于产地、销地与流通等因素。产地过分集中，必须通过流通渠道才能将产品运到销地。流通过程中任何一个环节，如运输或采购有问题，地区上的供求矛盾就可能发生。

(4)供求时间上的矛盾。其源于生产、供应时间与消费时间的不一致。

2. 畜产品供求矛盾的运动形式

畜产品供求矛盾的运动形式表现为供过于求、供不应求和供求平衡三种状态。当畜产品供过于求时，形成买方市场，此时对买方有利，当生产者无利可图时，就会有一部分从业者放弃(或减少)该产品的生产；随着供给量的减少，会逐渐形成供不应求的局面，形成卖方市场，主动权掌握在经营者手里，对卖方有利，高利润又吸引了一部分新的从业者或使原有生产者扩大生产，畜产品供求再次向供过于求状态运动；供过于求向供不应求运动或反向运动时，都会出现暂时的平衡，即市场上供应量与需求量相等或在一定的时间内供应量与需求量在增减幅度上保持同方向同比率变动，价格相对稳定，畜产品供求平衡。

3. 畜产品供求规律

畜产品供求运动是供给与需求这一对矛盾运动的统一体，运动的总趋势是朝着总体平衡的方向发展。在市场经济条件下，畜产品市场价格与市场供求之间的互相决定、互相制约和互相作用的运动状态是不以人们的意志为转移的客观规律。由于价格杠杆的调节作用，供求矛盾运动总是以“不平衡→平衡→不平衡→平衡”的形式反复出现，总趋势是向供求平衡方向发展的，这是畜产品供求矛盾的规律性。实际上，市场供求状况不平衡是经常的，而平衡是偶然的。

(四)均衡价格

均衡价格是指一种商品需求量与供给量相等时的价格，这时该商品的需求价格与供给价格相等。在均衡价格水平下的相等的供求数量被称为均衡数量。从几何意义上说，一种商品的均衡价格出现在该商品的市场需求曲线和市场供给曲线相交的交点上，该交点被称为均衡点，如图 1-1 所示。图中 Q 为供给量或需求量，P 为供给价格或需求价格，S 为供给曲线，D 为需求曲线，E 点为均衡点即市场上的需求量和供给量相等的状态，也被称为市场出清的状态。

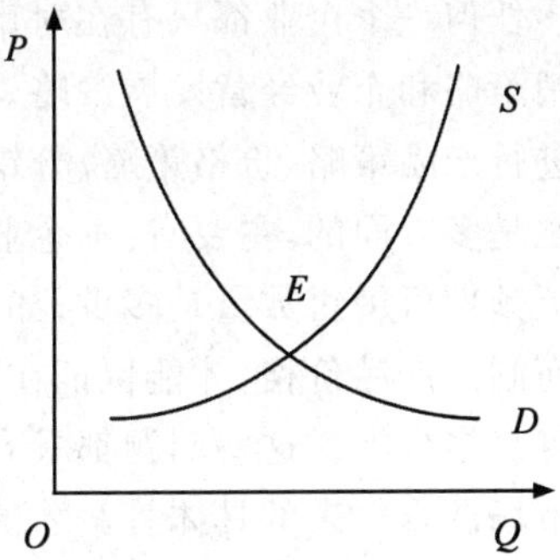

图 1-1 供给与需求的均衡点

任务三 畜产品市场调查

畜产品市场调查是一种以满足消费者对畜产品需求为目的的了解市场、认识市场的重要经济活动，是养殖企业所有经营管理活动的起点，在市场经济条件下市场调查显得十分重要。

一、市场调查的概念和意义

(一)概念

市场调查就是指运用科学的方法，有目的地、有系统地搜集、记录、整理有关市场信息和资料，分析市场情况，了解市场的现状及其发展趋势，为市场预测和经营决策提供客观的、正确的资料。

这个概念包含了几层含义：其一，市场调查是一种有目的、有意识的认识市场的活动；其二，市场调查的具体对象是市场体系，即市场主体(家庭个人、政府、企业)、市场客体(消费品和生产要素)、市场媒体(货币、价格、信息)等。其中需要指出，调查的重点对象是消费者市场；其三，市场调查需要借助一套科学方法，其中包括观察调查法、询问调查法、问卷设计、实验设计，也包括抽样调查的技术等；其四，市场调查是为企业的市场预测和经营决策服务的；其五，市场调查的任务是收集、记录市场信息和资料。

(二)意义

1. 有助于更好地吸收国内外先进经验和最新技术，改进企业的生产技术，提高管理水平

当今世界，科技发展迅速，新发明、新创造、新技术和新产品层出不穷，日新月异。这种技术的进步自然会在商品市场上以产品的形式反映出来。通过市场调查，可以得到有助于企业及时地了解市场经济动态和科技信息的资料信息，为企业提供最新的市场情报和技术生产情报，以便更好地学习和汲取同行业的先进经验和最新技术，改进企业的生产技术，提

高人员的技术水平，提高企业的管理水平，从而提高产品的质量，加速产品的更新换代，增强产品和企业的竞争力，保障企业的生存和发展。

2. 为企业管理部门和有关负责人提供决策依据

任何一个企业都只有在对市场情况有了实际了解的情况下，才能有针对性地制定市场营销策略和企业经营发展策略。在企业管理部门和有关人员要针对某些问题进行决策时，如进行产品策略、价格策略、分销策略、广告和促销策略的制定，通常要了解的情况和考虑的问题是多方面的，主要有：本企业产品在什么市场上销售较好，有发展潜力；在哪个具体的市场上预期可销售数量是多少；如何才能扩大企业产品的销售量；如何掌握产品的销售价格；如何制定产品价格，才能保证在销售和利润两方面都能上去；怎样组织产品推销，销售费用又将是多少等。这些问题都只有通过具体的市场调查，才可以得到具体的答复，而且只有通过市场调查得来的具体答案才能作为企业决策的依据。否则，就会形成盲目的和脱离实际的决策，而盲目则往往意味着失败和损失。

3. 增强企业的竞争力和生存能力

市场竞争由于现代化社会大生产的发展和技术水平的进步，而变得日益激烈。市场情况在不断地发生变化，而促使市场发生变化的原因，不外乎产品、价格、分销、广告、推销等市场因素和有关政治、经济、文化、地理条件等市场环境因素。这两种因素往往又是相互联系和相互影响的，而且不断地发生变化。因此，企业为适应这种变化，就只有通过广泛的市场调查，及时地了解各种市场因素和市场环境因素的变化，从而有针对性地采取措施，通过对市场因素，如价格、产品结构、广告等的调整，去应付市场竞争。对于企业来说，能否及时了解市场变化情况，并适时适当地采取应变措施，是企业能否取胜的关键。

二、市场调查的原则和内容

(一)市场调查的原则

市场调查是通过收集、分类、筛选资料，为企业生产经营提供正确依据的活动，必须遵循以下原则。

1. 时效性原则

在现代市场经营中，时间就是机遇，丧失机遇，会导致整个经营策略和活动失败；抓住机遇，则为成功铺平了道路。市场调查的时效性就表现为应及时捕捉和抓住市场上任何有用的情报、信息，及时分析、及时反馈，为企业在经营过程中适时地制定和调整策略创造条件。

2. 准确性原则

由市场调查工作收集到的信息，经过整理、分析得出调查结论，供企业决策之用。因此，市场调查收集到的资料，必须体现准确性原则，对调查资料的分析必须实事求是，尊重客观实际，切忌以主观臆造来代替科学的分析。同样，片面、以偏概全也是不可取的。要使企业的经营活动在正确的轨道上运行，就必须要有准确的信息作为依据，才能瞄准市场，看清问题，抓住时机。

3. 系统性原则

市场调查的系统性表现为应全面收集有关企业生产和经营方面的信息资料。市场现象不是孤立、静止存在的。市场现象与政治、经济、文化、风俗、法律等社会现象之间，有着千丝万缕的联系；市场现象随着时间、地点、条件的变化而不断发生着变化。在进行市场调查时，必须对相互联系的各种影响因素和市场现象的发展变化全过程进行全面、系统的调查。

4.科学性原则

市场调查不是简单地搜集情报、信息的活动，为了在时间和经费有限的情况下，获得更多、更准确的资料和信息，就必须对调查的过程进行科学的安排，要以科学的知识理论为基础，要应用科学的方法。

5.经济性原则

市场调查是一件费时费力费财的活动。它不仅需要人的体力和脑力的支出，同时还要利用一定的物质手段，以确保调查工作顺利进行和调查结果的准确。由于各企业的财力情况不同，因此需要根据自己的实力去确定调查费用的支出，并制定相应的调查方案，力争以较少的投入取得最好的效果。

（二）市场调查的内容

市场调查的内容涉及企业生产经营活动的整个过程，主要包括以下方面。

1.市场环境调查

市场环境调查主要包括经济环境、政治环境、社会文化环境、科学环境和自然地理环境等。具体的调查内容可以是市场的购买力水平，经济结构，国家的方针，政策和法律法规，风俗习惯，科学发展动态，气候等各种影响市场营销的因素。

2.市场需求调查

市场需求调查主要包括消费者需求量调查、消费者收入调查、消费结构调查、消费者行为调查，包括消费者为什么购买、购买什么、购买数量、购买频率、购买时间、购买方式、购买习惯、购买偏好和购买后的评价等。

3.市场供给调查

市场供给调查主要包括产品生产能力调查、产品实体调查等。具体为某一产品市场可以提供的产品数量、质量、功能、型号、品牌等，生产供应企业的情况等。

4.市场营销因素调查

市场营销因素调查主要包括产品、价格、渠道和促销的调查。产品的调查主要有了解市场上新产品开发的情况、设计的情况、消费者使用的情况、消费者的评价、产品生命周期阶段、产品的组合情况等。产品的价格调查主要有了解消费者对价格的接受情况，对价格策略的反应等。渠道调查主要包括了解渠道的结构、中间商的情况、消费者对中间商的满意情况等。促销活动调查主要包括各种促销活动的效果，如广告实施的效果、人员推销的效果、营业推广的效果和对外宣传的市场反应等。

5.市场竞争情况调查

市场竞争情况调查主要包括调查了解同行业或相近行业的各企业的经济实力、技术和管理方面的基本情况；竞争性产品销售和市场占有情况、竞争者的主要竞争策略；竞争性产品的品质、性能、用途、包装、价格、交货期限以及其他附加利益等；还有如竞争企业的一些经济技术指标、人员培训法、重要人才进出情况、新产品的开发计划等，做到知己知彼，通过调查帮助企业确定企业的竞争策略。

三、市场调查的程序

市场调查不仅是一个个单独的或相互关联的信息收集或加工处理活动，也是由许多不同阶段、不同活动构成的有目的的动态过程。具体过程包括：明确调查目标、设计调查方案、制订调查工作计划、组织实地调查、调查资料的整理和分析、撰写调查报告。

(一)明确调查目标

进行市场调查时，首先要明确市场调查的目标，按照企业的不同需要，市场调查的目标有所不同，企业实施经营战略时，必须调查宏观市场环境的发展变化趋势，尤其要调查所处行业未来的发展状况；企业制定市场营销策略时，要调查市场需求状况、市场竞争状况、消费者购买行为和营销要素情况；当企业在经营中遇到了问题，这时应针对存在的问题和产生的原因进行市场调查。

(二)设计调查方案

一个完善的市场调查方案一般包括以下几方面内容。

1.调查目的和要求

根据市场调查目标，在调查方案中列出本次市场调查的具体目的和要求。例如：本次市场调查的目的是了解某产品的消费者购买行为和消费偏好情况等。

2.调查对象

市场调查的对象一般为消费者、零售商、批发商，零售商和批发商为经销该产品的商家，消费者一般为使用该产品的消费群体。在以消费者为调查对象时，要注意到有时某一产品的购买者和使用者不一致，如对婴儿奶粉的调查，其调查对象应为孩子的母亲。

3.调查内容

调查内容是收集资料的依据，是为实现调查目标服务的，可根据市场调查的目的确定具体的调查内容。如调查消费者行为时，可按消费者购买、使用，使用后评价三个方面列出调查的具体内容项目。调查内容的确定要全面、具体，条理清晰、简练，避免面面俱到，内容过多，过于繁琐，避免把与调查目的无关的内容列入其中。

4.调查表

调查表是市场调查的基本工具，调查表的设计质量直接影响到市场调查的质量。设计调查表要注意以下几点。

(1)调查表的设计要与调查主题密切相关，重点突出，避免出现可有可无的问题。

(2)调查表中的问题要容易让被调查者接受，避免出现被调查者不愿回答或令被调查者难堪的问题。

(3)调查表中的问题次序要条理清楚，顺理成章，符合逻辑顺序，一般可遵循容易回答的问题放在前面，较难回答的问题放在中间，敏感性问题放在最后；封闭式问题在前，开放式问题在后。

(4)调查表的内容要简明、尽量使用简单、直接、无偏见的词汇，保证被调查者能在较短的时间内完成调查表。

5.调查地区范围

调查地区范围应与企业产品销售范围相一致，当在某一城市做市场调查时，调查范围不可能遍及城市的每一个地方，一般可根据城市的人口分布情况，在城市中划定若干个小范围调查区域，将总样本按比例分配到各个区域，在各个区域内实施访问调查。这样可相对缩小调查范围，减少实地访问工作量，提高调查工作效率，减少费用。

6. 样本的抽取

调查样本要在调查对象中抽取，样本的抽取数量可根据市场调查的准确程度的要求确定，市场调查结果准确度要求愈高，抽取样本数量应愈多，但调查费用也愈高，一般可根据市场调查结果的用途情况确定适宜的样本数量。

7. 资料的收集和整理方法

市场调查中，常用的资料收集方法有调查法、观察法和实验法。资料的整理方法一般可采用统计学中的方法，利用 Excel 工作表格，可以很方便地对调查表进行统计处理，获得大量的统计数据。

(三)制订调查工作计划

1. 组织领导及人员配备

建立市场调查项目的组织领导机构，可由企业的市场部或企划部来负责调查项目的组织领导工作，针对调查项目成立市场调查小组，负责项目的具体组织实施工作。

2. 访问员的招聘及培训

根据调查项目中完成全部问卷实地访问的时间来确定每个访问员 1 d 可完成的问卷数量，核定需招聘访问员的人数。对访问员须进行必要的培训，培训内容包括：访问调查的基本方法和技巧；调查产品的基本情况；实地调查的工作计划；调查的要求及要注意的事项。

3. 工作进度

将市场调查项目整个进行过程安排一个时间表，确定各阶段的工作内容及所需时间。

4. 费用预算

市场调查的费用预算主要有调查表设计印刷费；访问员培训费；访问员劳务费、礼品费；调查表统计处理费用等。

(四)组织实地调查

市场调查的各项准备工作完成后，开始进行问卷的实地调查工作，组织实地调查要做好两方面工作。

1. 做好实地调查的组织领导工作

实地调查是一项较为复杂繁琐的工作。要按照事先划定的调查区域确定每个区域调查样本的数量，访问员的人数，每位访问员应访问样本的数量及访问路线，每个调查区域配备一名督导人员；明确调查人员及访问人员的工作任务和工作职责，做到工作任务落实到位，工作目标责任明确。

2. 做好实地调查的协调、控制工作

调查组织人员要及时掌握实地调查的工作进度完成情况，协调好各个访问员间的工作进度；要及时了解访问员在访问中遇到的问题，帮助解决，对于调查中遇到的共性问题，提出统一的解决办法。

(五)调查资料的整理和分析

实地调查结束后，即进入调查资料的整理和分析阶段，收集好已填写的调查表后，由调查人员对调查表进行逐份检查，剔除不合格的调查表，然后将合格调查表统一编号，以便于调查数据的统计。调查数据的统计可利用Excel电子表格软件完成;将调查数据输入计算机后,经Excel软件运行后,即可获得已列成表格的大量的统计数据,利用上述统计结果,就可以按照调查目的的要求,针对调查内容进行全面的分析工作。

(六)撰写调查报告

撰写调查报告是市场调查的最后一项工作内容,市场调查工作的成果将体现在最后的调查报告中,调查报告将提交给企业决策者,作为企业制定经营决策的依据。市场调查报告要按规范的格式撰写,一个完整的市场调查报告格式由题目、目录、概要、正文、结论和建议、附件等组成。

四、市场调查的方法

市场调查涉及内容方方面面,调查方法各种各样。如按调查样本产生的方式,可分为普查、重点调查、典型调查、抽样调查等;按搜集资料方式,可分为文案调研和实地调研;按调查区域范围大小,可分为全面调查和局部调查等。具有代表性而又实用的调查方法:文案调研法和实地调研法。

1.文案调研法

文案调研是指搜集、整理并研究与调查项目有关的资料的方法。这些资料是第二手资料。文案调研可为实地调研打下基础。一般地说,实地调研的成本比文案调研的成本要高。较大规模的调研项目,通常先作文案调研,为实地调研提供必要的背景资料。

第二手资料获得的主要途径有以下方面。

(1)本企业的市场信息系统。如果本企业已建立了自己的信息系统,则会储存大量的生产经营与管理的各种资料。

(2)本企业的记录。如果本企业还没有建立市场信息系统,则会保存某些方面的资料和记录,如客户的名单及简要情况等。

(3)行业协会或商会。可以为调研人员提供会员名单、会员经营情况和发展情况等。

(4)政府机构和国际组织。此类机构和组织会出版大量的市场信息,是第二手资料的重要来源。

(5)大众媒体。市场调研人员通过广播、电视、报纸、杂志以及网络等媒体获得信息。

(6)专业调查机构。如一些咨询公司、营销调查公司等。它们搜集整理的资料应用价值很高,但费用也很高。

(7)银行。它可提供有关公司的资信情况、金融贸易等的信息。

(8)消费者组织。该组织经常查验企业的产品,并进行消费者调查,可以提供这些方面的信息。

(9)竞争者。竞争者的产品说明书、年度财务报告、价格目录、中间商名单等公开信息资料,也是市场调研人员的资料来源。

市场调研人员获取第二手资料时应符合以下要求。

(1)时效性。第二手资料不能是过时的信息资料,否则,会影响企业的经营决策。

(2)公正性。第二手资料不能带有资料提供者的偏见。

(3)可靠性。市场调研人员获取的第二手资料应有较高的准确性和可靠性。

2.实地调研法

实地调研法是指市场调研人员亲自搜集第一手资料的方法。实地调研的方法较多,可归纳为以下几种。

(1)访问法,也叫询问法。它以询问的方法作为调研的手段,把所要调查的内容以面谈、书面、电话等形式向访问者提出,来获取所需的资料。根据调研人员与被访问者接触方式不同,该法又具体分为以下四种。

①人员访问。是指市场调研人员直接与被访者进行面谈,调研人员面对面向被访者提出各种问题,并当面进行记录。人员访问的主要优点有:真实性,人员访问所获得的资料真实性较高,内容较具体、准确,回答率也较高;灵活性,可根据面谈情况变换提问方式,或者自由发问,可作笔录,也可录音、录像;直观性,当面交谈可直接了解被访者的态度,可较准确地判断所获资料的可信度;启发性,访问人员与被访者面对面交谈,可相互启发,并对所调查的问题作进一步探讨;激励性,某些被访者通过充分发表自己的见解,心理得到了一种满足,所以人员访问对他们有一定的激励性。人员访问的主要缺点有:费用较高;访问人员访问水平会影响调查结果等。

②邮寄调查。指市场调研人员把设计好的调查问卷邮寄给被调查者,请被调查者填好答案后在规定的时间内寄回。该法的主要优点有:调查范围较广泛;费用较低;被调查者有较充分的时间回答问题;利用设计好的调查问卷可避免营销调研人员的个人偏见。该法的主要缺点有:调查表的回收率低、回答的问题可能不全、可靠性较难评价。

③电话调查。是指市场调研人员通过电话向被调查者询问调查内容及征求意见的方法。该法的优点是方便、迅速、及时。该法的缺点是难以询问较复杂的问题。

④网上调查。市场调研人员可通过互联网进行调查。该法的优点是速度快、费用低、范围广,不受时间和空间的限制。该法的缺点是受网络建设及网络普及情况的影响较大。

(2)观察法。是指市场调查人员直接到调查现场进行观察或用仪器进行记录的调查方法。该法又具体分为以下三种方法。①直接观察。由调研人员直接到现场观察,观察消费者的购买需要和购买行为;观察商品的购销情况等。如牛奶加工厂的市场调研人员亲自观察消费者选购奶制品的情况,发现引起消费者注意的是什么因素,以便改进。②痕迹观察。即观察记录调查对象在一定时间内的痕迹,再从这些痕迹中找出所需的市场信息。如汽车修理厂通过对来修车辆的收音机指针观察,来确定在哪家电台做广告。③行为记录法。美国尼尔逊公司通过电子计算机系统,在全国 1 000 多个家庭的电视机上装上监听器,每一分钟扫描一次,每个家庭的电视机只要收看 3 min 以上的节目,就会被记录下来。观察法的主要优点是:调查结果更加客观。缺点是:观察到的事实发生现场情况不能说明其原因、动机和意见。

(3)实验法。指通过实验对比来取得市场营销调研资料的方法,它是一种较好的方法,又叫“市场实验”。

市场实验是先在特定时间和地区小规模地进行,从有代表性的“实验市场”中了解到市场反应,从实验结果中发现问题,总结经验,再进行大范围推广。如要想分析价格和包装对销量的影响,就可进行市场实验,对影响销量的几个因素,只对价格和包装两个因素作变动,其他因素保持不变,进行一定范围内的市场试销,从销量的变动中就可知道价格和包装的影响情况。该法的优点是:可有控制地分析某些市场变量之间是否存在因果关系,以及自变量的变动对因变量的影响程度，而且该法所获得的数据、资料较客观可靠。缺点是：市场中可变因素难以把握，实验所需时间较长，费用开支也较大。

上述三种市场调查方法，在应用时应视调查的问题和调查目标而定。一般要调查消费者的态度，可采用询问法；要调查消费者的注意点，可采用观察法；要调查某一营销因素对消费者的影响力度，可采用实验法。

【案例分析】

一、案例介绍

2008 年三鹿奶粉的三聚氰胺事件给中国奶制品行业带来了非常大的影响，消费者不但对三鹿彻底失望，而且对其他品牌的奶制品，也报有怀疑的态度，奶制品的销量一落千丈，在度过了那段艰难的日子之后，各个奶制品企业又将如何开展新一轮的激烈竞争呢？众所周知，牛奶是营养成分齐全，容易消化吸收的一种较好的营养食品。近些年来，随着人们物质生活水平的不断提高，人们开始日益关注自身的饮食结构。而且，据调查现在几乎所有的消费者都处于亚健康状态。俗语有云“一杯牛奶强健一个民族”，牛奶是有助于保证人体健康的比较理想的安全食品，同时牛奶中还有丰富的营养成分，这些都有助于提高我们的健康水平。当代大学生一直都走在时尚消费的前沿，在牛奶消费这一领域也不会少了大学生这一特殊群体。在以上两个大背景下，调查小组对本校大学生这一特殊消费群体进行了深入的调查。调查结果如下：①在我校大学生消费群体中，在牛奶消费方面，伊利、蒙牛和光明三大品牌形成了三足鼎立的形式，这三大品牌基本占据了我校大学生牛奶消费的全部领域。②我校大学生对于经常饮用的牛奶品牌有一定的忠诚度，除非原来饮用的品牌出现质量问题。③大学生对于牛奶的质量十分关注，对于产品的包装和价格也很关注。④对于牛奶产品的各种促销手段和宣传广告，大学生更加关注通过电视媒介传播出来的信息，对于其他媒介传播的销售信息，大学生一般都不太关注。⑤大学生平均每月在牛奶方面的消费数量并不算太多，有很大的开发空间。⑥大学生购买牛奶的渠道主要是通过开设在学校之中的便利商店。⑦大学生对于饮用牛奶的好处了解并不多。

问题：1. 调查小组应从哪些方面调查和了解大学生的牛奶消费情况？

2. 根据调查结果，对我国奶制品行业未来的发展有哪些建议？

二、案例分析

（一）调查小组要面深入了解当代大学生的牛奶消费情况，须从以下方面进行调查

1. 消费行为调查

包括：①大学生消费群体的消费习惯和动机，例如大学生的牛奶消费偏好（品牌偏好、购买地点偏好等）；②大学生牛奶消费群体的总体数量和平均每名大学生的每月牛奶消费数量（即每人每月消费多少袋牛奶）。

2. 产品调查

包括：①产品质量、价格、包装等各要素对引发大学生群体购买行为的影响程度，并分析各种产品要素对于大学生牛奶消费影响的重要度，由高到低进行排列；②大学生消费群体牛奶消费的主要品牌。

3. 品牌影响度调查

包括：①大学生购买牛奶时，牛奶的品牌对大学生购买决策的影响程度；②大学生消费

群体对于牛奶品牌的认知程度和忠诚度。

4. 市场营销策略调查

包括:①大学生对于各种促销手段的敏感程度;②广告对大学生群体的影响程度及有效诉求点。

5. 大学生消费者对于奶制品未来发展的建议

(二)对奶制品行业的未来发展的建议

通过调查与分析,总结出我国奶制品行业有如下两点问题。

①一些奶制品企业为了追求高利润,不惜以人们的健康为代价,存在一些欺骗消费者的行为。

②各个奶制品企业,为了扩大自己的经营范围,打击竞争对手,恶意向外发布虚假信息,诋毁竞争对手的企业形象,毁坏竞争对手产品的信誉,这种恶性竞争不利于公平竞争和本行业的发展,表面上看自己的业绩是上涨了,但实际上本企业的发展水平并没有提高,更有甚者还会出现倒退的趋势。

综合上述两点问题和大学生这个特殊消费群体的消费特征和其自身的基本特点,对于奶制品企业的发展提出如下几点建议。

①迎合大学生的消费习惯,进一步开发高校市场。从长远的角度来看,大学生牛奶市场存在极大的利润空间和较好的发展前景。虽然大学生现在受经济等客观因素的制约,看起来无利可图,如果企业能在他们还是学生的时候就开始关注该潜在目标客户群体,通过各种有效的措施使他们成长为企业的长期顾客,培养他们的品牌忠诚度,那么将这个看起来不起眼的消费群体,将会给企业带来长期的、巨大的经济效益。

②丰富营销策略,充分利用广告宣传。通过不同场合、不同形式、重复或多次的传达企业和产品的信息,从而提高大学生对企业及产品的喜爱程度。企业还可以通过体验性试喝、赠送礼品、优惠、现场展示、降价促销等方式,或通过公益事件、负责任的善后处理方式等增强大学生消费者对企业或产品的良好情感,在大学生心中树立良好的品牌形象,提高企业和产品的知名度、美誉度。

③保证品质、传递品质。对品牌而言,品质是最基础,是最核心的要素,特别是涉及人们生命健康安全的乳制品,消费者对其的敏感度不言而喻,人们对"三鹿事件"的态度能够给予最好的证明。因此,乳制品企业要想开拓大学生市场,必须确保产品质量。

④塑造品牌形象,培养购买忠诚。拥有品牌就拥有市场,就可以获得消费者的忠诚。开发大学生市场,让大学生消费者充分接触产品,进行品牌口味的培养使其形成消费偏好,培养自己的潜在消费者。

⑤与其发布谣言诋毁他人,不如做好自己的工作,只有这样自己的企业才能够长久地存活下去,才能够更好地发展自己、壮大自己。

【知识拓展】

市场调查报告的格式与写法

市场调查报告是经济调查报告的一个重要种类,它是以科学的方法对市场的供求关系、购销状况以及消费情况等进行深入细致地调查研究后所写成的书面报告。其作用在于帮助企业了解掌握市场的现状和趋势，增强企业在市场经济大潮中的应变能力和竞争能力，从而有效地促进经营管理水平的提高。

一、市场调查报告的格式与写法

市场调查报告的内容结构一般由如下几部分组成。

(一)市场调查报告的标题

标题是市场调查报告的题目，一般有两种构成形式：

(1)市场调查报告标题——公文式标题，即由调查对象和内容、文种名称组成，例如《关于2012年全省农村乳制品销售情况的调查报告》。值得注意的是，实践中常将市场调查报告简化为“调查”，也是可以的。

(2)市场调查报告标题——文章式标题，即用概括的语言形式直接交代调查的内容或主题，例如《猪肉价格持续两周恢复性上涨养殖板块闻风而动》。实践中，这种类型市场调查报告的标题多采用双题(正副题)的结构形式，更为引人注目，富有吸引力。例如《竞争在今天，希望在明天——全国饲料用户问卷调查分析报告》。

(二)市场调查报告的引言

引言又称导语，是市场调查报告正文的前置部分，要写得简明扼要，精炼概括。一般应交代出调查的目的、时间、地点、对象与范围、方法等与调查者自身相关的情况，也可概括市场调查报告的基本观点或结论，以便使读者对全文内容、意义等获得初步了解。然后用一过渡句承上启下，引出主体部分。例如一篇题为《关于全市2013年液态奶市场的调查》的市场调查报告，其引言部分写为：“××市北方调查策划事务所受××委托，于2014年3～4月在国内部分省市进行了一次液态奶市场调查，现将调查研究情况汇报如下：……”用简要文字交代出了调查的主体身份，调查的时间、对象和范围等要素，并用一过渡句开启下文，写得合乎规范。这部分文字务求精要，切忌啰唆；视具体情况，有时亦可省略这一部分，以使行文更趋简洁。

(三)市场调查报告的主体

这部分是市场调查报告的核心，也是写作的重点和难点所在。具体包括以下三方面内容。

1.情况介绍

市场调查报告的情况介绍，即对调查所获得的基本情况进行介绍，是全文的基础和主要内容，要用叙述和说明相结合的手法，将调查对象的历史和现实情况包括市场占有情况，生产与消费的关系，产品、产量及价格情况等表述清楚。力求做到准确和具体，富有条理性，以便为下文进行分析和提出建议提供坚实充分的依据。

2.分析预测

市场调查报告的分析预测，即在对调查所获基本情况进行分析的基础上对市场发展趋势做出预测，它直接影响到有关部门和企业领导的决策行为，因而必须着力写好。用语要富于论断性和针对性，做到析理入微，言简意明，切忌脱离调查所获资料随意发挥。

3.营销建议

这层内容是市场调查报告写作目的和宗旨的体现，要在上文调查情况和分析预测的基础上，提出具体的建议和措施，供决策者参考。要注意建议的针对性和可行性，能够切实解决问题。

（四）市场调查报告的结尾

结尾是市场调查报告的重要组成部分，要写得简明扼要，短小有力。一般是对全文内容进行总括，以突出观点，强调意义；或是展望未来，以充满希望的笔调作结。视实际情况，有时也可省略这部分，以使行文更趋简练。

二、市场调查报告写作注意事项

（1）切忌将分析工作简单化即资料数据罗列堆砌，只停留在表面文章上，根据资料就事论事。简单介绍式的分析多，深入细致的分析及观点少，无结论和建议，整个调研报告的系统性很差，使分析报告的价值不大。

（2）切忌面面俱到、事无巨细进行分析，把收集来的各种资料无论是否反映主题，全都面面俱到、事无巨细地进行分析，使读者感到杂乱无章，读后不知所云。一篇调查报告自有它的重点和中心，在对情况有了全面了解之后，经过全面系统地构思，应能有详有略、抓住主题，深入分析。

（3）报告长短根据内容确定。对调研报告的篇幅，做到宜长则长，宜短则短，尽量做到长中求短，力求写得短小精悍。

【考核评价】

一、考核题目

假定某大型配合饲料加工企业欲在养殖业规模比较大的某乡镇新建一家分厂，主要目标市场是该乡镇的畜禽养殖大户。为了降低经营风险，需要对该乡镇周边饲料市场竞争情况以及目标顾客的购买心理和购买行为开展一次深入的市场调查。请你为该饲料加工企业设计一份详细的市场调研方案。

二、考核标准

设计调研方案时应重点考虑以下关键问题。

①调查的背景和主题。

②调查对象：调查针对的对象是谁？

③调查的主要内容：围绕调查主题展开的主要调查内容是什么？注意内容罗列时应层次清晰。

④调查方式：采用全面调查还是抽样调查？如果采用抽样调查，是采用随机抽样还是非随机抽样？具体采用哪种抽样组织形式？

⑤调查方法：采用文案调查还是实地调查？如果采用实地调查，具体是用访问法、观察法还是实验法？各种方法如何开展？注意不同调查方法所针对的调查内容有区别。

⑥调查进度安排及人员分工协作部署：分几个阶段开展工作？各阶段的主要工作是什么？哪些人员参与？人员互相之间如何分工协作？

⑦经费预算：调查的经费开支可能包含哪些项目？预期费用多少？

【知识链接】

1. http://www.saic.gov.cn/zcfg/fl/200712/t20071206_45811.html 中华人民共和国反垄断法

2. http://www.saic.gov.cn/zcfg/fl/200404/t20040408_45797.html 中华人民共和国对外贸易法

3. http://www.saic.gov.cn/zcfg/fl/199712/t19971229_45781.html 中华人民共和国价格法

4. http://dcscyxs.mofcom.gov.cn/questionnaire/商务部专项调查系统

5. http://www.cu-market.com.cn/hgjj/2010-10-11/15000629.html 畜产品市场准入制度详解

Project 2

养殖企业经营预测

学习目标

了解养殖企业经营预测的意义与作用；理解养殖企业经营预测的概念；熟悉养殖企业经营预测的类型与内容；掌握养殖企业经营预测的定性方法与定量方法。

【学习内容】

任务一　养殖企业经营预测的概念

养殖企业经过周密而细致的市场调查，收集了有关畜产品市场供求关系、价格变动、竞争状况等多个方面的信息和资料，企业经营者应用这些信息和资料对与养殖企业经营有关的未来进行估计和推测，即经营预测。经营预测的结果，为进一步的企业经营决策提供客观依据和可靠保证。

一、经营预测的概念

1. 预测

预测最简单易懂的说法是如下这样一个模式：已知→未知，过去、现在→将来。即预测就是根据过去和现在估计和推断未来。

2. 经营预测

经营预测就是在对畜产品市场调查的基础上，运用科学的方法，根据企业现有的经济条件和掌握的历史资料以及客观事物的内在联系，对企业生产经营活动的未来发展趋势及其状况所进行的预计和推算，为经营决策提供可靠的依据。预测为决策服务，是为了提高管理的科学水平，减少决策的盲目性，企业需要通过预测来把握经济发展或者未来市场变化的有关动态，减少未来的不确定性，降低决策可能遇到的风险，使决策目标得以顺利实现。

二、经营预测的基本要素

要理解和认识经营预测，必须把握预测的四个基本要素。

1. 信息

信息是客观事物特性和变化的表征和反映，存在于各类载体，是市场预测的主要工作对象、工作基础和成果反映。

2. 方法

方法是指在预测的过程中进行质和量的分析时所采用的各种手段，预测的方法按照不同的标准可以分成不同的类别。

3. 分析

根据预测方法得出预测结论之后，还必须进行两个方面的分析：一是在理论上要分析预测结果是否符合经济理论和统计分析的条件；二是在实践上对预测误差进行精确性分析，并对预测结果的可靠性进行评价。

4. 判断

对预测结果采用与否，或对预测结果依据相关经济和市场动态所作的修正需要判断，同时对信息资料、预测方法的选择也需要判断。判断是预测技术中重要的因素。

三、经营预测的意义

1. 经营预测是经营决策的基础

企业生产经营活动的各个阶段、各个生产环节都存在着决策问题。任何企业都面临生产技术、产品品种的选择及其经济效益的评价等许多复杂的问题。对此，若无细致周密的调查和科学的预测作为基础，就难以优选出合理、经济、可行的方案，就很难做出正确的决策。

2. 经营预测是企业制订经营计划的前提与依据

企业制订经营计划不能单凭当前的状况和过去的资料，正如俗语所说："人无远虑，必有近忧"。所以，要想使经营工作更加富有成效，还需把握企业内外部条件的变化，以及企业有关产品的发展趋势、生命周期以及市场需求的变化发展趋势。而欲达此目的，就得运用各种科学的方法进行深入、细致的分析和科学的预测。

3. 经营预测可以把握规律与趋势

市场预测的中心问题就是掌握市场发展变化规律的问题，把握其未来发展趋势的问题。科学的预测可以帮助人们按照事物的发展规律办事，并充分发挥人的主观能动性，减少企业经营活动中的盲目性和经营的风险。因此，预测也能提高企业的适应性和竞争力，帮助企业真正按市场需求组织生产和销售，从而更好地满足市场需求。

4. 经营预测有利于企业的经营管理与经济效益的提高

追求经济效益的最大化是企业生产经营活动的根本，提高经济效益是经营管理的目标。而搞好企业经营管理的条件之一就是积极做好市场预测工作。

任务二　养殖企业经营预测的种类和内容

一、经营预测的种类

根据预测任务的不同，按照一定的特征可以将市场预测分为不同的种类，常用的有以下两种。

1. 按时间的长短可分为长期预测、中期预测、短期预测

长期预测是对五年以上企业经营发展前景的预测，为制订长期远景规划提供依据。

中期预测是对一年以上五年以下企业经营发展前景的预测，为制订五年以下的计划提供依据。

短期预测是对三个月以上一年以下企业经营发展的预测，为制订年度、季度计划提供依据。

2. 按预测的方法分可分为定性预测、定量预测

(1)定性预测。主要依靠预测者的知识、经验，以及对事物的性质、特点、历史延续状况的综合分析为依据，进行非数量化分析，并据以判断事物未来发展趋势和方向的预测方法。

其优点是预测时间短、费用少、简便易行，实用性强，但预测结果可能不够准确，可靠程度较差。

(2)定量预测。即在大量、系统占有资料的基础上，通过建立和应用数量统计方法，依据各种数据，对事物进行数量分析，并据以判断其未来的发展趋势和方向的预测方法。其优点是避免人为因素的干扰和预测者主观臆向的影响，所得的结论比较客观。缺点是对一些重要因素难以量化，而且对资料本身的科学性及对预测人员的素质要求较高。

二、经营预测的内容

养殖企业经营预测的内容十分广泛，主要内容如下。

1. 畜牧业行业发展趋势的预测

作为养殖企业，应当预测国家在农业方面的投资比例、国民经济增长速度、畜牧业发展速度等。

2. 畜产品市场需求预测

指对畜产品购买力及其投向的预测，包括居民对畜产品需求的种类、数量、质量及其变化以及居民的购买力、投向及其变化，对畜产品市场需求的满足程度等的预测。

3. 市场占有率预测

市场占有率指本企业某种产品的销售量或销售额占市场同类产品的全部销售量或销售额的百分比。在市场总需求不变的情况下，一家企业市场占有率的提高就意味着另外几家企业市场占有率的降低。所以市场占有率的变化可以反映出企业产品销售量的增减、企业产品竞争能力的大小、企业信誉度的提高和知名度的变化。进行市场占有率的预测，可以使企业更加准确把握市场形势，并采取相应的对策。

4. 科技发展预测

对新技术、新工艺、新材料的发展对产品供给和需求的影响做出预测。对科技发展的预测，能够指导企业加强产品管理，调整产品结构，研究和开发新产品，使企业保持发展的后劲。

5. 资源预测

对原料(如饲料及原料玉米、豆粕等)、水源、能源等资源供应的保证程度、发展趋势以及价格变动情况做出预测，这是企业确定生产规模的重要条件。

6. 成本预测

成本预测是指运用一定的科学方法，对未来成本水平及其变化趋势做出科学的估计。通过成本预测，掌握未来的成本水平及其变动趋势，有助于减少决策的盲目性，使经营管理者易于选择最优方案，做出正确决策。

7. 利润预测

利润预测是对公司未来某一时期可实现的利润的预计和测算。它是按影响公司利润变动的各种因素，预测公司将来所能达到的利润水平，或按实现目标利润的要求，预测需要达到的销售量或销售额。

任务三　养殖企业经营预测的程序和方法

一、经营预测的程序

为了提高畜牧业经营预测工作的质量，并取得较为理想的效果，一般应遵循一定的程序。

1. 确定预测目标

主要是确定预测对象、目的、预测时期和预测范围。预测对象是指预测何种产品；预测目的是指预测销售量（销售额）或市场总需求量，或收益等；预测时间是指起止时间和每个阶段的时间及所要达到的目标；预测范围是指某一地区，是全国，还是国外。

2. 收集和整理有关资料

根据预测目标，广泛收集需要的历史资料和现实资料。为了保证资料的准确性和有用性，还要对资料进行必要的加工整理，找出其变化的规律性。对不完整的或不适用的要进行调整和剔除。

3. 选择预测方法

预测方法很多，总的说包括定性和定量两大类。同一预测对象，不同的预测方法所得到的预测结果可能不同，准确率也不一样。对预测目标做出预测推断，主要根据预测者的经验判断或利用统计、数学方法建立预测模型。预测的模型有时间关系模型和相关关系模型。因此，对同一预测目标，应允许同时运用多种预测方法进行预测，以便相互比较、分析和修正，使得预测结果更加准确。

4. 评价预测值

对于算出的初步预测值要进行多方面的评价与检验，估计预测值的误差，误差越大，预测的可靠性就越小。检验和评价预测值的方法通常采用理论检验、资料检验和专家检验等。

5. 撰写预测

报告内容主要包括预测的目标、方法、预测值、对预测值的评价分析，并提出建设性意见，供决策者参考。

二、经营预测的方法

（一）定性预测法

1. 购买者意向调查预测法

这种方法是通过调查的方式，向用户或消费者了解对商品的需求情况，综合后当作预测结果。调查的时候，可以采用多种多样的方式，如用户座谈会、召开订货会、产品展销、派人走访或打电话等。调查的内容主要有用户或消费者准备购买品种和品牌的产品，在一定时期内准备购买的数量和金额等。

从调查范围的限制来考虑，对于用户较少或较集中的产品可进行全面调查；对于用户或消费者较多、销售又较分散的产品，可进行抽样调查。

这种方法较适合于生产资料尤其是大型生产资料的需求预测，它的准确性要比消费品高，这是由于影响消费品的购买因素较多。在消费品中，对耐用消费品或贵重消费品的调查预测结果又比一般消费品要准确，这是由于一般消费品购买的随机性较大，调查时想要购买的和将来实际要购买的情况可能会有较大的差别。

2. 销售人员预测法

这种方法是指企业销售人员根据已有的经验，对各自负责的区域市场或产品需求情况进行预测，然后再对预测结果进行汇总，作为整个企业的销售预测结果。

如某一企业有 6 个销售员，分别负责一种产品的销售，他们对各自负责的产品的下一年度销售预测值如表 2-1 所示。

表 2-1 某产品年度销售预测值

项目	销售员					
	甲	乙	丙	丁	戊	己
产品	A	B	C	D	E	F
销售额/万元	52	48	58	55	53	50

则企业下一年度的销售预测值为：(52＋48＋58＋55＋53＋50)万元＝316 万元

这种方法的优点是销售人员经常接近消费者，对他们的购买意向有较全面而深刻的了解，比其他人有更充分的知识和更敏锐的洞察力，特别是对受技术发展变化影响较大的产品；让销售人员参与公司的预测，对于上级下达的销售任务他们更有信心去完成；通过该方法，企业也可获得按产品、区域、顾客或销售人员划分的各种销售预测。

这种方法的缺点是销售人员可能对经济发展形势或企业的市场营销总体规划了解不够；销售人员往往受最近销售业绩的影响，他们的判断可能会过于乐观或过于悲观；销售人员可能会故意压低其预测数字，从而使下一年度的销售大大超过配额指标，来降低完成目标任务的难度，获得升迁或奖励。

3. 专家预测法

专家预测法是以专家为索取信息的对象，运用专家的知识和经验，考虑预测对象的社会环境，直接分析研究和寻求其特征规律，并推测未来的一种预测方法。

(1)德尔菲法。又称专家意见征询法。这种方法是按一定的程序，采用背对背的反复函询的方式，征询专家小组成员的意见，经过几轮的征询与反馈，使各种不同的意见渐趋一致，经汇总和用数理统计方法进行分析，得出一个比较合理的预测结果供决策者参考。该法的特点是：匿名性，各位专家之间不发生横向联系，互不通气，以免受干扰；反馈性，即它不是一锤定音，而是要多次征询意见，然后不断反馈意见；收敛性，即可以对专家意见和预测结果进行定量化的统计归纳。

实施德尔菲法的步骤：①成立预测课题小组，确定预测目标。②选择和邀请专家。③设计征询表。④逐轮咨询和信息反馈。⑤采用统计分析方法对预测结果进行定量评价和表述。

德尔菲法的优点在于:①可以加快预测速度和节约预测费用。②可以获得各种不同但有价值的观点和意见。③适用于长期预测和对新产品的预测,在历史资料不足或不可测因素较多时尤为适用。其缺点在于:①对于分地区的顾客群或产品的预测则可能不可靠。②责任比较分散。③专家的意见有时可能不完整或不切实际。

(2)头脑风暴法。又称专家座谈会法。这种方法是通过召开座谈会将各类专家集中起来,组织专家相互交流意见,无拘无束地畅谈自己的想法,敞开思想发表自己的意见,在头脑中进行智力碰撞激起"风暴",产生新的思想火花,使预测观点不断集中和深化,从而提炼出符合实际的预测方案。

头脑风暴法应遵守以下 4 条基本原则:①禁止批评原则。对各种意见、方案评判必须放到最后阶段,会上不能对别人的意见提出批评或评价。②各抒己见原则。创造一种自由的气氛,激发参加者提出各种荒诞的想法。③追求数量原则。提出的意见和建议越多越好。④取长补短原则。除提出自己的意见外,鼓励参加者对他人已经提出的设想进行补充、改进和综合。头脑风暴法选定专家人数一般为 6～10 人,会议时间以 20～60 min 效果最佳,主持人应对决策问题的背景比较了解并熟悉整个过程的处理程序。

头脑风暴法的优点:①极易操作执行,具有很强的实用价值。②集思广益,体现了集体合作的智慧。③能有效开阔思路,激发灵感。④可以提高工作效率,能够更快更高效地解决问题。⑤使参加者更加有责任心。其缺点:①若参与人员过多,层次太杂,容易扰乱设计者和规划者的思路,做出的一些决定可能不是经过深思熟虑的,头脑风暴也容易造成头脑发热。②一旦涉及意见不能统一时往往会出现少数服从多数现象,若大多数是非专业人才,会出现多数人的意见是错误的意见。③不适用于一些具有机密性和高技术含量及专业性问题的预测。

(二)定量预测法

定量预测法主要有时间序列预测法和因果分析预测法两种。

1.时间序列预测法

时间序列是指同一经济现象或特征值按时间先后顺序排列而成的数列。时间序列分析法是运用数学方法找出数列的发展趋势或变化规律,并使其向外延伸,预测市场未来的变化趋势。时间序列分析法应用范围比较广泛,如对商品销售量的平均增长率的预测、季节性商品的供求预测、产品的生命周期预测等。这种方法又细分为以下几种。

(1)简单平均数法。它是以过去几个时期的实际资料为基础计算算术平均值来作为预测期的预测数值的方法。其计算公式是:

$$\overline{X}_{n+1}=\frac{X_1+X_2+\cdots+X_n}{n}$$

式中:$\overline{X}_{n+1}$ 表示平均值,即预测期预测值;

X_1、X_2、…、X_n 表示各时期的实际值;

n 表示资料的期数。

例如,在某城市郊区 2006 年上半年各月的牛奶产量分别是 2 260 万 kg、2 260 万 kg、2 150 万 kg、2 260 万 kg、2 260 万 kg、2 200 万 kg。则可采用算术平均数法预测 7 月份的牛奶产量。

$$\overline{X}_7=\frac{2\ 260+2\ 260+2\ 150+2\ 260+2\ 260+2\ 200}{6}=2\ 231.67(\text{万 kg})$$

这一方法简单易行，但要注意在什么情况下采用。如果各时期的数值大致相同，没有趋势变动、季节变动、周期性变动，则可采用简单平均数法。

(2)移动平均数法。在简单平均数法的基础上，利用靠近预测期的连续几期数据的平均值作为预测值，并随着时间的向后推移，计算平均值所用的实际观察值也向后移动。采用该种方法的依据是，预测期的数值与相近的实际观察值关系较密切，而与远期数据关系很小，所以可以忽略。

以上例为例，当 n 取三期，预测 7 月份的牛奶产量为：

$$X_7=\frac{2\ 260+2\ 260+2\ 200}{3}=2\ 240(\text{万 kg})$$

如果 7 月份牛奶实际产量为 2 230 万 kg，那么预测 8 月份牛奶产量为：

$$\overline{X}_8=\frac{2\ 260+2\ 200+2\ 230}{3}=2\ 230(\text{万 kg})$$

移动平均数法的预测效果和 n 的取值有着较大的关系。期数的选择取决于试验，有足够的期数，以抵消随机波动的影响，但期数又不能过多。通常 n 为 3～10。

(3)加权平均数法。它是根据近期资料和远期资料对预测值影响程度不同分别赋予一个相应的权数，然后求出各个数据与权数乘积之和，再除以权数之和，得到的加权平均值作为预测值的方法。计算公式为：

$$\overline{X}_{n+1}=\frac{\sum xf}{\sum f}=\frac{X_1f_1+X_2f_2+\cdots+X_nf_n}{f_1+f_2+\cdots+f_n}$$

式中：$\overline{X}_{n+1}$ 表示平均值，即预测期预测值；

X_1、X_2、…、X_n 表示各时期的实际值；

$f_1,f_2,\cdots,f_n$ 表示各时期的权数；

n 表示资料的期数。

仍以上例，预测 7 月份牛奶产量时，6 月份、5 月份、4 月份牛奶产量的权数分别为 3、2、1，那么 7 月份牛奶产量为：

$$\overline{X}_7=\frac{2\ 260\times1+2\ 260\times2+2\ 200\times3}{1+2+3}=2\ 230(\text{万 kg})$$

加权平均数法的关键是正确地确定各期的权数。通常根据经验进行操作：对于远离预测期的数据赋予较小的权数，对于离预测期较近的数据赋予较大的权数。

加权平均数法与简单平均数法相比，由于较充分地考虑了近期数据对预测值的影响，能较好地反映近期变化趋势，从而使预测结果更接近实际。但当数据呈现出较大的变化趋势时，仍然会使预测值滞后于实际值。所以，该种方法只能适用于数据变化较平稳的情况下运用。

(4)加权移动平均数法。它不像移动数法那样，在计算平均数时对移动期内的数据同等看待，而是根据愈是近期数据对预测值影响愈大这一特点，不同地对待移动期内的各个数据。对近期数据给予较大的权数,对较远的数据给予较小的权数,这样来弥补移动平均数法的不足。计算公式与加权平均数法相同,不再重复介绍。

用加权移动平均法求预测值,对近期的趋势反映较敏感,但如果一组数据有明显的季节性影响时,用加权移动平均法所得到的预测值可能会出现偏差。因此,有明显的季节性变化因素存在时,最好不要加权。

(5)季节指数预测法。在养殖企业生产经营中,许多产品的产量、销售量、收购量和价格等是随着季节而呈周期性变动,这种变动一般带有规律性,每年变动的幅度大体相似,而且长期趋势没有明显的变化。对于此类问题,就可以根据过去的资料,运用季节指数预测法预测未来年度的季节变动趋势。根据这类问题的特点,可在一组数列中以年为周期找到逐年同月或同季的变化情况,将之归纳为季节模型,进而预测。其计算方法和步骤如下:

①收集历年(通常至少有三年)各月或各季的实际观察值。

②计算求出各年同月或同季实际观察值的平均数(用 A 表示)。

③计算出历年间所有月份或季度的平均值(用 B 表示)。

④计算各月或各季度的季节指数(用 S 表示),即 $S=A/B$。

如:某养殖企业五年来的各月总产值的资料如表 2-2 所示。试采用季节指数预测法对其进行季节变动分析。

表 2-2　某畜牧企业 2010—2014 年总产值　　万元

月份	2010 年	2011 年	2012 年	2013 年	2014 年	合计	分月平均	季节指数/%
1	20	24	30	38	44	156	31.2	37.48
2	100	105	110	118	120	553	110.6	132.85
3	160	164	170	168	160	822	164.4	197.48
4	180	182	186	188	190	926	185.2	222.46
5	100	102	105	107	110	524	104.8	125.89
6	40	43	45	45	46	219	43.8	52.61
7	16	17	18	19	20	90	18	21.62
8	20	19	20	21	23	103	20.6	24.74
9	22	23	22	25	30	122	24.4	29.31
10	120	130	150	156	160	716	143.2	172.01
11	100	106	110	112	112	540	108	129.73
12	40	42	44	48	50	224	44.8	53.81
年产值	918	957	1 010	1 045	1 065	4 995	83.25	

如计算 1 月份的季节指数$=\dfrac{31.2}{83.25}\times 100\%=37.48\%$

从表 2-2 最后一纵栏的季节指数可以看出,该企业的产值是呈季节性变动的:1 月份为低谷、上升到 4 月份为高峰、下降到 7 月份为低谷、上升到 10 月份又为高峰、下降到 12 月份又为低谷。其循环周期为一年。

⑤预测。利用季节指数进行预测，其预测方法如下。

$$某月份的预测值 = \frac{\sum(当年已知月份的量)}{\sum(相对各月的季节指数)} \times 预测月份的季节指数$$

仍以上例，若该企业 2015 年第一季度 1 月份、2 月份和 3 月份的的产值分别为 50 万元、140 万元和 170 万元。试利用以上季节变动指数对该企业 4 月份的产值进行预测。

解：根据公式得如下。

$$\begin{aligned}4月份的产值预测值 &= \frac{50+140+170}{37.48\%+132.85\%+197.48\%} \times 222.46\% \\ &= \frac{360}{367.81\%} \times 222.46\% \\ &= 217.74(万元)\end{aligned}$$

注意：计算季节指数时，若以月为周期，则一年 12 个月的季节指数之和应为 1 200%，每个月季节指数的平均数为 100%。如上例中，4 月份的季节指数为 222.46%，表明该企业 4 月份的总产值通常高于年平均数 122.46%，属于旺季；7 月份的季节指数为 21.62%，表明该企业 7 月份的总产值通常低于年平均数 48.38%，属于淡季。若均为旺季，季节指数越大，旺的程度越大；若均为淡季，季节指数越小，淡的程度越小。

2. 因果分析预测法(回归分析法)

此法是在分析各个变量之间相互关系的基础上，建立回归方程，根据自变量的数值变化去预测因变量(预测对象)数值变化的一种预测方法。因果分析法包括一元线性回归预测法、一元非线性回归分析预测法、多元线性回归分析预测法和多元非线性回归分析预测法等。这里我们只介绍常用的一元线性回归分析预测法。

一元线性回归预测模型是根据一个自变量的变动会引起相应的因变量的变动的原理进行预测的。

一元线性回归模型为：

$$\hat{y}=a+bx$$

式中：$\hat{y}$ 为因变量，即预测目标；

x 为自变量，即相关因素值；

a 为常数，表示预测对象初始值；

b 为回归系数，表示 x 对 y 的影响程度，即预测对象的实际值与相关因素之间的比例。

根据最小二乘法，求出标准方程组：

$$\begin{cases}\sum y_i = na + b\sum x_i \\ \sum x_i y_i = a\sum x_i + b\sum x_i^2\end{cases}$$

解方程得：　　$a=\overline{Y}-b\,\overline{X}$

$$b = \frac{n\sum x_i \sum y_i - \sum x_i \sum y_i}{n\sum x_i^2 - (\sum x_i)^2}$$

式中：$\overline{Y}$ 为各期因变量的平均值，$\overline{Y}=\frac{\sum y_i}{n}$，$y_i$ 为各期因变量数据。

$\overline{X}$ 为各期自变量的平均值，$\overline{X}=\frac{\sum x_i}{n}$，$x_i$ 为各期自变量数据。

例：据调查，某市牛奶年销售量与年人均收入呈直线相关关系。2009—2014 年人均收入与牛奶销量的有关资料如表 2-3 所示。预测 2015 年当人均收入达 11 000 元时该市的牛奶销售量。

表 2-3　某市人均收入与牛奶销售量

项目	2009 年	2010 年	2011 年	2012 年	2013 年	2014 年
销售量/万 t	10	12	13	15	17	19
人均收入/千元	6	6.5	7	8	9	10

解：①设人均收入为 x，销售量为 y，因 x 与 y 为直线相关关系，则预测模型设为一元线性回归模型。首先求回归系数，按照 a，b 的计算要求列出计算表 2-4。

表 2-4　直线回归计算表

年份	人均收入（x_i）	牛奶销量（y_i）	x_iy_i	x_i^2
2009	6	10	60	36
2010	6.5	12	78	42.25
2011	7	13	91	49
2012	8	15	120	64
2013	9	17	153	81
2014	10	19	190	100
合计	46.5	86	692	372.25

②代入求回归系数公式，得

$$b=\frac{n\sum x_iy_i-\sum x_i\sum y_i}{n\sum x_i^2-(\sum x_i)^2}=\frac{6\times692-46.5\times86}{6\times372.25-46.5\times46.5}=2.15$$

$$a=\overline{Y}-b\overline{X}=\frac{86}{6}-2.15\times\frac{46.5}{6}=-2.3$$

③将 a、b 代入直线回归方程 $\hat{y}=a+bx$，得出预测模型。

$$\hat{y}=-2.3+2.15x$$

④根据预测模型预测（相关性检验略）：当 $x=11\ 000$ 元，牛奶销售量为：

$$\hat{y}_{2015}=-2.3+2.15\times11=21.35(\text{万 t})$$

【案例分析】

牛肉市场供需预测分析

一、案例介绍

牛肉是全世界人都爱吃的食品，是中国人的第二大肉类食品，仅次于猪肉，味道鲜美，受人喜爱，享有“肉中骄子”的美称。牛肉蛋白质含量高达20%，脂肪含量9%，胆固醇含量低，肉质鲜美细嫩多汁，容易消化吸收。经常食用牛肉，能提高机体抗病能力。人们的生活水平和消费能力在持续提高，对牛肉的需求量有所增长，民间牛肉消费市场潜力巨大，肉牛养殖产业应该有更加广阔的发展前景。

(一)牛肉市场供需特点

1.优势

(1)肉牛生产已由西北牧区向农业经济优势区域转移，现已形成西北、中原、东北、西南四个肉牛产业带，且产销两旺，呈现出蓬勃生机。

(2)屠宰加工企业不断增加，规模壮大，集约化程度提高；牛肉加工制品的品种扩展，加工技术突破。

(3)肉类消费发生了明显的结构变化，呈现了从冷冻肉到热鲜肉，再从热鲜肉到冷鲜肉的发展趋势，形成了“热鲜肉广天下，冷冻肉争天下，冷鲜肉甲天下”的格局。因此，肉牛加工也正朝着冻变鲜、大变小、生变熟、粗变精、散装变规格化的健康方向发展。

2.劣势

(1)肉牛选育改良缺乏科学规划和统一部署，肉牛良种覆盖率低，个体贡献率不高。

(2)牛源日趋紧张，基础母牛群缺乏保护措施，“杀青弑母”现象较为严重。

(3)牛肉品质低，分级标准、追溯体系、安全卫生等方面存在不足；优质牛肉短缺，优质优价的市场基础尚未形成；牛肉的质量越来越受到消费者的关注。

(4)牛肉供应总量不足，人均占有量不及世界平均水平的一半，且中、低档牛肉产品居多，高档牛肉所占比例不足5%，仍然需要从国外大量进口。

(5)肉牛企业普遍起点不高，产业与金融资本缺乏结合点，市场拉动作用还没有上升为产业发展的主导力量。

(二)产品市场的供需预测分析

随着扩大内需和人民生活水平的提高，人们的膳食结构发生了明显变化，猪肉比例下降，而牛羊禽肉所占比例逐年上升。2000年我国城镇居民家庭人均消费牛肉1.98 kg，到2006年家庭人均消费牛肉达到2.41 kg；农村居民2000年家庭人均消费牛肉0.52 kg，到2006年家庭人均消费牛肉达到0.67 kg。2009年，牛肉消费量平均达到6.19 kg，比2008年增长23.8%。然而，我国牛肉人均消费量不到世界平均水平的1/2，加之我国有9亿农村人口，因此，优质牛肉有着巨大的市场空间和良好的市场前景。

目前，发达国家的超级市场基本上都是低温肉和冷鲜肉，在品质、营养上明显优于高温肉制品(采用高温杀菌)。我国少数大型肉类加工企业，如双汇、金锣等，已经开设肉类连锁店，有“放心肉”之称，市场反应强烈，发展势头迅猛。因此，低温牛肉、冷鲜牛肉必将成为21世纪中国牛肉消费的主流和必然的发展趋势。同时，高新技术和先进营销方式的应用，将为肉牛产业的发展提供更加有力的支撑。

现代生活节奏的加快，食用快捷方便的熟肉制品便成为人们日常食物的重要组成部分。虽然我国牛肉消费量节节高升，但熟肉制品的产量占其总产量的比例还不到10%，而同期发达国家肉制品已占到牛肉总产量的50%以上。显然，中国牛肉制品行业同国外发达国家相比还是有相当大的差距。据统计，仅北京熟食产品的市场含量每年为18亿元左右，全国熟食市场需求近200亿元。

国内市场需求变化将带动肉牛加工业加快结构调整和产品优化，单一牛肉类品种主导市场的格局将被多样化、差异化、混合品种所替代。各种精深加工的分部位冷鲜肉、小包装肉、半成品肉、冷冻肉、熟肉制品以及以肉类为原料的方便食品的需求将成为主流。

问题：1. 牛肉市场未来的发展方向是什么？

2. 影响牛肉市场发展的主要因素有哪些。

二、案例分析

(一)牛肉市场未来的发展方向

在平淡的消费市场面前，我国肉牛企业纷纷效仿日本的“和牛”，给肉牛听音乐、饮牛奶、喝啤酒，聘请专业按摩师为肉牛按摩，追求大理石花纹，走“贵族化”高端产品之路。在经营策略上，这当然无可厚非，只要拥有牛肉高端消费市场，就可以生产高端牛肉产品。但是，一拥而上都去生产高端牛肉则是片面的。因为，仅靠高端产品支撑不了整个行业的发展。每千克几百元甚至上千元的高档产品，肯定是“曲高和寡”，无法面向大众消费市场。中国牛肉要有贵族化产品，也要有大众化产品，而且大众化产品应该占主导地位。另外，随着经济的不断发展和人民生活水平的不断提高，牛肉以独特的低脂肪、低胆固醇越来越受到广大消费者的青睐，“八十年代吃的是味道，九十年代吃的是质量，而现在吃的是健康。”这一句广告词道出了时代的变迁和消费者的消费理念，加强无公害肉牛养殖与育肥，抓好优质肉牛的胴体分割，倡导健康消费是时代发展的必然趋势。

(二)影响牛肉市场发展的主要因素

居民收入水平、相对价格水平、消费者的态度和偏好以及牛肉质量安全与品质是影响牛肉消费的主要因素。随着城乡居民收入的增加和消费观念的转变。消费者的饮食需求会更加多元化，或者随着养牛成本的下降，牛肉不再成为普通消费者可望而不可即的肉食产品，那么，今后国内的牛肉市场必定会有更大的需求空间。国内市场的扩大，将给肉牛养殖产业的发展带来强大的推动力。因此，加强技术培训，搞好日常管理，重视疫病防控，促进产业升级，将是加快肉牛产业快速发展必须面对的现实问题。

【知识拓展】

我国畜产品市场消费需求趋势预测分析

在货币不断贬值、物价不断上涨的社会，肉、蛋、奶、羊毛的消费预测。

一、肉类消费预测

随着人口增长及城镇化步伐的加快，肉类消费量将不断提高，但肉类消费增长速度将呈现逐步下降的趋势。预计2016—2020年、2021—2025年和2026—2030年3个阶段中，我国城镇居民和农村居民家庭肉类需求将以年均1.2%、0.3%和0.1%的速度递增。2015年、2020年和2030年肉类需求将分别达到8 020万t、9 129万t和10 293万t，人均需求分别为

57.3 kg、63.0 kg和68.6 kg。肉类结构比例将进一步优化，2015年猪肉、牛羊肉与禽肉结构将分别调整为64%、15%和20%；2020年为60%、16%和24%；2030年为57%、18%和25%。

二、蛋类消费预测

蛋类人均消费量目前已达到发达国家水平，预计2016—2020年、2021—2025年和2026—2030年3个阶段中，我国农村居民家庭蛋类需求将分别以年均1.2%、0.1%和0.0%的速度递增；城镇居民家庭蛋类消费近几年没有太大变化，未来仍将保持稳定。2015年、2020年和2030年消费总量分别为2 551万t、2 878万t和3 169万t，人均需求分别为18.2 kg、19.8 kg和21.1 kg。

三、奶类消费预测

奶类是我国畜产品消费量与世界平均水平差距最大，未来需重点支持发展的产业。随着收入水平的提高，奶类消费量将呈大幅增加趋势。预计2016—2020年、2021—2025年和2026—2030年3个阶段中，我国城镇居民家庭奶类需求将分别以年均2%、1%和0.5%的速度递增；农村居民家庭相应增速为5%、3%、2%和1.8%。2015年、2020年和2030年消费总量分别达到5 085万t、6 213万t和7 880万t，人均需求分别为36.3 kg、42.8 kg和52.5 kg。

四、羊毛消费预测

随着世界毛纺工业向中国转移，毛绒原料需求呈增加趋势，预计2016—2020年和2021—2030年2个阶段中，羊毛需求增长率将分别为4%和2%；羊绒生产以控制数量和提高质量为主。2015年、2020年和2030年毛绒原料需求总量分别达到43.2万t、45.6万t和47.2万t。

【考核评价】

一、考核题目

(1)某畜牧企业2012—2014年三年各季度的产品销售情况如表2-5所示。

表2-5　某畜牧企业2012—2014年三年各季度的产品销售额　　万元

季度	2012年	2013年	2014年
第一季度	10	9	12
第二季度	19	17	20
第三季度	24	25	26
第四季度	16	14	18

已知2015年上半年销售额为35万元，请预测第三季度、第四季度的销售额。

(2)某地区粮食产量与生猪存栏的历史数据如表2-6所示。

表2-6　某地区粮食产量与生猪存栏的数据

粮食产量X/万t	70	80	80	82	88	95	90	100	105	110
生猪存栏Y/万头	75	90	100	105	90	100	90	100	120	130

运用回归法预测当粮食产量增长到 140 万 t 时，生猪存栏头数为多少？

二、评价标准

资料 1：

(1)根据资料，该产品的销量具有明显的季节波动性，应该运用季节指数预测法预测该产品的销售额。

(2)季节指数预测法的预测过程。

①计算季节指数的步骤(三步)及其计算公式。

②利用季节指数进行季节性变动趋势的分析。分析依据：a. 若计算出的季节指数大于 1(或大于 100%)，该季度(或该月)为产品销售(或生产)的旺季，且季节指数越大，季节性越旺。b. 若计算出的季节指数小于 1(或小于 100%)，该季度(或该月)为产品销售(或生产)的淡季，且季节指数越小，季节性越淡。

③利用季节指数进行预测及具体预测的公式。

资料 2：

(1)根据资料，粮食产量和生猪存栏这两个变量之间存在因果关系，应该运用因果关系预测法进行预测。

(2)因果关系预测法的预测过程。

①计算回归系数 a 和 b 的过程和公式。

②建立预测模型(即直线方程)。

③利用预测模型进行预测。

【知识链接】

1. http://szyjscyxs.mofcom.gov.cn/商务部生猪预测预警系统

2. http://www.cnki.com.cn/Article/CJFDTotal-NCPS201501034.htm 中国牛羊肉消费情况及展望

3. http://www.jdzj.com/jdzjnews/14-5014189.html 畜产品市场价格预测及发展前景分析报告-2015 版

4. http://www.lunwentianxia.com/product.sf.4138907.1/中国畜产品价格预测预警研究

Project 3

养殖企业经营决策

学习目标

了解养殖产品企业经营决策的意义与作用；理解养殖企业经营决策的概念；熟悉养殖企业经营决策的类型与内容；掌握养殖企业经营决策的定性与定量方法。

【学习内容】

任务一 企业经营决策的概念

经营决策是企业管理全部工作的核心内容。在企业的全部经营管理工作中，决策的正确与否，直接关系到企业兴衰成败和生存发展。

一、经营决策的概念

养殖企业经营决策就是企业为了实现一定的经营目标，在市场调查和经营预测所得经济资料和市场信息的基础上，运用科学的理论和方法，拟定多个可行方案，经过分析比较，从中选择最优或合理而满意方案的过程。简言之，经营决策就是选择。决策过程的实质是使生产经营的外部环境、内部条件和经营目标三方面的动态平衡更加深化的过程。

在养殖企业经营管理工作中，有许多经济问题需要解决，往往解决这些问题的方案、途径又是多种多样的，这就需要决策。决策是经营管理中的一种普遍而又至关重要的活动，无论是远期和近期的目标确定，还是生产设备的购买、饲料的采购、人事的安排等，都涉及决策问题。

二、经营决策的作用

在市场经济条件下，任何企业都要参与激烈的市场竞争。企业为了自身生存和发展，就必须对企业的经营活动和市场行为作出正确决策。因此，经营决策对于任何一个企业而言，都有十分重要的作用。

1.经营决策是企业经营管理活动的核心

人们认为，管理的重心是经营，经营的重心在决策。事实上，无论是经营，还是管理，都离不开决策，企业怎样经营，如何管理，都需要做出一系列决策。这是因为，从经营的角度看，企业要根据所面临的内外条件，决定生产什么、销售什么，销售多少，销售给谁等问题，这需要作经营决策。从管理角度看，管理工作有计划、组织、控制三大职能，每项职能的执行，都要以决策为前提。如企业生产销售计划如何制订得科学、合理，这就有一个决策问题。由此可见，决策贯穿于企业经营管理的整个过程，决策是企业经营管理的核心，没有正确的决策，是企业经营活动取得成功与否的关键环节。

2.经营决策正确与否，决定着企业生存和发展

随着企业市场主体地位的确立，具有独立行使生产经营的自主决策权力，与此同时，也要承担决策后果的全部责任，承担市场风险。正确的经营管理决策，使企业能采取正确的营销行动，企业能获得成功，错误的经营管理决策使企业实施错误的营销行动，导致企业经营失败。

3.正确的经营决策有助于企业提高市场竞争力，获得良好的经营效果

市场经济是竞争经济，优胜劣汰是市场经济的基本规则。每一企业都在努力争夺市场

机会，扩大市场销售，提高市场占有率。企业能否在竞争中取胜，关键在于是否善于抓住有利时机，发挥竞争优势，作出准确判断和果断决策。决策及时、正确，往往可以在竞争中出奇制胜，迅速扭转不利地位，变被动为主动；反之，则可能坐失良机，或一着不慎，全盘皆输。正确的经营决策，增强了企业的竞争力，企业就能获得良好的经济效益。

任务二　企业经营决策的原则和内容

一、经营决策的要求和原则

(一)经营决策科学化的基本要求

企业的经营决策对企业生存、发展有十分重要的作用。要提高决策水平，就必须使经营决策科学化。衡量一项经营决策是否科学化，要看它是否符合以下要求。

1.决策要有明确和正确的目标

任何决策都是为了解决经营活动中的某个存在的问题而进行的，解决问题都有期望实现的目标，即为决策目标。所以，决策目标是决策的前提。能否正确地决定决策目标，关键在于对所要解决的问题做出正确的诊断与分析，找出问题症结的同时，指明解决问题的要点，这样就能正确确定决策目标。同时，决策目标还应当明确具体，不能笼统、抽象，不能模模糊糊。

2.决策方案实施的结果能实现确定的决策目标

有了正确而明确的决策目标之后，就得拟定出实现该目标的办法、措施，这就是决策方案。决策方案是否可行有效，应看它能否实现所确定的决策目标。只有能够实现确定的决策目标的方案，才是可行有效的决策方案。

3.实现决策目标的代价要小

实施决策方案，实现决策目标，是要耗费人力、物力、财力的，这就是代价。决策的代价要小，这是因为：一是企业经营管理中需要决策解决的问题很多，而企业人力、物力、财力等资源总是有限的，某个问题决策可行方案花费过多势必减少了别的问题决策时可利用的资源，所以，每一项决策，都应要求付出的人力、物力、财力要小。二是针对某一具体决策而言，在决策过程中不仅注意方案可行性，还要从多种可行方案中选择资源代价最小的方案，视为最佳方案。也就是说，实现决策目标的可行方案会有优劣之差别，必须从中选择最优的。从一定意义上说，没有选取代价最小的方案，就不能算是科学而又合理的决策。

4.决策执行后产生的副作用要小

一般而言，决策方案实施后，除了实现期望的决策目标外，还可能产生其他负面影响，这种负面影响就是副作用。副作用有时是难以避免的。但我们应努力使它尽可能小些，至少不应出现严重的副作用。如果某一项决策尽管实现了决策目标，但副作用太大，也不能认为该项决策就是科学的决策。

(二)经营决策的原则

经营决策是一个复杂而又带创造性的认识和实践活动，要使经营决策能够正确、科学、有效，必须遵循以下原则。

1. 可行性原则

任何一项经营决策必须是可行的，对于企业才是有意义的。否则，即使这项决策很诱人，也是毫无意义的，可行性原则是指决策目标和决策方案，要有实现的可能性。具体一点说，决策目标要合理、符合实际，不能好高骛远。决策方案要能够实施。因此，在确定决策目标，选择决策行动方案时，要充分进行可行性研究，要仔细考虑主客观条件是否成熟，要考虑是否具备实现决策目标的人力、物力、财力。

2. 优化原则

优化原则是指决策的行动方案，必须是最优方案或者是满意方案。决策是要从两个以上不同的备选方案中经过分析对比，选出最佳方案。因此，对比选优是决策的主要环节，是从比较到决断的过程。要比较各种方案带来的影响和后果，考虑各方案所需的人力、物力、资金等各种必要条件。通过比较，选择出最优方案。

3. 系统原则

系统原则是指把决策对象视为一个系统，从系统整体出发，全面对问题比较分析，在此基础上做出决策，防止决策的片面性。贯彻系统原则，要认真考虑决策所涉及的整个系统及相关因素，企业内外条件等。对局部利益和整体利益、眼前利益和长远的利益要统筹兼顾，不能顾此失彼。

4. 民主原则

民主原则是指决策者必须充分发扬民主，善于集中和依靠集体的智慧和力量进行决策，据以弥补决策者个人知识、能力方面的不足，避免主观武断、独断专行可能造成的决策失误，保证决策的正确性和有效性。

5. 效益原则

效益原则是指经营决策要以追求企业最大经济利益和社会利益为目的。企业一切经济活动都必须有经济效益和社会效益，说到底，如果决策结果不能使企业实现利润目标（包括长期和短期目标），决策就没有意义。事实上，决策本身就是在各种自然状态下选择经济利益最大并能兼顾社会效益的方案。

二、经营决策的类型

不同类型的决策，其决策的内容和方法是不一样的。一般地，按照不同的分类方法，可把决策划分为以下四种。

1. 按照决策的重要程度来划分

(1)战略决策。它是涉及企业组织的大政方针、战略目标等大事进行的决策活动，是关于企业组织的全局性、长期性、关系到组织生存和发展的根本性的问题进行的决策。这种决策一般涉及面大，影响深远，不仅与企业的当前经营有关，而且决定企业未来的发展方向。如新产品开发、技术改造、企业转向等重大决策。绝大部分战略决策是由组织的高层管理者做出。

(2)管理决策，又称战术决策。它是指为了实现企业的战略决策，对所需的人、财、物资源进行有效组织、协调的各项具体决策。如生产计划决策、财务决策、价格决策、销售渠道决策等。绝大部分管理决策是由组织的中层管理者做出。

(3)业务决策,又称日常管理决策。它是为了实现战略决策和管理决策的具体方法和手段,是在一定的管理体系基础上,为了提高生产和工作效率所做出的各项决策。如人员的调度、任务的分配等。绝大部分业务决策是由基层管理者做出。详见表 3-1。

表 3-1 管理层次和决策活动

管理层次	决策类型
高层管理者	战略决策
中层管理者	管理决策
基层管理者(操作者)	业务决策

2.按决策的重复程度来划分

(1)程序化决策,又称常规决策或例行决策。它是指能够运用例行的方法解决重复性的问题和达到类似的目标。有证据表明,在企业中大量的决策是程序化决策。而且,不同的管理层所面对的程序化决策数量也不同。高层管理者所作出的重复性决策至少在 40%,中层管理者可达 60%~70%,基层管理者或操作者则高达 80%~90%。对于组织来说,应尽可能用程序化决策方法解决重复性问题,并有意地把处理繁琐管理事项交给下一管理层,以提高管理效率。

(2)非程序化决策,又称非常规决策或例外决策。它是指为解决偶然出现的、一次性的、无前例的问题所做的决策。对于组织来说,应对偶然出现的问题加以辨别,确定这些问题是偶然的问题还是第一次出现的重复性问题,往往需要依靠决策者的知识、经验、信息掌握程度及对未来发展趋势的判断能力等做出决策。如新产品的开发、企业的并购与重组等。

3.按决策的主体不同来划分

(1)个人决策。它是由企业领导者凭借个人的智慧、经验及所掌握的信息进行的决策。决策速度快、效率高是其特点,适用于常规事务及紧迫性问题的决策。个人决策的最大缺点是带有主观性和片面性,因此,对全局性重大问题则不宜采用。

(2)集体决策。它是指由会议机构和上下相结合的决策。会议机构决策是通过董事会、经理扩大会、职工代表大会等权力机构集体成员共同做出的决策。上下相结合决策则是领导机构与下属相关机构结合、领导与群众相结合形成的决策。集体决策的优点是能充分发挥集团智慧,集思广益,决策慎重,从而保证决策的正确性、有效性;缺点是决策过程较复杂,耗费时间较多。它适宜于制订长远规划、全局性的决策。

4.按决策问题所处条件不同来划分

(1)确定型决策。指决策过程各备选方案在完全确知的客观条件下,每个方案只有一种结果,比较其结果优劣做出最优选择的决策。这类决策的关键在于选择肯定状态下的最佳方案。

(2)非确定型决策。指决策过程事先仅能预知各备选方案在几种可能的客观条件下产生的几种不同结果,在出现概率不明确的情况下做出的决策。这类决策是由于人们对市场需求的几种可能客观状态出现的随机性规律认识不足,就增大了决策的不确定性程度。

(3)风险型决策。指决策过程事先能预知各备选方案在几种可能约束条件下产生的几种不同结果及其出现概率情况下做出的决策。风险型决策之所以存在，是因为影响预测目标的各种市场因素是复杂多变的，因而每个方案的执行结果都带有很大的随机性。决策中，不论选择哪种方案，都存在一定的风险性。

非确定型决策与风险型决策的区别在于：非确定型决策只知道每一方案产生的几种可能结果，但发生的概率并不知道；风险型决策对每一方案产生的几种可能结果及其发生概率都知道。

三、经营决策的内容

养殖企业经营决策的领域十分广泛，其内容包括了企业的全部经营活动，概括起来，主要包括以下6个方面。

1. 经营战略决策

确定企业发展方向、经营规模的扩张方式、远景规划、核心竞争力的培育等决策，一般由企业高层领导完成。

2. 生产决策

生产决策主要包括生产方针、场地选择、畜群周转、饲养方式、饲料配合、防疫程序、设备更新等决策。

3. 市场营销决策

其是指企业识别、分析、选择和发现市场营销机会，以实现企业经营目标的一系列市场营销活动的决策。主要包括市场调查与市场定位决策，产品决策，价格决策，产品销售渠道决策，促销方式决策，售后服务和其他销售业务决策等。

4. 财务决策

财务决策主要包括资金筹集决策，即如何为企业筹备所需资金的决策；投资决策，即把能动用的资金投向何种生产经营活动的决策；对投入生产经营过程中的资金如何使用的管理决策等。

5. 组织和人事决策

组织和人事决策主要包括企业组织机构设置、管理人员的配备及干部任用考核、任免和培训等方面的决策。

6. 其他方面的决策

包括职工的聘任、激励和思想教育、职工福利事业的发展及环境保护的决策等。

任务三　企业经营决策的程序和方法

一、经营决策的程序

为了保证养殖企业经营决策的正确性、可靠性，克服决策的主观随意性，应当按照决策的科学化过程来进行操作，一般可分为以下五个步骤。

1.发现问题，组织调查研究

问题是决策的起点，任何管理活动的发展都是从发现问题开始，然后做出变革而实现的。这里所说的问题是指企业在经营上实际达到的状况与应当达到或期望达到的状况之间存在的差距。决策者要在全面调查研究的基础上发现问题，并找出问题的关键要害，这样才能制订正确的决策目标。

2.确定决策目标

确定决策目标是决策过程中最关键的一步，没有决策目标或目标不明确，就无从决策。所谓决策目标是指在一定的环境和条件下，在预测的基础上所期望得到的结果。正确确定决策目标的要求是：①确定目标应以存在问题为前提。②决策目标应有确定的内涵，实现期限必须具体。③决策目标尽可能量化，难以用数量指标表示的，应当在质的分析基础上尽可能精确描述。④决策目标是多目标时，要区分目标主次。

3.拟定备选方案

备选方案是指能够解决某一经营问题，保证经营决策目标的实现，具备实施条件的经营决策方案。因此，在经营决策过程中，必须拟定多个可行方案，依靠专家或专门机构进行选择，减少决策失误。

4.方案的评价和选择

方案的评价和选择是指对选出的多个可行方案，进行全面、详细评价，从中选择一个最满意的方案的过程。这一环节，可以说是决策的核心。

选择方案，要解决的首要问题是确立选择的标准。①从选优方案的价值标准来说，越接近原定目标越好。②"最优标准"问题，就是追求理想条件下的最优目标。虽然现代数学上优化方法发展很快，但在实际工作中真正做到的"最优"是不现实的。因此，决策选定的最终方案，不是追求最优方案，而是选择一个合理的满意的答案。③对于风险性方案，一般采用期望值标准方案。所谓期望值，即按各种状态的出现概率计算的平均值。

在已经拟定出一批备选方案后，通常采用以下三种方法从这些备选方案中选择出最优方案：一是经验判断法。即根据以往的经验和资料，权衡各种方案的利弊进行决策。这时决策人的素质、性格、知识和能力起着决定性作用。二是数学分析法。即利用数学模型找出最优决策。三是模拟试验法。即通过科学试验和实际实验进行方案选优。

5.决策方案的实施与反馈

决策方案的实施与反馈是决策过程中不可缺少的组成部分。实施和反馈的有效做法是建立各种形式的目标责任制，将决策目标分解落实到各个部门和个人，明确规定他们在执行决策方案时的责任和权力。在实施的过程中，要建立跟踪检查制度，及时发现问题，及时反馈，及时迅速纠正偏差，确保决策方案的顺利实施。

二、经营决策的方法

经营决策方法是企业进行经营决策的科学手段。随着决策的实践和决策理论的发展，决策方法也正朝着定性和定量两种方向发展，并交替运用，相互补充，成为科学决策的两大支柱。

(一)定性决策方法

定性决策方法是在决策中充分发挥人的智慧的一种方法。它直接利用那些在某方面具有丰富经验、知识和能力的专家,根据已知情况和现有资料,提出决策目标和方案,做出相应的评价和选择。这种方法主要适用于那些难以定量的决策问题,同时也可对某些应用定量决策方法做出的决策进行验证。定性决策方法常用的有以下几种。

1.经验决策法

这是一种最古老的决策方法,由于它简便易行,在现代企业经营决策中,仍然经常使用。特别是对那些业务熟悉、工作内容变化不大的专家,往往可以凭经验做出决策,并且能取得良好的效果。

2.德尔菲法

其做法与定性预测法中的德尔菲法相似。它的核心组织形式是:不把专家召集在一起开会讨论,而是发函请一些专家对一定的问题提出看法和意见,被征询的专家彼此不相知。收到专家们回答的意见后加以整理分析,再分寄给专家们继续征求意见。如此重复多次,直到意见比较集中为止,以据此做出决策。这种方法可以使专家们毫无顾虑,各抒己见,同时又能把较好的意见逐步集中起来。

3.头脑风暴法

其做法与定性预测法中的头脑风暴法相似。即邀集专家,针对确定的问题,敞开思想、畅所欲言、相互启发、集思广益、寻找新观念,找出新建议。其特点是运用一定的手段,保证大家相互启迪,在头脑中掀起思考的风暴,在比较短的时间内提出大量的有效的设想。它一般采取会议讨论的形式,召集5~10名人员参加,会议人员既要求有各方代表,又要求各代表身份、地位基本相同,而且要有一定的独立思考能力。会议由主持人首先提出题目,然后由到会人员充分发表自己的意见,会上对任何成员提出的方案和设想,一般不允许提出肯定或否定意见,也不允许成员之间私人交谈。会议结束后,再由主持人对各种方案进行比较,做出选择。

4.集体意见法

这种方法是把有关人员的意见集中起来形成一种意见或建议。与会者发表的各种看法,其他人可以参加分析、评价,或提出不同看法,彼此之间相互讨论、相互交流、相互补充、相互完善。会议主持人还可以根据发言者的个人身份、工作性质、意见的权威性大小等因素对各种意见加以综合,然后得出较为满意的方案。

(二)定量决策方法

1.确定型决策

确定型决策是指未来事件的客观状态或实现条件是完全肯定的,决策结果也是确定的决策方法。其择优标准是收益最大或成本最小,即在若干方案中选取收益值最大者或成本值最小者作为最优方案。

(1)直观法。又称单纯选优法。是从已掌握的定量分析资料中,直观、方便地选择最优方案的方法。

例:某饲料加工厂购买饲料有三个选择方案。第一方案是饲料进厂成本为3 000元/t,第二方案是饲料进厂成本为3 200元/t。第三方案是饲料进厂成本为3 400元/t。在饲料质量一致的条件下,应选择的方案可以直接看出,第一方案成本最低,故第一方案为最优方案。

(2)盈亏平衡分析法。又称为量本利分析法。是通过分析产量(销售量)、成本(费用)和利润三者之间数量关系进行决策的定量决策法。

养殖企业进行生产经营活动,总要投入一定的人力和物力,这些生产要素的价值,构成了生产经营活动的成本费用。成本费用可划分为总固定成本和总变动成本两部分。

总固定成本是指不受产品(产值)数量增减变化影响的成本。如固定资产折旧费、生产管理(销售)人员的固定工资、固定的管理费用等,不论产量(销售量)多少,都要固定地支出。因此,生产(销售)量越大,单位固定成本越少;反之,生产(销售)量越小,单位固定成本越多。

总变动成本是指随产品产销数量的增减而变动的成本。如畜牧业的饲料费、原材料费用和生产人员的工资报酬等。这些费用与产销数量呈正比。产销数量增加,总变动成本随之增加;反之,产销数量减少,总变动成本随之减少。生产或销售每单位产品,都要负担数量基本相同的单位变动成本。

总成本=总固定成本+总变动成本

产量(销售量)、成本、价格和利润等因素之间的关系,如图 3-1 所示。

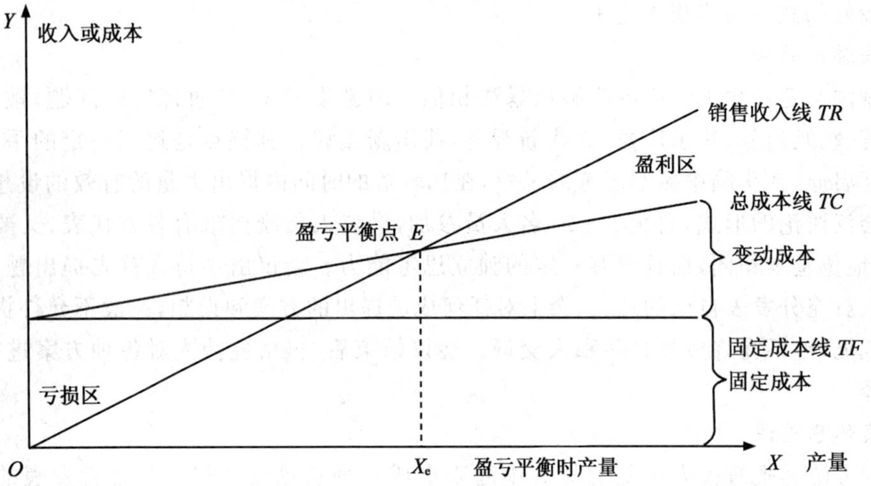

图 3-1 盈亏平衡点分析图

以横坐标表示产量或销售量,纵坐标表示收入或成本,则总固定成本(TF)的图像是一条与 X 轴相平行的直线;总变动成本(TV)是一条上升的直线;总成本(TR)则是以原点 O 开始的一条上升直线。总成本(TC)与总收入(TR)的交点(E),称为盈亏平衡点(临界点)。当产品销售量(产量)达到盈亏平衡点所对应的数量(X_e)时,总成本和总收入正好相等($TC=TR$),企业不亏也不盈。销售量(产量)小于临界点,总成本大于总收入($TC>TR$),企业就要亏损;销售量(产量)大于临界点,总收入大于总成本($TR>TC$),企业就能盈利。图中的盈亏平衡点、亏损区和盈利区,分别代表上述情况。如果用 V 表示单位产品的变动成本,X_e 表示盈亏临界点的销售量(产量),P 表示单位产品价格则:

$$TR=TC$$

$$P\cdot X_e=TF+V\cdot X_e$$

移项整理：

$$P \cdot X_e - V \cdot X_e = TF$$

则：

$$X_e = \frac{TF}{P-V}$$

上式的盈亏平衡点销售量是总固定成本与单位产品价格和单位产品变动成本差额的比值。

若企业要取得盈利，则设目标利润为 R，价格为 P，产品销售量（产量）为 X，于是

$$R = TR - TC = P \cdot X - TF - V \cdot X$$

$$X = \frac{R+TF}{P-V}$$

例：某企业生产一种小型畜产品加工机械，该厂年固定成本为 640 000 元，加工机械每台售价 800 元，生产每台机械变动成本为 400 元，试计算该机械的临界生产量（销售量）X_e。如果该厂年计划利润为 320 000 元，则目标产量（销售量）应达到多少台？

解：

$$X_e = \frac{TF}{P-V} = \frac{640\ 000}{800-400} = 1\ 600（台）$$

$$X = \frac{R+TF}{P-V} = \frac{640\ 000+320\ 000}{800-400} = 2\ 400（台）$$

答：该厂每年需要生产（销售）1 600 台才能达到不亏不盈。如果小于 1 600 台就要亏损；超过 1 600 台就能盈利。超过的数量越多，盈利就越多。如要实现利润 320 000 元，则目标产量为 2 400 台。

2. 不确定型决策

不确定决策总是面对几种不同的自然状态（可能情况），而这些自然状态所发生的概率又无法确定。因此，决策者只能针对决策问题在每一种自然状态下，采取几种不同的方案，从具有不同的经济效益中进行合理的选择。这时的决策主要取决于决策者的态度和经验。

例：某养殖场计划兴建一个养鸡分场，目前有大中小三种方案可供选择，销售情况分为畅销、一般、滞销，其损益值如表 3-2 所示。

表 3-2　某畜牧场各方案损益值表　　万元

状态	方案		
	大规模(A)	中规模(B)	小规模(C)
畅销	10	8	5
一般	4	3	2
滞销	−2	0.5	1
每列最小值	−2	0.5	1
每列最大值	10	8	5

(1)悲观法。也叫“小中取大法”。即从最坏的设想来决定取舍。选择的过程是：首先从每一方案在不同自然状态下的损益值中找出最小损益值；然后在一组最小损益值中选择一

个最大损益值对应的方案作为最优方案。因此，对上述三个方案的比较分析，先列出“每列最小值”，分别为-2、0.5和1，其中最大值是1，所以C方案为最优方案。这种方法被认为是保守谨慎型决策者的方法。

(2)乐观法。也叫“大中取大法”。即从最好的打算出发选择最优方案。选择的过程是：首先从每一方案在不同自然状态下的损益值中找出最大损益值；然后在一组最大损益值中选择一个最大损益值对应的方案作为最优方案。根据“大中取大”的原则，先列出“每列最大值”，分别为10、8和5，其中最大值是10，所以A方案为决策方案。这种方法被认为进取型决策者常用的方法。

(3)机会均等法。它是假设以各种自然状态出现的概率均等为前提，依据均等概率计算出各种方案的期望值，从中取其期望值最大者为最佳方案。其计算公式如下：

$$\text{均等概率值}=1\div\text{状态数目}$$

$$\text{某一方案的期望值}=\sum(\text{每种自然状态下的损益值}\times\text{均等概率})$$

如上例中每一方案的期望值为：

$$WV_A=\frac{1}{3}[10+4+(-2)]=4(\text{万元})$$

$$WV_B=\frac{1}{3}(8+3+0.5)=3.83(\text{万元})$$

$$WV_C=\frac{1}{3}(5+2+1)=2.67(\text{万元})$$

从计算结果来看，A方案的期望值最大，所以A方案选为最优方案。

(4)后悔值法。也称为“大中取小”法。后悔值指在某一自然状态下，由于没有采用相应的最优方案而采用了较小收益的方案所产生的损失值。这一损失值总是令人感到后悔，同时，其值越大，后悔程度越大。这一方法是先计算出各状态的后悔值，再找出各方案的最大后悔值，再从最大后悔值中选取最小值(故因之称为“大中取小”法)，该值对应的方案即为决策方案。其具体步骤是：

①先找出不同自然状态下各方案的最大收益值，然后与同一自然状态下各方案的收益值进行比较，求出每个自然状态下各方案的“后悔值”。以表3-2中在畅销状态下为例：各方案的收益值中最大者为10，三个方案的后悔值分别是0、2和5。按照这种方法分别求出各状态下各方案的后悔值，列出后悔值表(表3-3)。

表3-3　后悔值表　　　　万元

状态	方案		
	大规模(A)	中规模(B)	小规模(C)
畅销	0	2	5
一般	0	1	2
滞销	3	0.5	0
每方案最大后悔值	3	2	5

②找出每个方案中的最大后悔值，分别为3、2和5。

③在最大后悔值中选一个最小值，因为2为最小，所以相应方案B方案为决策方案。

这种方法适用于中间稳健型决策者。

对同一未来事件所作的决策，常因决策人的态度不同，或因选用的法则不同，他们选择的方案就不尽相同。决策人的态度可分为三种类型：保守型、进取型和中间型。保守型的决策人小心谨慎，怕担风险，常用悲观法则；进取型人不怕风险，常用乐观法则；中间型则处于保守型与进取型之间，常用后悔值法则或机会均等法则。可见不确定型决策与决策人的性格和心理状态有关。决策人选择什么方案，除受其性格和心理因素的影响外，更重要的还取决于决策信息的准确性、经营单位的经济实力以及决策人的知识经验、判断力和工作能力等因素。在实力雄厚，决策信息准确的条件下，经验丰富、判断力强的决策者常属于进取型。反之，则为保守型。

3. 风险型决策

风险型决策是指未来事件的条件（状态）不能确定，但知其发生概率情况下的决策。由于这种决策的目标实现具有风险，故称为风险型决策。其方法是：根据已知概率计算出各方案的期望值，从中取期望值最大者为最佳方案。计算期望值的方法，与机会均等法基本相同。所不同的是风险型决策依据的是已知概率，而机会均等法是根据假定的均等概率（主观概率）来计算。现以表3-2为基础，增加已知概率，如表3-4所示。

表3-4 各方案概率及损益值

万元

状态	概率	方案		
		大规模(A)	中规模(B)	小规模(C)
畅销	0.5	10	8	5
一般	0.3	4	3	2
滞销	0.2	−2	0.5	1

(1)公式计算法。根据上例资料，计算各方案的损益期望值是：

A方案的期望值＝0.5×10＋0.3×4＋0.2×(−2)＝5.8(万元)

B方案的期望值＝0.5×8＋0.3×3＋0.2×0.5＝5(万元)

C方案的期望值＝0.5×5＋0.3×2＋0.2×1＝3.3(万元)

从计算结果可看出：A方案的损益期望值最高，所以A方案被选为决策方案。

又例如，某养殖企业开发出新的乳制品，每箱成本价40元，销售单价50元，如果商品当日出售不完，就会变质，目前对这种产品的市场需求情况不十分了解，但有去年同期同类产品的日销售量资料可供参考（表3-5）。

现确定一个使企业获得最大的日销售量的决策方案。

根据上述资料，可确定今年市场自然状态见表3-6。

绘制决策收益表见表3-7。

表 3-5　日销售量与完成天数

日销售量/箱	完成天数
2 500	2
2 600	6
2 700	10
2 800	2
总计	20

表 3-6　市场自然状态情况表

日销售量/箱	概率
2 500	0.1
2 600	0.3
2 700	0.5
2 800	0.1

表 3-7　决策收益表　元

方案/箱	状态			
	2 500 $p=0.1$	2 600 $p=0.3$	2 700 $p=0.5$	2 800 $p=0.1$
2 500	25 000	25 000	25 000	25 000
2 600	22 000	26 000	26 000	26 000
2 700	19 000	23 000	27 000	27 000
2 800	16 000	20 000	24 000	28 000

根据上例资料，计算各方案的损益期望值如下。

①方案为 2 500 箱的期望值

$$E_1=2\ 500\times0.1+25\ 000\times0.3+25\ 000\times0.5+25\ 000\times0.1=25\ 000(\text{元})$$

②方案为 2 600 箱的期望值

$$E_2=2\ 200\times0.1+26\ 000\times0.3+26\ 000\times0.5+26\ 000\times0.1=25\ 600(\text{元})$$

③方案为 2 700 箱的期望值

$$E_3=1\ 900\times0.1+23\ 000\times0.3+27\ 000\times0.5+27\ 000\times0.1=25\ 000(\text{元})$$

④方案为 2 800 箱的期望值

$$E_4=1\ 600\times0.1+20\ 000\times0.3+24\ 000\times0.5+28\ 000\times0.1=22\ 400(\text{元})$$

上述期望值比较后，E_2 为最大期望值。即每天出售 2 600 箱为最佳销售量。

(2)决策树法。决策树是利用树形图选择最佳方案的方法。具体步骤如下。

①绘制决策树型图。绘图过程实际上是拟定各种可行方案的过程，对未发生的各种情况可充分预计。这种方法形象、直观，便于决策者进行比较分析。如图 3-2 所示。

决策结点是以□表示，是对几种可行性方案选择的结果，也就是决策的方案。

方案枝是由决策结点自左向右引出的若干条直线，每条直线代表一个备选方案。

状态结点以○表示，其画在方案枝的末端，代表备选方案的经济效果。

状态枝也称为概率枝，由状态结点引出若干条直线，表示不同的自然状态。在状态枝上

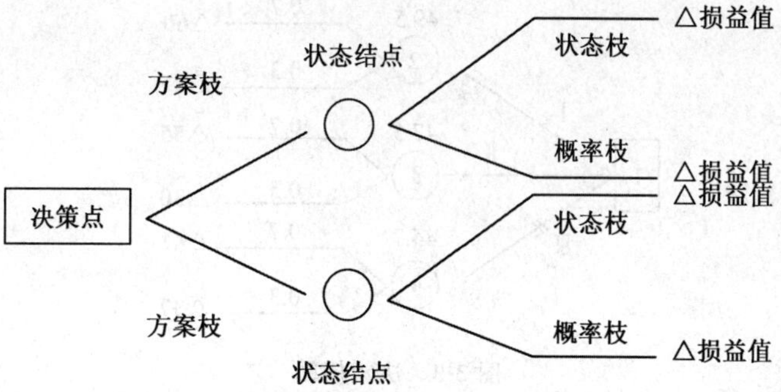

图 3-2　决策树结构图

面标明某种自然状态的内容及其出现的概率。

末梢通常用△表示，末梢是状态结点的终点，在末梢处标明每一个方案在不同自然状态下的损益值。

②计算损益期望值。期望值是衡量各个可供选择方案经济效益的标准。计算时应从右向左依次进行。计算公式为：

$$EV = \sum_{i=1}^{n} P_i V_i$$

式中：EV 为某方案的期望值；

P_i 为 i 状态的概率值；

V_i 为 i 状态的收益值；

n 为状态个数。

③剪枝，确定决策方案。对各方案的期望值进行比较分析，把期望值小的方案用“//”进行剪枝，选定一个符合决策目标期望值最佳的方案作为决策方案。

例：某牧场设计出三种养猪方案，经预算，各方案的盈亏额不同。由市场分析预测当年销路，各销售状态的概率分别为 0.7、0.3。试用决策树法，选定最佳方案(表 3-8)。

表 3-8　某牧场各方案损益值表　　万元

状态	概率	方案		
		大规模(A)	中规模(B)	小规模(C)
销路好	0.7	60	55	48
销路差	0.3	25	30	37

第一步：绘制决策树图(图 3-3)。

第二步：计算各方案期望值。

结点②：$EV=(0.7\times60)+(0.3\times25)=49.5$(万元)

结点③：$EV=(0.7\times55)+(0.3\times30)=47.5$(万元)

结点④：$EV=(0.7\times48)+(0.3\times37)=44.7$(万元)

第三步：确定决策方案。

经比较，方案Ⅰ期望值最大，因此选定方案Ⅰ为决策方案。

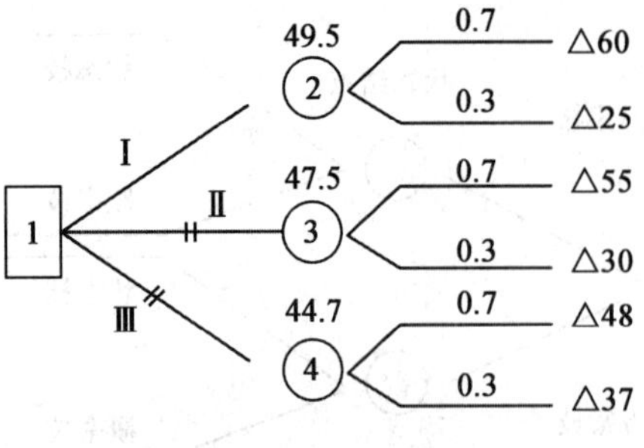

图 3-3　决策树图

【案例分析】

猪场的经营决策

一、案例介绍

小李是某地区规模化养猪场的场长，他养有50头能繁母猪，主要靠销售仔猪获取经济效益，如果仔猪卖不出去，他就自己育肥。但是，他的经济效益总是不如周围只养育肥猪或只养种母猪的养猪场的经济效益。请为小李分析原因。

二、案例分析

（一）确定任务和工作计划

1. 确定任务

小李的经济效益为什么不如周围只养育肥猪或只有养种母猪养猪场。

2. 制订工作计划

（1）查阅相关资料，了解影响育肥猪、母猪经济效益的因素。

（2）调查市场的行情，分析影响育肥猪、母猪经济效益的因素。

（3）调查小李和周围养猪场的经营。

（4）分析总结，完成报告。并对结论进行论证。

（二）收集、整理、分析评价相关资料

影响育肥猪和母猪经济效益的因素有：育肥猪、母猪饲料的价格；肥猪出栏价格；仔猪价格；市场对仔猪、育肥猪供求的波动；育肥猪、母猪消耗的饲料等。结合小李养猪的实际情况，综合分析以上资料，造成小李经济效益差的原因是：小李饲养的育肥猪出栏时是市场育肥猪价格最低的时候，他所养的育肥猪几乎没有收益，甚至亏损。并且小李的种母猪繁殖强度大，仔猪质量不如周围养猪场。他仔猪出售的价格不如周围养猪户。而他周围育肥猪的养殖户根据市场行情在育肥猪价格好时饲养，不好时不饲养，空出猪舍消毒，净化环境。饲养母猪的养猪场调整能繁母猪产仔时间，在仔猪价格高时产仔，价格低时降低母猪的饲养标准，让母猪停产，恢复体质。

（三）拟定各种解决问题的备选方案

方案1：小李根据市场行情只养母猪。

方案2：小李根据市场行情只养育肥猪。

方案3：小李根据市场行情，既养种母猪，又养育肥猪。

（四）选择解决方案并进行论证

根据市场行情，结合自己的饲养技术，劳动力的多少和饲养条件实际，以上三种方案都可采用。

（五）分析各种解决方案

方案1和方案2：饲养目标专一，较易集中资金、技术优势提高经济效益，但综合效益不如方案3。

方案3：综合经济效益比较高，但既要有育肥猪，又要有种猪，要求养殖者有丰富的饲养的经验和精湛的饲喂技术，即要求高。

（六）评价结果，并将结果普遍化

对于搞好养猪生产，提高养猪经济效益，猪场经营的好坏关键在于经管决策。猪场的经营方向、经营目标、经营规模等的确定，都要在充分的市场调查基础上，获得可靠市场供求信息和变化规律资料，并结合自己的生产经验和技术水平才能做出合理而又满意的决策，作为今后企业行动的纲领。

【知识拓展】

导致经营决策失误的陷阱

在竞争与日俱增的今天，企业决策稍有闪失，便有可能招致灭顶之灾。如何在激烈动荡的市场竞争中，适时做出适当准确的经营决策，已经成为决定企业能否立于不败之地的关键。

孙子讲："胜兵先胜而后求战。"意思是说先使自己立于不败之地，然后再寻找机会战胜敌人。同样的道理，企业经营者要想决策正确，必须首先要弄清使众多公司马失前蹄的7大经营决策陷阱是什么？然后再来寻找企业如何绕过这些暗礁险滩的决策。

陷阱之一：对竞争环境的错误判断

许多企业经营者错误地认识和判断竞争环境中所发生的变化。要避免由于误判竞争环境而导致决策失误，首先在竞争环境分析时，必须正确定义自己的竞争空间，不能只局限于现有竞争者，必须将潜在和新生的竞争者统统纳入视野。另外，必须构建一个行之有效的竞争信息系统，保证相关信息在组织内部的畅通。

陷阱之二：有失偏颇的假设前提

许多企业经营者将自己的决策建立在一系列错误的前提条件之上，要想摆脱这种困境，必须时时对自己习以为常的一些假设、前提和理念缜密验证。一些被认作是理所当然的前提条件不经推敲便被采用，由此而来的经营决策便潜藏着极大的风险。

陷阱之三：竞争优势的自我削弱

主要由于采用一成不变的企业经营目标，或者用静止的观点来看待经营目标，导致公司不能适应外部环境的变化，企业一时的强势不能成功地转化为可持续的竞争优势，在市场竞争中难免落入下风。因此，公司经营者必须树立一种全局和动态的意识，把公司的经营活动建立在流程的基础上，注意力集中在企业的价值链上，并要拓展企业活动的范畴，使它能涵盖客户和供货商。只有这样，才能使公司在市场上保有可持续的竞争优势。

陷阱之四：盲目扩张，自损价值

企业经营者往往屈从于不顾自身条件而一味追求多元化的冲动，盲目进入一些自己并不擅长的业务领域。结果经常是得不偿失，反而削减了公司的价值基础。要想使多元化经营有所建树，必须时刻紧扣公司的核心竞争能力。在公司多元化的进程中，务必使新的业务领域能得到公司核心竞争能力的有力支持，并在市场上转化为相应的竞争优势，这样才能获取多元化经营中的协同效应。

陷阱之五：受制于组织结构

在传统的公司组织中，不同部门间泾渭分明，承担不同的职能和责任。而在企业经营决策的实施过程中，组织结构上的条块分割往往演变为难以逾越的障碍。而要突破此类困境，需要对传统的组织结构进行脱胎换骨的改造，营造新颖的无边界的组织形态。通过树立明确的目标，有效地沟通，并利用跨职能部门的组织机构，使各个部门珠联璧合，运转自如。

陷阱之六：失控

企业失控通常有两个原因：一是公司盲目追求某些主观性很强的目标；二是公司决策控制体系失衡，无法在公司文化、激励系统和行为规范三者之间达成平衡。要使经营决策实施处于可控状态，必须使用“双环路”的监控体系，对目标本身也要进行实时评估。在经营决策制定和控制时通过信息，在经营决策实施和控制时通过行为来完成整个经营决策的控制体系，并且要营建与企业经营目标一致的公司文化，完善相应的激励机制，并建立有效可行的行为准则。

陷阱之七：领导失效

在企业决策的实施过程中，强有力的企业领导对最终的成功起着至关重要的作用。要成功地领导企业达成既定的经营目标，企业领导必须在组织中创造变革的紧迫感，并迅捷果断地采取行动；必须塑造和传达公司的远景规划，以及达成远景规划的具体行动计划；设定公司的奋斗目标，广泛授权给一线员工，使他们为实现公司经营目标奋力争先；还要不断总结经营决策实施过程中的得失，使已经发生的有益变化制度化。只有这样，才能使公司上下同心同德，朝着既定的经营目标稳步迈进。

【考核评价】

一、考核题目

(1)假设某企业生产一种配合饲料，价格为每吨1 000元，总固定费用成本为20万元，每吨产品的变动成本为800元，求保本年产量。如果企业要获得5万元利润，应生产多少吨饲料？

(2)某畜牧企业准备投入一种新产品，对未来销售情况的前景预测不准，可能出现高需求、中需求、低需求三种自然状态。企业有三个方案可供选择，新建一个车间；扩建原有车间；对原生产线进行局部改造。三个方案在五年内的经济效益如表3-9所示。

表3-9 各方案损益值 万元

状态方案	高需求	中需求	低需求
新建	600	200	−160
扩建	400	250	0
改造	300	150	80

决策者可以根据不同的方法选择一个他所满意的方案。

二、评价标准

1.决策类型

按照决策的可靠程度将决策划分为确定型决策、非确定型决策、风险型决策。

确定型决策:这类决策条件已知、未来状态和结果已知;非确定型决策:这类决策条件未知、未来状态和结果未知;风险型决策:这类决策条件未知、未来状态和结果未知,但是对未来事件出现的可能结果发生的概率是已知的。

2.根据决策类型选择决策方法

从资料1可以看出:该方案实施时需要的条件已知,未来的状态和结果已知,因此,判定该决策是一种确定型决策,应选用确定型的方法。

从资料2可以看出:可供选择三个方案,实施时每一个方案需要的条件未知,每一个方案未来市场需求的状态未知、未来状态结果未知,因此,判定该决策是一种非确定型决策,应选用非确定型的方法。

3.确定型的方法——盈亏平衡点分析法(也叫保本点分析法)

盈亏平衡点分析法,将构成养殖企业生产经营活动的成本划分为固定成本和变动成本两部分。

4.养殖企业实现盈亏平衡(即保本)时的销量(或产量)的计算公式;养殖企业完成目标利润时的销量(或产量)的计算公式

5.非确定型决策的方法

非确定型决策主要依靠决策者的经验和主观态度做出决策。决策者的经验和主观态度不同,决策时所选用的方法不同,最终做出的决策不同。具体如下。

(1)悲观法(小中取大法)。先分别找出每个方案在各种自然状态下的最小收益值,再将各方案的最小收益值相比较,选出最大数值的方案作为决策方案。即从最坏的情况出发,选择最有利的方案,保守型决策。

(2)乐观法(大中取大法)。先分别找出每个方案在各种自然状态下的最大收益值,再将各方案的最大收益值相比较,选出最大数值的方案作为决策方案。即从最好的情况出发,选择最有利的方案。

(3)机会均等法。假设以各种自然状态出现的概率均等为前提,依据均等概率计算出各种方案的期望值,从中取期望值最大者为最佳方案。

(4)后悔值法(大中取小法)。先计算出各状态的后悔值,再找出各方案的最大后悔值,再从最大后悔值中选取最小值,该值对应的方案即为最佳方案。

6.利用机会均等法时,计算某一方案期望值的公式

7.利用后悔值法时,计算后悔值的方法及其计算步骤

【知识链接】

1. http://www.chinabreed.com/manage/culture/2013/09/20130913606068.html 管理之道:企业决策中的轻管理

2. http://www.chinabreed.com/manage/example/2013/11/20131101610949.html 领导者决策:科学细致是王道

3. http://www.doc88.com/p-60955195360.html 把企业决策权利用制度形式传承下去

4. http://www.thldl.org.cn/news/1005/39926.html 5个企业经营决策案例给我们的启示

Project 4

养殖企业经营计划

学习目标

了解养殖企业经营计划的概念和任务；熟悉经营计划体系及其内容；理解编制经营计划的原则和定额；掌握编制几个重要生产计划的方法。

【学习内容】

任务一 企业经营计划的概述

一、企业经营计划的概念和任务

(一)经营计划的概念

企业经营计划是指在经营决策基础上,根据经营目标对企业的生产经营活动和所需要的各项资源,从时间和空间上所进行的预先的统筹安排。事实上,经营计划是企业围绕市场,为实现自身经营目标而进行的具体规划、安排和组织实施的一系列管理活动。企业经营计划是企业经营活动的先导,并始终贯穿于企业经营活动的全过程。

(二)经营计划的特点

1.经营计划具有决策性

它是以企业作为相对独立的畜产品生产经营者为前提,根据企业外部环境和内部实力制订和编制的,它直接关系到企业的生存与发展。

2.经营计划具有外向性

它与社会、市场和用户有着密切的联系,其基本目的就是实现企业与外部环境的动态平衡,并获得良好的经济效益和社会效益。

3.经营计划具有综合性

它的基本内容既包括市场调查、预测、生产、销售,也包括技术、财务和后勤,是指导企业全部生产经营活动的纲领。

4.经营计划具有激励性

它把国家利益、企业利益和职工个人利益有机结合起来,形成一股强大的动力,能激励企业全体职工为之而奋斗。

(三)经营计划的任务

在企业经营活动中,有了周密的生产经营计划,层次分明的计划结构,分期分批的计划目标,才能使整个企业正常运转。因此,养殖企业实行计划管理需要完成的任务如下。

1.把经营目标具体化

实行计划管理,使企业将通过市场调查、预测和决策确定的经营发展目标,通过综合平衡,编制各类各项计划并加以落实,明确了一个时期内企业生产经营发展的方向和奋斗目标,对企业员工有鼓舞、动员和组织作用。

2.分配和利用各种资源

实行计划管理,使企业不断挖掘生产潜力,合理利用人力、物力、财力和各种自然资源,加强畜群周转,提高产畜和畜舍利用率,正确组织配备劳力、饲料供应等,还可对企业内部各部门的发展起到平衡的作用。

3.协调生产经营活动

实行计划管理,可以根据市场的需要安排生产,使企业计划与市场需求相衔接,市场需求和企业的生产安排更好地协调起来。

4.提高经济效益

实行计划管理，为企业经济核算、财务监督提供依据，并监督计划的执行；同时，通过对计划的编制、执行、检查与分析，能提高企业领导和管理人员的水平，不断发展生产，增加收入，提高经济。

二、经营计划体系及其内容

养殖企业经营计划体系是企业生产经营中各种单项计划构成的综合体现。各种单项计划之间相互联系、相互制约。在各种单项计划的共同作用下，可保证生产的有序进行。企业经营计划体系按期限长短和作用方式可以分为：长期计划（即战略计划）、年度计划（即业务计划）、阶段计划（即基层作业计划）。它们三者之间的关系是：长期计划提供由上而下的指导；阶段计划提供由下而上的保证；年度计划发挥承上启下、上传下达的作用。

（一）长期计划

长期计划，又称远景规划，即确定养殖企业经营方针、经营规模和总体发展方向的计划。一个科学性、指导性很强的长期计划，往往是企业长期取得良好经济效益的决定性因素。长期计划使企业全体成员看到企业的发展远景，给人以鼓舞和信心，促使企业集中人力、物力、财力，为一个共同的长期目标而奋斗。长期计划一般为五年或五年以上。

养殖企业制订长期计划，务使企业与国家的畜牧业发展规划相适应，与国民经济其他部门保持合理的比例。由于长期计划的时间较长，影响企业经济活动的客观因素又很复杂，而且不断变化，所以这种计划的内容只是概况性的描述，不可能规定得十分详尽、具体。一般来说，养殖企业长期计划的主要内容如下。

1.总体规划

它根据市场需要和变化趋势确定养殖企业的经营方针（专业化方向），规划企业内部各生产部门的规模和发展速度，主要牲畜种类和畜禽结构，各种牲畜年平均发展速度，品种改良方向，畜草平衡，主要畜产品产量和商品量等。

2.基本措施规划

它包括土地（草场）利用规划、基本建设投资规划、技术措施规划及人口控制计划等。

3.经济收入规划

它包括总产值、总支出、企业盈利匡算以及对国家的贡献、企业积累、企业成员收入增长和文化福利规划等。

4.保证长期规划实施的中近期滚动计划，以及重大技术、经济措施计划等

企业制订长期计划的依据是：当地的自然条件、经济条件、生产技术水平和经济发展水平，以及经科学预测的市场变化趋势。养殖企业领导者在摸清资源条件，做好市场调查和预测，掌握可靠信息的基础上，做出科学的经营决策。这是提高长期计划的预见性和指导性的决定因素。因此，制订好长期计划，可促使企业发展，提高经济效益，也是养殖企业领导者的主要职责之一。

（二）年度计划

年度计划是按一个日历年度编制的计划，既是长期计划的实施计划，又是编制阶段计划

的依据，内容要求具体详尽，全面反映企业计划年内生产经营活动的行动纲领和奋斗目标，是养殖企业计划体系的中心环节。

养殖企业制订年度生产计划确定当年生产经营的各种畜产品项目、数量、质量等指标时，一定要符合社会需要。要贯彻“注重市场，以销定产”的方针，做到产品适销对路。各企业应根据其自然条件、经济条件以及经营的范围、规模、生产水平和经营管理水平等各方面的实际情况，制订具体年度计划。一般说来，养殖企业年度计划应包括以下基本内容。

1. 土地利用计划(包括草场利用计划)

土地是有限资源，是不可再生、不可替代的基本生产资料。为了适应生产发展需要，提高土地利用的经济效果，有必要制订企业年度土地利用计划。制订这种计划，必须摸清企业土地总面积和各类用地的状况及其比例，特别注意非生产占地及浪费土地的情况。在可能条件下保护和扩大耕地或草场面积，提高土地利用率和土地生产率的措施。在此基础上，制订出企业本年度各类用地的面积及其结构。其中主要包括农用地、林用地、牧用地、水面以及其他生产和非生产建筑用地、道路等。

2. 畜群生产计划

畜群生产计划是养殖企业年度计划的核心，包括牲畜配种分娩计划、畜群周转计划、畜产品产量计划和饲料供应计划等。

(1)牲畜配种分娩计划。是按企业预期要求，使母畜适时分娩的一项重要措施，又是编制畜群周转计划的重要依据。编制这种计划，不能单纯从自然再生产规律出发确定配种分娩数量，而是要结合企业的经济技术条件、生产发展的要求，如根据牲畜开始繁殖的年龄、怀孕期、配种间隔以及生产方向、生产任务、分娩类型、饲料供应、畜舍设备和饲养水平等条件，确定配种分娩时间和头数。

(2)畜群周转计划。是反映畜群再生产的计划，是根据牲畜配种分娩计划编制，以确保企业畜群结构合理，稳定企业畜产品生产方向。

(3)畜产品产量计划。是根据畜群周转计划和牲畜单产水平编制，反映养殖企业计划年生产任务及产品产出状况，并为编制畜产品销售计划，财务收入计划提供依据。

(4)饲料供应计划。是根据畜群结构，饲料消耗定额，饲养时间编制，包括饲料生产计划、饲料供应计划、饲料供需平衡等内容。

(5)家禽孵化计划。编制家禽孵化计划的目的在于保证后备家禽、肥育肉用家禽和出售雏禽的需要。孵化计划主要包括孵化时期、种蛋来源和孵化雏禽数。

3. 劳动力利用计划

劳动力利用计划反映企业劳动力的分配和使用状况，因而应根据劳动力配备定额、作业项目、生产季节的需要，确定劳动力的需要量；然后按照企业实有劳动力数和全年法定的工作日数，计算出各月工日数，通过编制劳动力平衡表，将全场各月需工数与各月工日数进行对比。如果劳动力有余，就需开辟生产门路，把多余的劳动力充分利用起来。如果劳动力不足，则需充分挖掘劳动潜力，或雇用季节性临时工，以保证生产计划的实现。对于实行家庭承包的企业，这种计划可适当从简。

4. 物资供应计划

根据生产建设的需要，向需用部门提供物资的经济活动称为物资供应。及时、齐备、按质按量地组织物资供应，是保证生产建设正常进行的必要条件。因此，畜牧业企业都要对全年所需的各种生产资料，做出全面安排。计划中应包括各种物资的需要量、库存量、自产量和采购量。必须重点保证当年生产急需的物资，严格控制库存数，减少资金的积压。物资供应从生产出发，为生产服务，要严格监督和促使企业各部门、经济单位合理地使用及节约物资，努力降低物资消耗，降低成本，提高经济效益。

5. 种畜推广与产品销售计划

这种计划是根据畜产品产量计划扣除本场自用部分后得来的。按照规定的质量标准，优良种畜禽向社会推广，剩余的作为商品上市销售。编制这种计划的目的在于：保质保量，有计划地推广种畜种禽，为牧场有计划地组织全年销售或季节销售工作提供依据，为编制各月现金收支计划提供依据。

6. 基本建设计划

改善生产条件是发展生产的客观要求，是保证完成生产计划的物质基础。因此，一切企业都必须根据需要和可能制订基本建设计划，反映本年内进行基本建设的项目和规模。养殖企业基本建设的项目主要包括：草场改良建设计划、水源开发利用计划、植树造林计划、畜舍和其他建筑物建设计划、固定资产购置计划等。此外，还应有相应的投资和基建材料的生产与采购计划，以保证基本建设计划的实现。当然基本建设要量力而行、注重实效，讲求经济效果。

7. 财务计划

用货币反映牧场全年生产成果和各项消耗的统筹计划，其内容包括：各项收入计划、各项直接费用和间接费用计划以及在此基础上汇总的年度财务收支盈亏计划、按畜群（牛、羊、猪、鸡等）和生产单位（饲料组、配种站、承包户等）核算的全年收支盈亏计划等。编制这种计划，要遵循增收节支、量入为出的原则。需经过多次试算，挖潜调整，以力争有更多的盈余。为了加强经济核算，凡具有一定条件的牧场，还应编制主要畜产品成本计划、固定资产折旧与大修等计划，这对于降低畜产品成本，提高企业经济效益具有很大的作用。

财务计划可具体分为资金筹集与利用计划、收入计划、支出计划、成本计划、专用基金使用计划等。通过财务计划的编制，不断地挖掘生产经营潜力，调整和组织好各种资源，不断地降低畜产品成本，提高企业的经济效益。

以上各种计划是相互联系、相互制约的，构成了养殖企业年度计划的整体。各个企业应根据自己的实际需要和经营管理水平，制订出本企业的年度计划。

（三）阶段计划

阶段计划是确定养殖企业分阶段生产经营活动的实施计划。即根据年度计划的要求，结合本阶段的情况，确定阶段内的任务与实施方案，用以指导企业生产的日常活动，即合理调配人力、物力、财力，组织企业供、产、销各环节的活动的计划。

阶段计划的主要内容包括：本阶段的起止时期、工作项目、工作量、作业方法、质量要求、完成任务拟配备的劳动力、机具和其他物资等。阶段计划在较大的企业中，一般由基层管理者制订和实施。企业的基层单位在短期计划的基础上可以进一步制订小阶段计划，时间一般为 10～15 d。编制这种计划，应注意上下阶段的衔接。中心要突出，安排应全面，措施应具体。如冬季舍饲期、春季转场期、接羔保育期、剪毛期、夏秋储草期、配种期、整群期等。

三、养殖企业计划指标

(一)企业生产性能指标

1.畜禽数量增殖指标

畜禽数量增殖指标是反映养殖业经营规模、发展速度、生产成绩以及畜群结构的指标。还用于考核衡量畜禽生产阶段的工作成绩。

(1)母畜繁殖率。母畜繁殖率指本年内出生的仔畜数与本年初适繁母畜数之比,是衡量母畜繁殖能力和饲养管理成果的一项指标,一般分畜别计算。在牧区也常以大牲畜和绵羊、山羊的混合头数来计算。计算公式为:

$$母畜繁殖率=\frac{本年内出生仔畜数}{本年初适繁母畜数}\times 100\%$$

(2)仔畜成活率。仔畜成活率指一定时期内仔畜的成活数占同期出生活仔畜数的百分比。计算公式为:

$$仔畜成活率=\frac{一定时期内仔畜成活数}{同期内出生活仔畜数}\times 100\%$$

仔畜成活率是评定仔畜培育工作成果的一项指标,是评定畜牧业企业的饲养管理工作成效的重要指标。

(3)繁殖成活率。繁殖成活率指本年繁殖仔畜断奶时的成活数占本年适繁母畜数的比,是衡量畜群繁殖和仔畜培育工作成果的一项指标。计算公式为:

$$繁殖成活率=\frac{本年繁殖仔畜断奶成活数}{本年初适繁母畜数}\times 100\%$$

一般按畜种分别计算,在牧区常以山羊和绵羊混合头数计算。此外,在计算猪的繁殖成活率时,还应注意仔猪包括上年末实有未断奶的仔畜数,适繁母猪应包括年内增加的繁殖母猪数。

(4)牲畜总增率。牲畜总增率指本年内繁殖成活仔畜的头数减去本年内成、幼畜死亡头数的差值占年初牲畜头数的百分比,是衡量牲畜总头数增长水平的一项生产指标,计算公式为:

$$牲畜总增率=\frac{本年内繁殖成活仔畜头数-本年内成、幼畜死亡头数}{年初牲畜头数}\times 100\%$$

(5)牲畜净增率。牲畜净增率,是衡量牲畜扩大再生产的一项指标。计算公式为:

$$牲畜净增率=\frac{本年末牲畜头数-本年初牲畜头数}{本年初牲畜头数}\times 100\%$$

一般按大牲畜和绵羊、山羊的混合头数计算,也可按大牲畜和绵羊、山羊、猪的头数分别计算。牲畜净增头数和净增率,实质上是一个牲畜数量的积累指标。牲畜净增率指标反映畜牧业再生产中畜群扩大再生产的程度。一般在总增率一定的情况下,净增率越高,出栏率越低。

(6)家禽孵化率。亦称出壳率、出雏率，是衡量家禽种蛋孵化效果的一项指标。计算公式为：

$$家禽孵化率=\frac{孵化出壳雏禽数}{入孵总蛋数(或入孵受精蛋数)}\times 100\%$$

孵化率与种蛋情况（包括种蛋来源、消毒、运输、保存等方面）、孵化条件（包括温度、湿度、通风等）、工作人员技术水平和责任心等有直接关系。这是种禽场编制孵化计划的主要依据。

(7)雏禽育成率。雏禽育成率指该批雏禽到育成时的只数占出雏总只数的百分比，这是评定雏禽培养成绩的一项指标。

一般雏禽的培育都是分批进行的，应分批计算雏禽的育成率。全年育成率用分批育成率加权平均计算。

2.畜禽质量指标

畜禽质量指标是衡量畜禽品质、生产性能、养殖企业生产水平的重要指标。畜禽的不同品种间、相同品种的不同品系间，以及地方品种、培育品种、引入品种之间在质量上均有很大的差别。我国目前常用的畜禽质量指标包括以下几种。

(1)良种和改良种牲畜比例。良种和改良种牲畜比例是我国当前普遍采用的牲畜质量指标，反映企业牲畜的质量状况和生产水平。计算公式为：

$$良种和改良种牲畜比例=\frac{某良种和改良种牲畜头数}{某种牲畜的总头数}\times 100\%$$

一般地说，良种和改良种牲畜在某畜群中所占比例越大，畜种的质量越好，畜群的生产性能越高。因此，企业应当建立良种繁育体系，对畜禽进行有计划的改良和良种繁育。

(2)牲畜出栏率。牲畜出栏率指本年内牲畜出栏头数占年初牲畜存栏头数的百分比。牲畜出栏率是衡量肉用牲畜或肉用为主的牲畜生产水平与周转速度的一项指标。计算公式为：

$$牲畜出栏率=\frac{本年度牲畜出栏数}{年初牲畜出栏数}\times 100\%$$

其中出栏头数是出售头数和自食头数的总和，不包括死亡头数。牲畜头数与出栏数一般按畜别计算，也可按大牲畜和绵羊、山羊、猪分别计算。牲畜出栏率与牲畜种类、品种、畜群结构、饲养方法、饲料质量、饲养管理水平等因素有着直接关系。同时，也受商品交换和自然条件的影响，在牧区受年景丰歉的影响更大。

(3)牲畜出栏平均体重。牲畜出栏平均体重是衡量肉用牲畜生产水平的一项质量指标，指出栏牲畜的总重量和出栏牲畜的总头数之比。其计算公式为：

$$牲畜出栏平均体重=\frac{出栏牲畜的总重量}{出栏牲畜总头数}$$

由于各种牲畜的出栏重量不同，在计算出栏平均体重时，应当按各种牲畜分别计算。牲畜出栏平均体重受牲畜品种、牲畜年(月)龄、育肥期、饲养管理水平等因素的影响。

3.畜产品指标

畜产品指标是指养殖企业各种畜产品产出数量和质量的总和。养殖业发展目的在于生产出数量多、质量好的产品，以满足城乡人民对畜产品不断增长的需要。因此，在制订计划中，不仅要考虑牲畜总饲养头数的增长，同时也要考虑畜产品产量的增长。

(1)胴体重。胴体重是反映肉用牲畜生产水平的一项指标。一般指牲畜屠宰后，去掉头、蹄、毛(或皮)、内脏后，躯体和四肢的重量。各种牲畜的胴体重所包括的内容有所不同。例如，猪的胴体重指去掉头、蹄、尾、毛和内脏(保留肾脏和板油)后的重量；牛、羊的胴体重指去掉头、蹄、皮毛和内脏后的重量；家禽的胴体重指去掉毛和内脏后的重量。

(2)屠宰率。屠宰率是评定肉用畜禽生产力的一项指标，指胴体重与牲畜屠宰前活重的百分比。宰前活重指屠宰前空腹12～24 h后的体重。

屠宰率的高低因牲畜种类、品种、年龄、育肥程度等的不同而异。

$$屠宰率=\frac{胴体重}{屠宰前活重}\times 100\%$$

(3)出肉率。出肉率是衡量肉用牲畜产肉性能的一种指标，指净肉重占牲畜屠宰前活重(毛重)的百分比。净肉重有两种解释：①指胴体除去骨骼后的净肉和脂肪的总重量。②指胴体除去骨骼和脂肪后的重量。因此，出肉率实际上有两种计算公式：

$$出肉率=\frac{净肉重+脂肪重}{宰前活重(毛重)}\times 100\%$$

或

$$出肉率=\frac{净肉重}{宰前活重(毛重)}\times 100\%$$

(4)净肉率。净肉率是衡量肉用牲畜产肉能力和屠宰质量的指标。净肉率指净肉重占胴体重的百分比。计算方式为：

$$净肉率=\frac{净肉重+脂肪}{胴体重}\times 100\%$$

$$净肉率=\frac{净肉重}{胴体重}\times 100\%$$

(5)净毛率。净毛率是衡量羊毛产量和质量的一项指标。计算公式为：

$$净毛率=\frac{洗净毛的重量}{污毛的重量}\times 100\%$$

净毛率有普通净毛率和标准净毛率之分。普通净毛率是我国规定和采用的净毛标准。标准净毛率是国际贸易中规定和采用的净毛标准，要求绝对净毛占86%，水分占12%，油脂占1.5%，灰分占0.5%。净毛率愈高，表示羊毛的实际重量愈多，质量愈好，经济价值愈大。

(6)产蛋率。产蛋率是衡量蛋鸡产蛋效率的一项指标。计算公式为：

$$产蛋率=\frac{当日产蛋量}{当日饲养蛋鸡数}\times 100\%$$

产蛋率的高低，决定于蛋鸡的品种、年(月)龄、产蛋季节和饲养管理等因素。提高产蛋率是增加蛋的产量，提高劳动生产率和饲料报酬以及降低生产成本的重要途径。

(二)企业经济效益指标

1. 畜禽产品销售指标

畜禽产品销售指标又称畜禽产品商品指标，是衡量养殖企业商品化规模和程度的指标。一个养殖企业，其饲养的牲畜和生产的畜产品商品化的规模和程度直接反映企业劳动生产率的水平。

(1)畜禽商品率。畜禽商品率是衡量养殖企业生产水平和商品化程度的一项指标，间接反映劳动生产率水平的高低。计算公式为：

$$畜禽商品率=\frac{本年内出售的畜禽头数或只数}{本年内出栏牲畜头数或只数}\times 100\%$$

一般按畜禽类别或按大牲畜和绵羊、山羊的混合头数计算。

(2)畜禽出售率。畜禽出售率是衡量养殖企业对社会贡献大小的一项指标，指本年内出售的畜禽头数占年初畜禽头数的百分比。此项指标对国家制订收购计划有一定的参考价值。过去人们曾把它误用为畜禽商品率的指标。计算公式为：

$$畜禽出售率=\frac{本年内出售的畜禽头数或只数}{本年初存栏牲畜头数或只数}\times 100\%$$

一般按畜禽类别或按大牲畜和绵羊、山羊的混合头数计算。

2. 综合性指标

综合性指标是反映养殖业经营规模，发展水平和经济效益的指标，是制订养殖企业生产计划和考核成绩的依据。综合性指标和各项单项指标相结合，形成完整的经济指标体系，进行计划编制和成绩考核。

养殖企业的综合性指标从内容上可分为：①反映发展水平的指标，如总产值、每公顷草场(耕地)的商品产量。②反映经济效益指标，如农牧民人均产值，人均利润。③反映人民生活水平的指标，如人均纯收入、平均消费水平等。

(1)各种畜产品商品率。各种畜产品商品率是衡量养殖业生产水平和商品化程度的一项指标。计算公式为：

$$各种畜产品商品率=\frac{本年度各种畜产品商品量}{本年度各种畜产品总产量}\times 100\%$$

一般是各种畜产品分别计算其商品率。在一个养殖业企业中有多种畜产品的情况下，也可按产值计算。其计算公式为：

$$畜产品商品率=\frac{本年度各种畜产品商品产值}{本年度各种畜产品总产值}\times 100\%$$

(2)每公顷草场载畜量。每公顷草场载畜量是衡量草场生产能力和利用状况的一项指标。一般指一定时期内在放牧适度的情况下，平均每公顷草场上所放养的牲畜头数。

放养牲畜数量，用牛做单位或用羊做单位均可。我国习惯用绵羊单位作为标准单位，指 1 500 hm^2 面积草地上 1 年内放养的绵羊只数。通常把各种大牲畜折合为 5 只羊计算。根据草场的产草量，按一定比例计算适宜采食量，所计算出的适宜载畜量，称为理论载畜量。一定面积上实际放养的牲畜头数，称实际载畜量。实际载畜量超过了理论载畜量时，称为超载饲养或过饱和饲养。超载饲养会影响牧草的正常生长，造成草场退化，不能保证牲畜的正常需要。当实际载畜量小于理论载畜量时，称为轻度放牧。轻度放牧不能很好地利用草场资源，造成资源浪费，同时也不利于牧草的正常生长，影响草场牧草种类结构，间接的造成草场退化。

（3）每公顷草场（耕地）畜产品产量。每公顷草场（耕地）畜产品产量是综合反映草场生产能力与利用效率的一项指标。每公顷草场畜产品产量越高，表明草场生产力越高。

影响单位面积畜产品产量的因素有：草场的生产能力、气候等自然条件；牲畜的种类、品种、畜群结构以及经营管理水平等。应用这一指标，可以促进人们从各个环节上充分合理利用草场（或耕地），以及生产出更多更好的畜产品，以满足社会的各种需要。为了便于各种不同畜产品综合比较，各种畜产品都需折合为一个统一的单位。我国常以畜产品单位，即生产1 kg中等肥度牛肉所消耗的饲料作为折算标准。

（4）企业人均收入。企业人均收入是衡量企业职工物质与文化生活水平提高程度的指标，可综合反映企业生产经营成果和管理水平的好坏程度。为了全面反映职工实际收入水平，在计算中不仅应包括国家和集体分配的收入，还应包括职工个人和家庭经营的收入。其计算公式为：

$$\text{企业人均收入}=\frac{\text{职工收入总金额}}{\text{企业总人数}}$$

影响企业人均收入高低的主要因素有：企业生产发展和总收入水平、积累和分配的比例、企业职工人数的多少、职工个人和家庭收入的多少等。

任务二　企业经营计划的编制

一、编制经营计划的原则和要求

（一）编制经营计划的原则

1. 系统性原则

企业在制订计划时一定要坚持系统性原则，不但考虑到企业本身，还要从整个系统的角度出发，要认识到企业是整个大系统中的一个小系统，如果不考虑大系统的利益，只顾个体利益，肯定会受到整个系统的惩罚。

2. 平衡性原则

企业本身以及内外环境之间都存在着许多矛盾，平衡就是要对影响企业生产经营的各个方面，企业内部各部门的产、供、销等各环节进行协调，使之保持一定的、合理的比例关系。

3. 适应性原则

养殖企业生产是自然再生产和经济再生产、植物第一性生产和动物第二性生产交织在一起的复杂生产过程，生产经营范围广泛，其不可控影响因素较多。因此，计划的制订就要保持一定的灵活性，即有一定的余地，而不能规定得过死或过分强调计划的稳定。在计划执行过程中，更要注意不确定因素的出现，对原计划做出必要的调整或修改。

4. 效益性原则

企业的经营计划必须以提高经济和社会效益为中心，不仅要取得产品开发和制造阶段的效益，而且还要考虑产品在流通和使用阶段的效益。

5. 全员性原则

这种全员参与并不是说所有的员工都参加到制订计划的工作中去，而是指计划的制订应该让员工们知道和支持，这是计划能够得以实现的保证。

(二)编制经营计划的要求

1. 重视协调性

计划既要注意内部各环节、各部门之间的相互协调，又要注意企业与外部环境条件之间的充分协调。协调计划的根本目的是使企业的目标得以实现。每种计划的指标都存在一个可以接受的范围。协调计划的最终结果应能使企业获得最大限度的效益。

2. 加强灵活性

首先，计划指标要留有余地。一要积极：经过努力可以办到的事，要尽量安排，努力争取办到；二要可靠：计划指标，要以资源条件做保证，通过努力能够实现。尽力而为和量力而行相结合，使计划既具有先进性又具有科学性。其次，要有应变措施。当市场环境、经营条件、竞争对手等发生变化时，能够及时采取措施迅速加以应对。再次，要有备选方案。如美国的米德公司有3套(A、B、C)短期计划。A计划是“激进的”，B计划是“基本的”，C计划是“保守的”。

3. 消除“计划隔阂”

“计划隔阂”是指存在于企业内部各部门和个人之间的有关期望、目标和基本观念的分歧。各个部门和个人之间的出发点不同，他们对于计划的目标、步骤等的理解也会不同，这也会导致计划隔阂的产生。企业内部应加强交流与沟通，密切合作，共创价值。

4. 填补“计划空隙”

“计划空隙”是指在企业内部由于缺乏充分的信息沟通而造成某些管理层次对总目标，计划的前提、策略、政策，上下级的计划等方面的不了解。首先，计划信息应当尽可能具体和详尽；其次，上级主管人员应向下级阐明并解释计划；再次，尽可能地给下级参与计划的机会，让计划工作人员和主要下级人员一起制订计划。

二、编制企业经营计划的依据

养殖企业编制经营计划的依据是各种定额。定额是指在一定生产技术组织条件下，企业或部门进行生产经营活动时，对产品数量、质量以及人力、物力、财力利用和消耗等方面所规定的应该达到的标准或衡量尺度。

(一)制订定额的意义

养殖企业制订的各种定额是编制企业计划的依据，也是企业生产经营计划的重要组成部分，在企业行使计划、组织、监督、控制等管理职能的过程中起着重要作用。

定额有一部分是国家或国际相关法规规定的，有些则需要养殖企业本单位制订。制订定额的意义主要表现在以下四个方面。

(1)编制合理的定额是制订合理计划的先决条件，是使编制的计划能够对生产活动进行科学指导的依据和基础。

(2)养殖企业制订的有关产品产量、质量、饲料、能源等物资的消耗,设备利用以及劳动消耗等方面的定额,是养殖企业编制生产经营计划的依据。科学合理的定额有利于在生产经营活动中合理使用各种资源,减少劳动消耗,降低生产成本,增加产品产出,提高经济效益。

(3)定额大小还反映养殖企业在一定时期的生产技术水平和经营管理水平,是分析企业经营效果的重要指标,因而它也可作为企业组织生产与推广生产责任制的主要依据。

(4)制订科学合理的定额有利于调动企业员工的劳动积极性,提高生产效率,降低生产成本,提高经济效益。

(二)定额的内容

养殖企业是实行独立核算自主经营的经济组织,为了有利于生产的组织、监督和控制,许多方面都需要制订定额。概括起来有以下几类。

1. 劳动定额

劳动定额,也称工作定额,是衡量劳动效益的数量标准,指在一定生产技术和组织条件下,劳动者在单位时间内能够生产的产品数量或生产单位产品需要消耗的劳动时间,也可以用畜产品产量定额或劳动力时间定额来表示。计算公式为:

$$劳动定额=\frac{某类畜产品的产量}{生产该类畜产品所消耗的工时数}$$

或

$$劳动定额=\frac{生产该类畜产品所消耗的工时数}{某类畜产品的产量}$$

2. 畜产品质量定额

畜产品质量定额,是以各种技术指标表示的畜产品质量标准。如反映牛奶质量的乳脂率、反映种蛋质量的种蛋孵化率、反映饲料质量的某类营养物质含量标准等。产品质量定额,能够鼓励和监督劳动者改进生产技术、提高劳动工效,从而提高企业生产效率。

3. 饲料消耗定额

饲料消耗定额是指饲养各种畜禽所需饲料的数量标准,即每头(或每只)畜禽每日的饲料消耗量,可用生产单位畜产品所需的饲料数量表示。不同种类、品种、年龄和用途的畜禽,需有不同的饲料消耗定额,比如种猪年消耗饲料 1 000 kg。影响饲料消耗定额的因素还有:饲料的配合调制方式、饲喂方法和饲养管理水平等。饲料消耗定额是制订饲料生产和供应计划的基础,也是考核饲养技术和管理水平的主要依据。

4. 物资消耗定额

物资消耗定额指生产单位产品或完成单位工作量所规定消耗的物资的数量标准。按不同特征,物资消耗定额可分为主要材料消耗定额、辅助材料消耗定额、燃料消耗定额、电力消耗定额、工具消耗定额等。按物资消耗定额的综合程度可分为物资消耗单项定额、物资消耗综合定额。

物资消耗定额的制订受多方面的影响,如生产技术水平、经营管理水平、物资质量、劳动者技术熟练程度及企业的经营方向等。养殖企业的生产技术水平越高，经营管理水平越高，物资质量越好，劳动者素质越高，所制订的物资消耗定额就越低。

5.设备配备定额

设备配备定额指生产单位产品或完成单位工作量所规定的机械设备和其他劳动手段应配备的数量标准，如拖拉机、割草机、剪毛机、挤奶器等的配备定额。又可细分为设备利用率定额、生产设备作业定额、每头牲畜占用的畜舍面积定额等。

制订合理的设备配备定额可以以最少的投资和作业耗费取得较高的技术经济效果。因此，一个科学的设备配备定额，是编制劳动手段供应计划的基础，是科学组织劳动供应计划的依据，是搞好企业经济核算和节约劳动的手段，是提高管理水平的重要依据。

6.财务定额

养殖企业生产中可以根据企业的生产规模、任务和供销条件，规定一个正常生产最低限度的资金占用和耗费及其利用效果的标准，即财务定额。财务定额是编制财务计划的基础，也是资金、成本、利润等核算和落实承包责任制的一种重要手段。养殖企业财务定额包括以下几种。

(1)资金占用定额。资金占用定额是指养殖企业在一定生产规模条件下，为实现预定的生产任务而规定的资金占用标准，主要包括固定资金定额和流动资金定额。

(2)费用定额。按费用项目反映资金耗费的标准，按其构成的内容不同，可分为单项费用定额和综合费用定额。单项定额包括饲料、兽药、水电等费用定额，其中大多采用物资消耗定额的货币形态。因此，可以直接将物资消耗定额转化为费用定额。综合费用定额包括机械作业费、共同生产费、企业管理费等费用定额。

(3)成本定额。成本定额是指生产一定种类和数量的产品或完成一定种类和数量的工作量(作业量)时所需消耗的物化劳动和活劳动的数量标准。成本定额是按部门、分产品，并划分为不同的成本项目来制订的。如可按畜别或分群制订饲养日成本，单位增重成本和产品成本定额。成本定额可根据成本核算资料计算，也可根据计划期的产量指标、技术措施、劳动定额、劳动消耗、物资消耗、资金定额等计算。

(4)利润定额。利润定额主要指单位产品或劳务所得的计划利润。一般不单纯制订利润定额，而是通过财务计划来确定。财务定额的制订，要与产量定额、劳动定额、物资消耗定额、设备利用定额的制订紧密地衔接起来。

财务定额的制订受生产规模、经营管理水平及企业生产方向、生产结构的改变等各方面因素所影响。制订合理的财务定额，可以促进合理筹集和安排资金，有计划地分配资金，加速资金周转，提高资金利用效率。

(三)制订定额的方法

养殖企业的各种定额受自然因素和社会经济因素的影响，既有客观因素，又有人的主观因素。要制订科学合理的定额，必须正确估计各种影响因素，进行科学的分析计算。只有企业制订的各种定额正确合理了，才能够编制合理的计划，指导生产活动，才能起到节约消耗、降低成本、增加产出、提高效益的作用。定额的制订方法主要有三种。

1.经验法

经验法是根据养殖业生产实践经验，参照畜产品生产任务和企业技术条件、管理水平等因素制订企业各方面定额的方法。这种方法手续简便，工作量小，便于定额的及时制订和修改。但是，用这种方法制订的定额，对构成定额的各种因素，缺乏科学分析和计算，容易受人们主观因素的影响，因而定额的准确性、合理性一般较差。

2. 统计法

统计分析法是根据以往各时期的定额完成情况或实际记录资料，考虑到本期生产、技术、劳动组织变化、设备等因素，经过加工整理，科学计算、分析研究制订各种定额的一种方法。一般采用算术平均数、移动平均数或者回归分析法等制订各种定额。运用统计分析法制订定额要有齐全的原始记录，长期的历史统计资料。这种方法简单易行，工作量小，以占有比较大量的经济资料为依据，比经验法更能反映实际情况。凡是生产条件比较正常、产品比较固定、品种比较少、原始记录和统计工作又比较完整的情况下，一般都可以用这种方法，企业制订劳动定额时常用的此法。

3. 记实法

属于客观描述方法，即将生产操作过程原原本本地记录下来，不加修饰和形容。主要有写实记录法和工作日记实法。写实记录法是一种研究各种性质的工作时间消耗的方法；工作日记实法是一种研究整个工作班内的工时消耗的方法。在我国这是一种采用较广的制订定额的方法。目前，电子技术相当发达和方便，可利用电子监控系统进行观察、记录，使定额的制订更加科学、合理。

三、编制经营计划的方法和程序

(一)编制经营计划的方法

1. 基本方法

养殖企业编制经营计划所采用的科学而又合理的基本方法是综合平衡法。所谓综合平衡就是通过协调与计划要达到目标有关的因素，使其在计划期内保持合理的比例，以取得最理想的经济效益的活动。即把计划任务同企业可能提供的各种条件，如土地、畜舍、劳力、机械设备、饲料、种子以及资金进行比较，通过反复综合平衡，有计划地协调它们之间的比例关系。做好综合平衡是计划工作的中心内容，也是提高计划水平的关键所在。

2. 综合平衡的主要任务

综合平衡要解决的核心问题，就是研究如何正确确定企业生产经营活动中的一些主要比例关系，并使这些比例关系协调一致。因此，综合平衡的主要任务是：①正确安排市场需求与企业计划的平衡；②积极组织饲料供应与畜禽需要的平衡；③有计划地协调劳动力需要量与供应量的平衡；④根据统筹兼顾、保证重点、量力而行的原则，处理好基本建设投资与企业人力、物力、财力的平衡；⑤根据增收节支、量入为出的原则，安排好全年收入与支出的平衡。

3. 平衡表和平衡等式

平衡法的具体运用主要是通过编制各种平衡表来实现的。平衡表要求互相对应的两方(供应与需要、生产与使用、收入与支出)进行记载和计算。因此，平衡表的基本内容，除具体项目名称外，大体上包括“增加量”、“减少量”和“余缺”三项。

在具体计算平衡表中的项目时，常采用如下平衡等式：

计划期初结存量＋本期计划增加量－本期计划减少量＝计划期末结存量

其中，本期计划增加量包括繁殖量、购入量、调入量、转入量；本期计划减少量包括出售量、淘汰或死亡量、调出量、转出量。

上述三个部分相互构成平衡关系，通过计划比较，如不平衡便采取措施，调整计划，实现平衡。应当看到，平衡是相对的，不平衡是经常的，因此，经营管理工作还要不断协调计划执行过程中出现的不平衡，积极求得新的平衡。在平衡中充分考虑畜牧养殖业生产受自然因素影响大的特点，要注意留有一定的余地。

(二)编制经营计划的程序

编制经营计划必须按照一定程序进行，其基本程序如下。

1. 做好各项准备工作

主要是总结上一计划期计划的完成情况，调查市场的需要情况，分析本计划期内的情况。即做好总结、收集资料、分析形势、核实目标、核定计划量等工作。

2. 编制计划草案

主要是编制各种平衡表，试算平衡，调整余额，提出计划大纲，组织修改补充，形成计划草案。

3. 确定计划方案

组织讨论计划草案，并由有关部门审批，形成正式计划方案。

任务三　主要生产计划的编制

畜禽生产计划和饲料供应计划是养殖业企业年度计划的中心内容，其中编制畜禽配种与产犊计划、畜禽周转计划在畜禽生产计划中尤为重要，这些计划的编制，对整个企业的生产规模、发展速度起着决定性作用。

一、畜群配种分娩与周转计划

按照一定要求对牲畜配种和分娩的时间进行计划安排，这是养殖企业年度计划的重要组成部分，也是制订畜群周转计划的重要依据。畜群配种分娩一般按照各种牲畜的配种分娩规律，根据当地生产条件和当年生产任务来制订。

畜群周转计划是以畜群配种分娩计划为基础，根据计划期内出生、生长、出售、购入、淘汰、屠宰等因素而编制的。畜群周转计划是掌握计划期内畜群变化情况，合理安排畜舍，充分合理地利用自然资源、经济资源的手段，组织和购入饲料，安排劳动力，资金预算和计算产值的依据。

(一)猪群配种分娩计划与周转计划

猪群配种分娩计划是猪场实现再生产和扩大再生产的重要保证，又是制订猪群周转计划的重要依据，也是工厂化养猪安排畜舍、确定生产工艺流程的重要因素。编制猪群配种产仔计划要根据猪的自然再生产特点，合理利用猪舍生产设备与工具，从生产实际出发，考虑产仔时间和各方面的条件来确定配种时间和配种头数，完成全年生产任务。

1. 猪群配种分娩计划

(1)编制猪群配种分娩计划所需材料。

①计划年初猪群结构。各种猪实有的头数，种公猪 3 头、基本母猪 23 头、检定母猪5 头、后备母猪 13 头(其中 6 月龄 3 头、7 月龄 5 头、8 月龄 5 头)、育肥猪 76 头(其中 4 月龄 25 头，5 月龄 23 头，6 月龄 28 头)，总计 120 头。

②上年母猪配种头数和时间，见表 4-1。

表 4-1　上年母猪配种头数和时间　　头

项目	配种月份				合计
	9	10	11	12	
基本母猪	2	7	8	3	20
检定母猪			1	4	5

③假设基本母猪一年 2 胎，平均每头每胎 10 头，检定母猪一年 2 胎，平均每胎 8 头，假定母猪受孕率、产仔率、仔猪成活率均为 100%。

④计划年终猪群应达到 435 头，其中包括基本母猪 28 头。

⑤上年度配种的母猪于本计划年度产仔月份，见表 4-2。

表 4-2　上年度计划配种的母猪于本计划年度产仔月份　　头

项目	产仔月份				合计
	1	2	3	4	
基本母猪	2	7	8	3	20
检定母猪			1	4	5

(2)编制配种分娩计划。根据上面的资料，可编制繁殖猪群的配种分娩计划，见表 4-3。

表 4-3　猪群配种分娩计划　　头

交配					产仔						
年份	月份	配种母猪头数			计划年月份	出生胎数			出生仔猪数		
		基本母猪	检定母猪	合计		基本母猪	检定母猪	合计	基本母猪	检定母猪	合计
上年	9	2		2	1	2		2	20		20
	10	7		7	2	7		7	70		70
	11	8	1	9	3	8	1	9	80	8	88
	12	3	4	7	4	3	4	7	30	32	62

续表 4-3

交配					产仔						
年份	月份	配种母猪头数			计划年月份	出生胎数			出生仔猪数		
		基本母猪	检定母猪	合计		基本母猪	检定母猪	合计	基本母猪	检定母猪	合计
计划年	1	3	5	8	5	3	5	8	30	40	70
	2		5	5	6		5	5		40	40
	3	2	3	5	7	2	3	5	20	24	44
	4	7		7	8	7		7	70		70
	5	8	1	9	9	8	1	9	80	8	88
	6	3	4	7	10	3	4	7	30	32	62
	7	3	5	8	11	3	5	8	30	40	70
	8		5	5	12		5	5		40	40
	9	2	3	5	全年	46	33	79	460	264	724
	10	7	3	10							
	11	10	2	12							
	12	6	3	9							
	全年	51	39	90							

2. 猪群周转计划

猪群周转计划是以猪群配种产仔计划为基础，根据计划期内出生、生长、出售、购入、淘汰、屠宰等因素而编制的。猪群周转计划是掌握计划期内猪群变化情况，合理安排畜舍，充分合理地利用自然资源、经济资源的手段，是组织和购入饲料，安排劳动力和制订养猪生产计划，资金预算和计算产值的依据。

猪群周转计划可以按年、按季、按月编制，工厂化猪场可按周进行编制，编制猪群周转计划采用平衡法进行，其关系式为：

计划期初存栏头数＋计划期内增加数－计划期内减少头数＝计划期末存栏头数

(1)编制猪群周转计划应有材料。①期初猪群结构状况；②猪群配种产仔计划；③淘汰种类、头数和时间；④计划期内生产的任务、购入数量、时间及计划期末存栏数；⑤仔猪出售头数及肉猪出售头数；⑥本场后备母猪满 8 月龄配种；⑦本场采用自繁自养的经营模式；⑧肉猪满 6 月龄出售。

(2)编制猪群周转计划。根据上面的资料，可编制该猪群的周转计划，如表 4-4 所示。

表 4-4　猪群周转计划表　　头

组别	年初头数	月份												年末头数
		1	2	3	4	5	6	7	8	9	10	11	12	
种公猪	3	3	3	3	3	3	3	3	3	3	3	3	3	3
基本母猪	23	23	23	23	23	23	23	23	23	23	23	25	28	28
检定母猪	5	10	15	18	18	18	18	18	18	18	20	18	16	16
仔猪:1 月龄		20	70	88	62	70	40	44	70	88	62	70	40	40
2 月龄			20	70	88	62	70	40	44	70	88	62	70	70
后备猪:3 月龄					3	2	3	5	4	3				
4 月龄						3	2	3	5	4	3			
5 月龄							3	2	3	5	4	3		
6 月龄	3							3	2	3	5	4	3	3
7 月龄	5	3							3	2	3	5	4	4
8 月龄	5	5	3							3	2	3	5	5
育肥猪:3 月龄				20	67	86	59	65	36	41	70	88	62	62
4 月龄	25				20	67	86	59	65	36	41	70	88	88
5 月龄	23	25				20	67	86	59	65	36	41	70	70
6 月淘汰猪	28	23	25				20	67	86	59	65	36	41	41
育肥第一个月											1	2	2	2
育肥第二个月												1	2	2
育肥第三个月													1	1
出售满 2 个月仔猪														
出售育肥猪		28	23	25				20	67	86	59	65	36	
总计	120	112	159	222	284	354	394	418	421	423	426	431	435	435

(二)乳牛群配种产犊计划与周转计划

合理组织乳牛的配种产犊,消灭空怀和不孕,是乳牛场增加产乳量和产犊数的重要工作。

1. 乳牛群配种产犊计划

(1)确定乳牛的配种产犊方式。乳牛的配种产犊方式有陆续性产犊和季节性产犊两种方式。

陆续性产犊指全年各月份均衡地、连续不断地产犊。现代化程度较高的乳牛场普遍采用该方式。

季节性产犊指乳牛集中在一年中某一季节产犊。草原地区乳牛场由于受生产条件限制,采用春季产犊,目的是能充分利用天然草场资源。在夏季炎热地区,为减轻气候高温对乳牛泌乳高峰的影响和降低产科疾病的发生,常在每年的 9 月份中旬至 11 月份上旬停止配种。

(2)确定生产性能指标。即各时期配种母牛头数、各时期产犊母牛头数、各时期生产犊牛的头数等。制订计划的方法就是根据乳牛群自然再生产周期和生产需要，具体安排和推算每头母牛的配种日期和产犊日期，通过汇总，即可得出各时期的配种数和产犊数。

长期计划中的产犊头数一般按下列方式计算：

年产犊头数＝母牛头数×配种率×受胎率×产犊率×母牛年平均产犊次数×每胎平均产犊数×成活率

缺少历年统计资料时，可采用简单计算方式：

年产犊头数＝可繁殖母牛数×年分娩次数×每胎成活率

(3)需要掌握以下材料。①计划年初的乳牛群结构；②配种产犊的类型和时间；③上年已配种受胎母牛的头数和配种时间；④母牛年产犊次数、每胎产犊头数和犊牛的成活率；⑤计划年内预计淘汰头数和淘汰时间；⑥母牛的成熟期；⑦母牛产犊后适宜再配种的时间，空怀母牛头数、不孕母牛头数和不孕原因等资料。

(4)编制乳牛群配种产犊计划。现以某奶牛场为例，根据以下资料编制配种产犊计划。

①计划任务指标：年终牛存栏数应达到970头，其中成年乳牛650头，计划年繁殖成活牛犊720头，计划淘汰老母牛50头，计划从繁殖成活的幼母牛中，留有后备母牛160头，其余出售，幼公牛全部出售。

②计划年初乳牛群的结构，见表4-5。

表4-5 计划年初乳牛群的结构 头

成年乳牛	后备母牛	1～2岁青年母牛	未满1岁幼母牛	合计
550	100	50	160	860

③上年已配种受胎的母牛头数和时间如表4-6所示。

表4-6 上年已配种受胎的母牛头数和时间 头

项目	上年配种受胎月份												合计
	1	2	3	4	5	6	7	8	9	10	11	12	
成年母牛				37	33	48	44	48	75	54	69	42	450
后备母牛(已成熟)					12	13	12	10	15	12	14	12	100
合计				37	45	61	56	58	90	66	83	54	550

④上年产犊后未配种的母牛100头，在今年1月份配种受胎20头，2月份配种受胎15头，3月份配种受胎15头。其余50头育肥淘汰，不再配种。

⑤1～2岁和未满周岁的幼母牛去年和前年出生的头数和月份如表4-7所示。

⑥根据牛的品种，后备母牛从出生后第16～第17个月即可配种，母牛怀孕期为9个半月(285 d)，从配种后第10个月内分娩，成年母牛分娩后1个月配种，第一次分娩的后备母牛，分娩后2个月配种。

⑦假设牛的受孕率、产犊率和成活率均为100%；新生犊牛按公、母各半计算。

表 4-7　青年及周岁以下母牛出生月份　　头

项目	出生年月												合计
	1	2	3	4	5	6	7	8	9	10	11	12	
1～2岁青年母牛(前年)										14	18	18	50
未满1岁幼母牛(去年)	13	14	15	15	12	14	10	12	16	12	12	15	160

根据上述计划任务指标和各项资料，编制乳牛群的配种产犊计划，见表4-8。

表 4-8　乳牛群某年配种产犊计划表　　头

产犊时间	产犊头数			各月份配种头数												配种总数
	母牛	后备母牛	合计	1	2	3	4	5	6	7	8	9	10	11	12	
去年产犊的母牛				20	15	15										50
今年产犊的母牛和青年母牛																
1	37		37		37											37
2	33	12	45			33	12									45
3	48	13	61				48	13								61
4	44	12	56					44	12							56
5	48	10	58						48	10						58
6	75	15	90							75	15					90
7	54	12	66								54	12				66
8	69	14	83									69	14			83
9	42	12	54										42	12		54
10	20	14	34											20	14	34
11	52	18	70												52	52
12	48	18	66													
1～2岁青年母牛				14	18	18										50
未满1岁幼母牛							13	14	15	15	12	14	10	12	16	121
合计	570	150	720	34	70	66	73	71	75	100	81	95	66	64	45	840

上面的乳牛群配种产犊计划的编制过程，可以总结出编制配种产犊计划的步骤与方法如下。

第一步，掌握必要的计划指标和各种资料。

第二步，确定配种产犊类型，例如采用陆续产犊。

第三步，把上年配种今年产犊的母牛和后备母牛的头数及产犊时间填入表内的产犊头数栏，把上年产犊后未配种，而在今年配种的填入各月的配种头数栏目。

第四步，计算今年产犊今年配种和今年配种今年产犊的母牛和后备母牛头数及时间，将数字填入有关的栏目。

第五步，将1～2岁青年母牛和未满1岁的幼母牛可以进行配种的填入相应的配种月份；同时今年配种当年产犊的头数根据其时间也填入相应的产犊月份栏内。

2.乳牛群周转计划

乳牛群周转计划是编制饲料供应计划、劳动力需要计划、基本建设计划的依据。

(1)编制乳牛群周转计划时需掌握的材料。①计划年初各种牛的存栏数。②计划年终应达到的存栏数。③计划年内淘汰牛的头数。④计划出售的幼牛头数或成年乳牛头数。⑤根据配种产犊计划，计算繁殖成活的犊牛头数。⑥计划年内各种牛购入头数。

(2)编制乳牛群周转计划。根据已知资料和乳牛群配种产犊计划编制牛群周转计划，见表4-9。其编制步骤如下。

①明确转组和本计划平衡条件。牛的转组由畜龄较小的组转入育龄较高的组，“转出”与“转入”数相对应，即二者相等。周转计划的平衡关系是：

计划期初头数＋计划期增加数－计划期减少数＝计划期末头数

②分别计算各组的增减变化头数，根据转组关系把相应头数填入转出或转入相应栏内。

表4-9　牛群周转计划表　　头

组别	计划年初头数	增加			减少			计划年终头数
		繁殖	购入	转入	转出	出售	淘汰	
母牛	550			150			50	650
后备母牛(已成熟)	100			121＋50	150			121
1～2岁青年母牛	50			39	50			39
未满1岁幼母牛	160			160	121＋39			160
计划年出生的小母牛		360			160	200		
计划年出生的小公牛		360				360		
合计	860	720		520	520	560	50	970

(三)鸡群周转计划

在种鸡场内，一般当年繁育的后备鸡应占全群的50%，若在3～4月份育雏，则在10月份转入种鸡群为宜，转出数中包括正常淘汰率为35%～40%，死亡率为10%～15%。根据鸡群每月变动情况，可计算出每月初存养鸡数和平均养鸡数。根据母鸡群的大小，按照公、母比例配足公鸡，一般应多留10%～20%的备用种公鸡。种鸡群确定后，即可制订种鸡饲养计划表，内容含种鸡(公、母)1～12月每月的月初只数、淘汰死亡率(%)、淘汰死亡数(只)、本月总饲养日(d)，月平均饲养数(只)，当年鸡转群数(只)。种鸡饲养计划列出后，为了使鸡舍的周转与鸡群数量结合起来，应汇总各环节情况，编制鸡群周转计划表。含鸡舍号、饲养品种、上月底圈存、增加数(含转入、购入)、减少数(含出售、转出、淘汰死亡)，月底圈存等内容。

鸡群周转计划一般采取按月周转计划方式，详细反映各月龄种公鸡、淘汰种公鸡、产蛋种鸡、淘汰产蛋种鸡、成活雏鸡、育肥成鸡周转变化以及购入种公鸡、出售肉用鸡和育肥鸡的数量。雏鸡育成鸡周转计划见表 4-10,蛋鸡周转计划见表 4-11。

表 4-10 雏鸡育成鸡周转计划表

月份	0～42 日龄					43～132 日龄				
	期初只数	购入日期数量	转出日期数量	成活率	平均饲养只数	期初只数	购入日期数量	转出日期数量	成活率	平均饲养只数
1										
2										
3										
⋮										
合计										

引自:杨山.家禽生产学.北京:中国农业出版社,2001,第 154 页。

表 4-11 蛋鸡周转计划表(133～504 日龄)

月份	期初数	转入		死亡数	淘汰数	存活数	总饲养只日数	平均饲养只数
		日期	数量					
1								
2								
3								
⋮								
合计								

引自:杨山.家禽生产学.北京:中国农业出版社,2001,第 154 页。

二、饲料供应计划

为保证饲料供应,养殖企业应充分利用有限土地,种植高产优质的青粗饲料,如青贮玉米、毛苕草、黑豆草等。为此畜养殖企业应编制饲料生产作业计划,内容包括各种作业项目(如整地、播种、施肥浇水、收获等)、工作量、完成时间、所需人工、机械以及种子、化肥、农药需要量等。

饲料供应计划是养殖企业年度计划中最重要的计划之一。制订饲料供应计划首先要根据畜禽存栏的种类与数量、饲料消耗定额、饲养天数求出一个时期(如 1 周、1 个月、1 年)的饲料需要量,然后根据饲料需要量来组织编制饲料供应计划。饲料供应计划包括购入饲料计划和自产饲料计划。自产饲料计划是根据企业土地与草原资源情况而安排的饲料生产计划。自产饲料计划与畜禽饲料需要量计划的差额即为购入饲料供应计划。

下面是一个以某猪场为例计算饲料需要量计划的例子。

1. 所需资料

(1)猪群周转计划表(表 4-4)。

(2)饲料消耗指标。按猪不同的生产阶段,根据要求定出不同的饲料消耗指标(表 4-12)。

表 4-12 不同类型猪的饲料日粮定额 kg/d

猪的类型	饲料日粮定额	猪的类型	饲料日粮定额
成年种公猪	3	哺乳母猪	4.5
待配及查情母猪	2	肉猪	2.5
妊娠前期母猪	2	乳猪	0.3
妊娠后期母猪	2.5	仔猪	0.9

2. 饲料需要量计划表(表 4-13)

某类猪饲料需要量＝某类猪平均头数×日粮定额×饲养天数

表 4-13 ____月猪饲料需要量计划表

猪的类型	头数	饲料消耗指标	月需要饲料量
成年种公猪			
待配及查情母猪			
妊娠前期母猪			
妊娠后期母猪			
哺乳母猪			
肉猪			
乳猪			
仔猪			
合计			

根据以上饲料需要量计划制订饲料供应计划。饲料供应计划应增加一定的保险储备饲料量(饲料需要量的 0.5%)。

三、产品产量计划

畜产品产量计划是反映养殖企业生产畜产品情况的计划，如育肥猪的产品计划、奶牛产奶计划、禽的产蛋计划等，因畜禽的种类与其产品的不同，内容和指标不同，其产品计划应分别进行编制。

1. 育肥猪场的产品计划

育肥猪场的生产任务，是以最少的饲料消耗及其他支出，在最短的饲养期内，取得高产优质的猪肉，保证按时、按量、优质地供应市场，并获得最佳经济效益。产品计划可根据猪群周转计划中每月出售育肥猪的数量和出栏体重编制。编制这一计划时，正确确定最佳出栏体重是十分重要的环节。从育肥猪正常日增重的情况看，本地猪和用长白、大约克夏公猪作父本的二元杂交猪出栏体重以 75～85 kg 为宜，三元杂交猪出栏体重以 85～100 kg 为宜，瘦肉型猪出栏体重以 100～110 kg 为宜(表 4-14)。

表 4-14　不同体重育肥猪料肉比

活重/kg	日增重/kg	日耗料/kg	料肉比
10.00	393	0.95	2.4∶1
22.50	544	1.45	2.7∶1
45.00	762	2.40	3.1∶1
67.50	816	3.00	3.7∶1
90.00	816	3.50	4.3∶1
110.00	816	3.75	4.6∶1

从表 4-14 可以看出，猪的体重越小，饲料利用率越高。就日增重的变化分析，到了 67.5 kg 时，日增重不是随着体重的增加而上升，而是随着饲料消耗量的增加停滞在一定水平上；当体重超过 110 kg 时，每增重 1 kg 所耗费的饲料则大为增加。因此，在编制育肥猪场的产品计划时，应根据育肥猪生长发育规律、生产经营方向、经济效果和当地气候条件等，确定最适宜的出栏体重。

2. 奶牛场的产奶计划

它是根据每头产奶牛的全期生产情况进行编制的。奶牛一般每年产犊一次，每次分娩后开始泌乳，泌乳期一般为 10 个月。

编制奶牛的产奶计划，关键是把泌乳月的产奶量换算为日历月的产奶量。其换算公式是：

$$日历月产奶量 = \sum(泌乳日产奶量 \times 泌乳日数)$$

例：某头奶牛的第一个泌乳月是从计划年内 1 月 16 日至 2 月 15 日，第二个泌乳月是从 2 月 16 日至 3 月 15 日。两个泌乳月的日产奶量分别是 15 kg 和 16 kg，则 2 月份平均产奶量为：

$$2月份平均产奶量 = 15 \times 15 + 16 \times 13 = 433(kg)$$

在产奶总量中，扣除牛犊的消耗部分，根据每头奶牛每日的产奶情况，即可编制本企业全年的产奶计划，具体内容见表 4-15。

3. 蛋鸡场的产蛋计划

产蛋计划可以根据各月平均饲养产蛋鸡数和产蛋率，计算出各月的产蛋量，如表 4-16 所示。如果饲养品种较多，可分别编制，然后汇总成总产蛋计划。

表 4-15　奶牛产奶计划表　kg

母牛编号		1	2	3	4	5	6	7	8
	胎次								
前胎产奶情况	前期产奶量 最高产奶月份 最高产奶量								

续表 4-15

母牛编号		1	2	3	4	5	6	7	8
产奶量	1月								
	2月								
	3月								
	4月								
	5月								
	6月								
	7月								
	8月								
	9月								
	10月								
	11月								
	12月								
	合计								

表 4-16　蛋鸡产蛋计划表

月份	平均饲养数 /只	产蛋率 /%	平均蛋重 /g	日产量 /kg	当月天数 /d	月产量 /kg
1	112 000	69	63	4 868.64	31	150 927.84
2	112 000	70	63	4 939.20	28	138 297.60
3	112 000	70	63	4 939.20	31	153 115.20
4	112 000	40	63	4 939.20	30	148 176.00
5	112 000	70	63	4 939.20	31	153 115.20
6	112 000	70	63	4 939.20	30	148 176.00
7	112 000	69	62	4 791.36	31	148 532.16
8	112 000	69	62	4 791.36	31	148 532.16
9	112 000	70	62	4 860.80	30	145 824.00
10	112 000	70	63	4 939.20	31	153 115.20
11	112 000	70	63	4 939.20	30	148 176.00
12	112 000	70	63	4 939.20	31	153 115.20
年平均	112 000	69.75	62.75	4 902.15		149 091.88

任务四 养殖企业经营计划的执行、控制与调整

一、企业经营计划的执行

编制计划仅仅是计划工作的开始,更为重要的是计划的执行。因此,养殖企业不仅要编好计划,更要认真地执行计划,要采取强有力的措施,保证计划的贯彻执行。在计划执行过程中,要经常进行检查,了解、掌握计划的完成情况。

落实计划的较好形式,就是通过推行目标化管理和进行合同管理。

1. 目标化管理

所谓目标化管理,就是企业在一定时期内,确定总目标,编制生产经营计划,分解总目标,并逐级落实到各部门或各环节,保证分配指标的完成和总目标的实现。

2. 目标化管理的过程

目标化管理一般经过制订目标,实施目标和评价目标三个阶段。制订目标是管理工作的出发点和归宿,企业制订出总目标后,层层分解到每个部门、车间、班组和个人,并授予相应的权力;实施目标是在落实企业生产经营计划总目标的基础上,及时进行调查研究和检查,看其分解后的子目标能否实现,以及实现的程度,如不能实现,分析原因,进行必要的调整;评价目标是计划结束后,企业根据计划完成情况,进行经验、教训总结,为编制下期计划提供借鉴。

二、企业经营计划的控制

养殖企业生产经营计划在执行过程时,同样要进行必要的控制。

1. 经营计划控制的任务

(1)发现偏差。在经营计划执行过程中通过各类手段和方法,分析计划的执行情况,以便发现计划执行中的问题。

(2)分析偏差。分析偏差实际上是对经营计划执行过程中出现的问题和偏差进行研究,找出出现问题和偏差的原因,以便采取针对性的措施。

(3)纠正偏差。根据偏差产生的原因采取针对性的纠偏对策,使企业生产经营活动能按既定的经营计划进行,或者通过修改经营计划,使它能继续指导企业生产经营活动。

2. 经营计划控制的步骤

(1)确立标准。企业经营计划的指标、各种技术经济定额、技术要求等,都是检查计划执行情况的标准。

(2)测定执行结果。一般可以通过统计报表和原始记录等资料来测定经营计划的执行结果。这些资料越准确、越完整,测定的结果就越准确,越能反映计划执行的实际状况,使得控制恰到好处,取得比较满意的控制效果。

(3)比较执行结果。将测定的执行结果与预期目标进行比较、分析。比较分析的目的是看执行结果是否与预期目标发生偏差。

(4)纠正偏差。纠正偏差的方式有两种:一种是采取措施使经营计划的执行结果接近预期目标;另一种是修正预期目标。

3.经营计划控制的方法

经营计划控制分为自我控制和自上而下控制。自我控制是企业内各部门及个人对自己从事的生产经营活动进行控制。为此,各部门必须使每个人的物质利益与其经济活动的效果挂钩,形成物质利益与生产经营效果相统一的良性循环。自上而下控制。一般分为预先控制、现场控制、反馈控制。预先控制是企业在计划执行前对计划实施进行控制,也就是对人、财、物等在实施前进行优化组合;现场控制是管理部门,深入到基层生产单位,对工作程序和工作方法进行指导、监督计划的实现,按照计划要求组织生产经营活动;反馈控制是生产经营活动同计划产生了偏差,把产生偏差的信息及时准确地反馈给企业管理部门,马上组织人员分析偏差原因,制订纠偏措施。

上述三种控制方法,预先控制是基础,现场控制是关键,反馈控制是及时纠偏的好方法。三种方法各有其适应性,必须相互结合应用。

三、企业经营计划的调整

养殖企业所制定的各种计划,都是在总结上一个计划期经验与教训的基础上,编制出来的,这样的计划不可能与现实的客观条件完全一致,不可能完全符合客观要求。因此,对原计划必须进行修改或补充。随着时间的推移,条件的变化,只有经常调整计划,才能保持企业的活力,企业才能健康发展。

经营计划调整的方法如下。

1.滚动计划法

所谓滚动计划法是按照“近细远粗”的原则制订一定时期内的计划,然后按照计划的执行情况和环境变化,调整和修订未来的计划,并逐期向后移动,把短期计划和中期计划结合起来的一种计划方法。

其编制方法是:在已编制出的计划的基础上,每经过一段固定的时期(例如一年或一个季度,这段固定的时期被称为滚动期)便根据变化了的环境条件和计划的实际执行情况,从确保实现计划目标出发对原计划进行调整。每次调整时,保持原计划期限不变,而将计划期顺序向前推进一个滚动期。

其特点是:近细远粗;保持各期计划的灵活性;保持各期计划之间的连续性。适用于品种比较稳定情况下的生产计划和销售计划的调整。

2.起用备用计划法

当正在执行的计划方案因条件发生重大变化已不能继续实施时使用备用计划法。判断启用时机依据先行指标显示来判断(先行指标即某些经济状况将要出现,某些变动将要发生时的先兆)。适用于品种发展计划、企业改造计划、筹措资金计划。

【案例分析】

一、案例介绍

青海省格尔木市某规模化猪场各类猪群常年存栏量为：种公猪 26 头，后备公猪 10 头，青年母猪 180 头，空怀配种母猪 76 头，妊娠母猪 256 头，泌乳母猪 125 头，哺乳仔猪 1 175 头，保育仔猪 1 060 头，生长育肥猪 3 312 头。各类猪群的数量及日粮定额如表 4-17 所示，饲料损耗率按 0.5%计算。试根据当地的饲料规格与单价，做出本场下一年度的饲料供应计划。

表 4-17 青海省格尔木市某规模化猪场各类猪群常年存栏数及日粮定额

猪群	日粮定额/kg	常年存栏猪群头数/头
种公猪	2.5	26
后备公猪	2.2	10
青年母猪	2.1	180
空怀配种母猪	2.0	76
妊娠期母猪	2.2	256
哺乳期母猪	5.0	125
15～35 日龄仔猪	0.3	1 175
36～70 日龄小猪	0.9	1 060
71～180 日龄肉猪	1.75	3 312
总计		6 220

二、案例分析

本场下一年度的饲料供应计划编制如下。

第一步：根据公式，饲料需要量＝猪群头数×日粮定额×饲养天数，代入表 4-17 提供的数据，计算出各类猪群的每天、每周、每季(计 13 周)、每年(计 52 周)的饲料需要量，并填入表 4-18 中。

表 4-18 青海省格尔木市某规模化猪场各类猪群饲料需要量计算结果 kg

猪群	饲料需要量			
	每天	每周	每季(13 周)	全年(52 周)
种公猪	65.0	455.0	5 915.0	307 580.0
后备公猪	22.0	154.0	2 002.0	104 104.0
青年母猪	378.0	2 646.0	34 398.0	1 788 696.0
空怀配种母猪	152.0	1 064.0	13 832.0	719 264.0
妊娠期母猪	563.2	3 942.4	51 251.2	2 665 062.4
哺乳期母猪	625.0	4 375.0	56 875.0	2 957 500.0
15～35 日龄仔猪	352.5	2 467.5	32 077.5	1 668 030.0
36～70 日龄小猪	954.0	6 678.0	86 814.0	4 514 328.0
71～180 日龄肉猪	5 796.0	40 572.0	527 436.0	27 426 672.0
总计	8 907.7	62 353.9	810 600.7	42 151 236.4

第二步：根据计算结果，饲料损耗率按0.5%计算，制订各种配合饲料的年度供应量计划，并填入表4-19中。

表4-19 青海省格尔木市某规模化猪场各类猪群年度饲料损耗量与供应量 kg

饲料名称	日均用量	周需要量	年需要量(52周)	年损耗量	年供应量
种公猪料	65.0	455.0	307 580.0	1 537.9	309 117.9
后备公猪料	22.0	154.0	104 104.0	520.5	104 624.5
青年母猪料	378.0	2 646.0	1 788 696.0	8 943.5	1 797 639.5
空怀配种母猪料	152.0	1 064.0	719 264.0	3 596.3	722 860.3
妊娠期母猪料	563.2	3 942.4	2 665 062.4	13 325.3	2 678 387.7
哺乳期母猪料	625.0	4 375.0	2 957 500.0	14 787.5	2 972 287.5
15～35日龄仔猪料	352.5	2 467.5	1 668 030.0	8 340.2	1 676 370.2
36～70日龄小猪料	954.0	6 678.0	4 514 328.0	22 571.6	4 536 899.6
71～180日龄肉猪料	5 796.0	40 572.0	27 426 672.0	137 133.4	27 563 805.4
总计	8 907.7	62 353.9	42 151 236.4	210 756.2	42 361 992.6

第三步：经市场调查或问询猪场，掌握全价配合饲料单价，计算金额后填入饲料供应计划表4-20。

表4-20 青海省格尔木市某规模化猪场年度饲料供应计划

序号	饲料名称	年供应量/kg	单价/(元/kg)	金额/万元
1	种公猪料	309 117.9	3.6	111.28
2	后备公猪料	104 624.5	3.4	35.57
3	青年母猪料	1 797 639.5	3.4	611.20
4	空怀配种母猪料	722 860.3	3.2	231.32
5	妊娠期母猪料	2 678 387.7	3.4	910.65
6	哺乳期母猪料	2 972 287.5	3.6	1 070.02
7	15～35日龄仔猪料	1 676 370.2	6.0	1 005.82
8	36～70日龄小猪料	4 536 899.6	5.0	2 268.45
9	71～180日龄肉猪料	27 563 805.4	3.2	8 820.42
合计				15 064.73

【知识拓展】

经营计划管理制度

第一章　目的

第一条　为了促进企业经营活动规范有序地进行，减少经营过程中的盲目性，公司应编制综合全面的经营计划。

第二章　管理职责

第二条　综合办公室负责经营计划工作。

第三条　各职能部门将经营计划作为管理活动的纲领，努力完成计划中关于本部门的各项计划指标。

第四条　公司综合办公室由总经理授权，负责公司经营计划的组织、审核、督导等方面的领导工作。

第三章　计划期限的划分

第五条　中长期计划、年计划、月计划。计划形式有单项和综合。

第四章　作用

第六条　通过综合平衡，统筹安排企业的人力、物力、财力，保证企业经营的各要素得到合理有效地利用，以取得最大经济效益。

第五章　经营计划的内容

第七条　长期经营计划的制订，应充分体现科技、经济与公司发展相结合，经济发展与培养人才相结合，技术改造与提高经济效益相结合的原则。其中提高经济效益是制订长期计划的核心。

第八条　年度经营计划是公司中长期经营计划的具体细分。它是企业全体员工在计划年度内的行动纲领。

第六章　经营计划编制方法

第九条　经营计划的编制步骤。

经营计划要根据公司的发展和经营决策的要求编制。

①进一步调查研究；②提出各项具体目标；③统筹安排确定目标；④编制不同计划方案；⑤选择最佳方案；⑥做出全面规划。

第十条　经营计划的编制依据。

(1)编制中、长期经营计划的依据。编制中、长期经营计划的依据：公司经济发展的需要，市场需求，公司的生产技术条件，技术的改进、引进和管理、技术水平的提高。

(2)编制年度经营计划的依据。编制年度经营计划的依据：签订合同和市场预测资料；前期预计完成数字及公司历史统计资料；经审定过的各种技术经济定额。

第七章　经营计划的贯彻实施

第十一条　指标管理。

(1)年度计划所规定的各项计划任务，是通过一定的计划指标来表示的。

(2)计划指标按平均先进水平来确定，一般应高于上期实际达到的水平。

(3)计划指标实行分级归口管理，总指标由综合办公室负责汇总、平衡、上报和下达，各业务科室负责归口管理。

(4)为使计划任务层层落实,计划指标必须进行层层分解,坚持谁管什么指标,就分解什么指标。

第十二条　反馈控制。

经营计划强调严肃性,一经确定,就应全力组织实施,这就需要加强督导控制,要及时掌握各个指标的完成进度和计划执行情况。管理者应做好信息反馈工作,对计划实施中遇到的问题,及时进行协调、控制、解决。统计工作是企业的一项基础工作,是监督检查计划执行情况的重要工具,应准确、及时、全面反馈计划执行情况。

第十三条　计划指标的调整。

为维护计划的严肃性,公司计划一经批准下达后,必须严格执行,各归口部门和执行单位均不得随意修改。如确因客观原因影响,经主观努力仍不能完成计划时,请示总经理后,做出必要的调整。

第十四条　计划的检查和考核。

(1)各级领导必须随时监督检查计划的执行情况,及时发现执行过程中的问题,采取解决问题的有效措施,以保证计划的顺利完成。

(2)检查计划执行情况,应充分利用统计报表、会计报表、业务报表资料。检查计划的实际完成数,一律以统计报表数为依据。

(3)考核计划必须与经济责任制考核相结合。考核的计划数,一律以公司批准或下达的计划数为依据。

第八章　附则

第十五条　本制度自下发之日起执行。

【考核评价】

一、考核题目

某规模化养猪场某年猪群统计资料如下所示。

(1)计划年初猪群结构。各种猪实有的头数,种公猪 3 头、基本母猪 42 头、检定母猪 9 头、后备母猪 24 头(其中 6 月龄 6 头、7 月龄 9 头、8 月龄 9 头)、育肥猪 137 头(其中 4 月龄 45 头,5 月龄 42 头,6 月龄 50 头),总计 215 头。

(2)上年母猪配种 38 头,配种时间和头数如表 4-21 所示,剩下没有配种的于下年 1 月份配种。

表 4-21　上年母猪配种头数和时间　头

项目	配种月份				合计
	9	10	11	12	
基本母猪	4	13	15	6	38
检定母猪			2	7	9

(3)假设基本母猪一年2胎，平均每头每胎10头，检定母猪一年2胎，平均每胎8头，假定母猪受孕率、分娩率、仔猪成活率均为100%。

(4)计划年终猪群应达到738头，其中包括基本母猪50头。

(5)上年度配种的母猪于本计划年度分娩月份，见表4-22。

表4-22　上年计划配种的母猪于本计划年度分娩月份　　　头

项目	分娩月份				合计
	1	2	3	4	
基本母猪	4	13	15	6	38
检定母猪			2	7	9

(6)本场后备母猪满8月龄配种。

(7)肉猪满6月龄出售，淘汰育肥猪满3个月出售。

(8)从各月3月龄幼猪中选留后备母猪的月份、头数见表4-23。

表4-23　各月选留后备母猪的月份、头数

选留月份	4	5	6	7	8	9	合计
选留头数	6	4	6	9	7	6	38

(9)本场主要采用自繁自养的经营模式；从各月3月龄幼猪中，除去所留后备母猪的头数外，如总数不超过120头，则用于本场育肥，如超过120头，超过部分则出售。

(10)本场计划由鉴定母猪转入基本母猪于10月份转入2头，11月份转入7头，12月份转入9头。

(11)本场计划于10月份、11月份、12月份分别淘汰基本母猪2头、4头、4头。

要求：根据以上资料编制该猪场该年猪群配种分娩计划与周转计划。

二、评价标准

(1)养殖企业在编制经营计划时必须遵循编制计划的四大原则。

(2)编制养殖企业生产计划的基本方法——平衡法。平衡法的具体运用主要是通过编制各种平衡表来实现的。在具体计算时，常用的平衡关系式(即平衡等式)：

计划期初存栏头数+计划期内增加数(繁殖、外购、转入)－计划期内减少头数(出售、死亡、转出)=计划期末存栏头数。

(3)编制猪群配种分娩计划和周转计划时运用《养猪生产技术》课程所学的知识，用到的主要有确定母猪分娩类型、母猪妊娠的时间、后备母猪初配年龄、猪群分组与周转等方面的相关知识。

(4)编制猪群配种分娩计划和周转计划时需要收集养猪场的数据统计资料。

(5)猪群配种分娩计划是编制猪群周转计划的依据和基础。

【知识链接】

1. http://www.cnki.com.cn/Article/CJFDTotal-HBQY201504010.htm 浅谈对企业年度生产经营计划的认识与思考

2. http://www.xmys.moa.gov.cn/sheji/201201/t20120105_2451041.htm 全国节粮型畜牧业发展规划(2011—2020年)

3. http://www.docin.com/p-575061182.html 经济动物养殖场年度生产计划的编制

4. http://www.doc88.com/p-670405008700.html 养殖有限公司商业计划书

Project 5

养殖企业合同管理

学习目标

了解合同的概念、法律特征及作用；掌握合同订立的方式、程序及合同的主要条款；明确合同成立的时间和地点、合同的效力；熟悉合同的履行、变更和终止以及违约责任和纠纷的处理。

【学习内容】

任务一　养殖企业合同及合同法的概述

一、合同的概念、法律特征及作用

(一)合同的概念

合同又称契约,是两个及两个以上的民事主体之间设立、变更、终止某种民事权利义务关系的协议,包括债权合同、物权合同、身份合同等。我国合同法所调整的是债权合同。

养殖企业合同是为了保护养殖企业当事人的合法权益,维护社会经济秩序,促进社会主义现代化建设而制订的协议。必须符合法律要求,并受到法律保护。

(二)合同的法律特征

合同的法律特征包括以下几个方面。

1.合同是一种民事法律行为

民事法律行为是一种最重要的法律事实,是民事主体(包括自然人、法人和其他组织)实施的能够引起民事权利和民事义务的产生、变更或终止的合法行为。

2.合同是两个以上当事人意思表示一致的民事法律行为

首先,合同的成立须有两个或两个以上的当事人;其次,合同的各方当事人须互相做出意思表示;再次,各方当事人的意思表示须达成一致,即达成合意或协议,且这种合意或协议是当事人平等自愿协商的结果。因而,合同是一种双方、多方或共同的民事法律行为。

3.合同是以在当事人之间设立、变更、终止财产性的民事权利义务为目的

首先,合同当事人签订合同的目的,在于为了各自的经济利益或共同的经济利益,因而合同的内容为当事人之间财产性的民事权利义务;其次,合同当事人为了实现或保证各自的经济利益或共同的经济利益,以合同的方式来设立、变更、终止财产性的民事权利义务关系。

4.合同是当事人各方在平等、自愿的基础上产生的

在民法上,当事人各方在订立合同时的法律地位是平等的,所谓的意思表示是自主自愿的。但是,在现代法上,为实现合同正义,自愿或自由原则也受到限制,如强制缔约、定式合同等。

5.订立、履行合同,应当遵守法律、行政法规

这其中包括:合同的主体必须合法,订立合同的程序必须合法,合同的形式必须合法,合同的内容必须合法,合同的履行必须合法,合同的变更、解除必须合法等。

6.合同依法成立,即具有法律约束力

所谓法律约束力,是指合同的当事人必须遵守合同的规定,如果违反,就要承担相应的法律责任。

养殖企业订立合同必须遵循法律和行政法规,任何单位和个人不可利用合同进行违法活动,扰乱社会经济秩序,损害国家利益和社会公共利益,谋取非法收入。

(三)合同的作用

养殖企业实行合同制,对于养殖企业及其关联企业或个人的生产经营具有重要的意义如下。

(1)可将处于产业链上的不同环节的企业相互联系起来,促进生产的专业化和规范化。

(2)有利于养殖企业生产计划任务落到实处,推动国家的整体经济发展。

(3)可将养殖企业的生产、流通和社会需求连接起来,使产、供、销等环节有机的衔接起来。

(4)可以促进市场经济下人们对法律的重视,同时保障合同当事人的合法权益。

二、合同的种类

养殖企业在日常生产经营过程中常用的合同有如下几种。

1.买卖合同

买卖合同是指出卖人转移标的物的所有权于买受人,买受人支付价款的合同。买卖合同是养殖企业生产经营活动中应用最广泛的一类合同。

2.借款合同

借款合同,是当事人约定一方将一定种类和数额的货币所有权移转给他方,他方于一定期限内返还同种类同数额货币的合同。其中,提供货币的一方称贷款人,受领货币的一方称借款人。借款合同又称借贷合同。

3.租赁合同

租赁合同指出租人将租赁物交付承租人使用、收益,承租人支付租金的合同。

4.融资租赁合同

融资租赁合同指出租人根据承租人对出卖人、租赁物的选择,向出卖人购买租赁物,提供给承租人使用,承租人支付租金的合同。

5.承揽合同

承揽合同指承揽人利用自己的设备、技术、人力等,按照定作人的要求完成一定的工作任务,交付工作成果,定作人按照约定接受工作成果并给付报酬的合同。

6.技术合同

技术合同指当事人就技术开发、转让、咨询或者服务订立的确立相互之间权利和义务的合同。

7.运输合同

运输合同指承运人将旅客或者货物从起运地点运输到约定地点,旅客、托运人或者收货人支付票款或者运输费的合同。

8.仓储合同

仓储合同指保管人储存存货人交付的仓储物,存货人支付仓储费的合同。

9.经营合同

经营合同是指养殖企业与承包者为完成某项生产销售任务明确责、权、利而签订的合同。通常是养殖企业内部实行责任制的一种合同。

10.联营合同

联营合同指联合经营各方为共同发展某生产经营项目而协商签订的合同。合同中规定联合各方提供的资金、设备、场地、技术等比例及彼此之间在经营过程中的权利、义务、责任、利益分配和违约责任等。

11.保险合同

保险合同指投保方和保险公司之间签订的合同。它是双方对投保方投保的财产实行保险制度而订立的协议。投保方向保险方交纳保险费,保险方在发生保险事故后对投保方的财产损失给予补偿的合同。

另外,在养殖企业生产经营过程中,还有建筑工程合同、保管合同、技术转让合同等。

三、合同法概述

(一)合同法的概念

合同法是调整合同关系的法律规范的总称。在我国,合同法并不是一个独立的法律部门,而是我国民法的重要组成部分。合同法在为经济交易关系提供准则,保护合同当事人的合法权益,维护正常的交易秩序方面具有重大意义。我国现行的合同法是由中华人民共和国第九届全国人民代表大会第二次会议于1999年3月15日通过,自1999年10月1日起施行的《中华人民共和国合同法》(以下简称《合同法》)。

(二)合同法的基本原则

合同法的基本原则乃是合同法的主旨和根本准则,贯穿在整个合同法律制度和规范之中。它是制定、解释、执行和研究合同法的出发点,立法机关制定合同法律、法规,司法机关或仲裁机构处理合同纠纷,以及当事人订立合同都必须遵守。

合同法确定的基本原则有当事人平等原则、合同自愿原则、合同公平原则、诚实信用原则以及合法性原则。

1.平等原则

合同关系是民事关系,在民事领域当事人之间的法律地位是平等的。《合同法》第三条规定:"合同当事人的法律地位一律平等,一方不得将自己的意志强加给另一方。"平等原则主要体现在以下三个方面。

(1)当事人主体资格平等。

(2)当事人地位平等。

(3)当事人的合法权益平等地受法律保护。

2.自愿原则

《合同法》第四条规定:"当事人依法享有自愿订立合同的权利,任何单位和个人不得非法干预。"

3.公平原则

这一原则要求当事人在实施合同行为的过程中应本着公平的观念行事。《合同法》第五条规定:"当事人应当遵循公平原则确定各方的权利和义务。"

4.诚实信用原则

诚实信用原则是合同法中的一项重要原则,它贯穿于合同签订、履行及终止的全过程。《合同法》第六条规定:"当事人行权利、履行义务应当遵循诚实信用原则。"

5.合法性原则

合法性原则是对自愿原则的限制和补充。主要包括合同签订的目的合法、合同内容合法、当事人的资格合法、合同形式和订立程序合法等。《合同法》第六条规定:“当事人订立、履行合同,应遵守社会主义法律、行政法规,尊重社会公德,不得扰乱社会经济秩序和损害社会公共利益。”

任务二　养殖企业合同的订立

合同的订立是合同当事人依法就合同的主要条款经协商达成一致意见的法律行为。

一、合同的形式

合同形式,是指当事人合意的外在表现形式,是合同内容的载体。我国《合同法》第十条规定:“当事人订立合同,有书面形式、口头形式和其他形式。”法律、行政法规规定采用书面形式的,应该采用书面形式。当事人约定采用书面形式的,应当采用书面形式。

1.书面合同

书面形式是指当事人以合同书或者电报、电传、电子邮件等数据电文形式等各种可以有形地表现所载内容的形式订立合同。书面形式有利于交易的安全,重要的合同应该采用书面形式。书面形式便于当事人履行,便于管理和监督,便于举证,是经济合同当事人使用的主要形式。它具有权利义务关系明确,有据可查,便于预防和处理纠纷的优点。

书面形式又可分为下列几种形式:①由当事人双方依法就合同的主要条款协商一致并达成书面协议,并由双方当事人的法定代表人或其授权的人签字盖章。②格式合同。③双方当事人来往的信件、电报、电传等也是合同的组成部分。

2.口头合同

合同的口头形式指当事人只有口头语言为意思表示订立合同,而不用文字表达协议内容的合同形式。口头形式的优点在于方便快捷,缺点在于发生合同纠纷时难以取证,不易分清责任。口头形式适用于能即时清结的合同关系。

3.其他形式

除了书面形式和口头形式,合同还可以以其他形式成立。法律没有列举具体的“其他形式”,一般可以根据当事人的行为或者特定情形推定合同已成立。

二、合同的主要条款

1.当事人的名称或者姓名和住所

这是每一个合同必须具备的条款。当事人是合同的主体,合同中如果不写明当事人。谁与谁做交易都搞不清楚,就无法确定权利的享受和义务的承担,发生纠纷也难以解决,特别是在合同涉及多方当事人的时候更是如此。合同中不仅要把应当规定的当事人都规定到合同中去,而且要把各方当事人名称或者姓名和住所都规定准确、清楚。

2.标的

标的是合同当事人权利义务指向的对象。标的是合同成立的必要条件，是一切合同的必备条款。没有标的，合同不能成立，合同关系无法建立。不同性质的合同，其相应的标的物也不一样。例如：借款合同的标的是货币，租赁合同的标的是租赁物。

3.数量

在大多数的合同中，数量是必备条款，没有数量，合同是不能成立的。许多合同，只要有了标的和数量，即使对其他内容没有规定，也不妨碍合同的成立与生效。因此，数量是合同的重要条款。

4.质量

质量是对标的的质的规定，具体指标准、技术要求，包括性能、工艺等。一般以品种、型号、规格、等级来体现。订立合同时对此应作具体详尽的规定。

5.价款或者报酬

价款是指取得合同标的的一方当事人向对方用货币支付的价金。如买卖合同中的货款，租赁合同中的租金等；报酬则是指合同的一方当事人对提供劳务或者完成一定工作量的另一方当事人给付的酬金。如雇用合同中的佣金，运输合同中的运费等。

6.履行期限

合同的履行期限，就是合同当事人实现权利和履行义务的时间界限。它直接关系到合同义务完成的时限，涉及当事人的经济利益，也是确定是否违约的依据之一。

7.履行的地点和方式

履行地点是指当事人履行合同义务和对方当事人接受履行的地点；履行方式是指当事人履行合同义务的具体做法。

8.违约责任

违约责任是指当事人一方或者双方违反合同规定，不履行或者不能完全履行合同的义务，应承担的法律责任。违约责任对当事人的利益关系重大，应在合同中明确规定。以利于促使当事人自觉履行合同，解决合同纠纷，保护当事人的合法权益。在法律规定的范围内，可以在合同中约定定金、违约金、赔偿金等，以及赔偿金的计算方法等。

9.争议解决的方法

解决争议的方法是指合同发生争议后解决的方法和途径，主要包括协商、调解、仲裁和诉讼四种方式。在通常情况下，当事人应当在合同中明确发生争议后，是通过诉讼还是仲裁方式解决。

三、合同的订立程序

(一)要约

1.要约的概念

依合同法第十三条的规定，要约是希望和他人订立合同的意思表示。发出要约的人被称为“要约人”，接受要约的人被称之为“受要约人”。

2.要约的有效要件

要约的主要构成要件包括：要约具有缔结合同的目的，并表示要约人受其约束；要约必须发给要约人希望与其订立合同的受要约人；要约的内容须具体、确定；要约必须送达于受要约人。

3. 要约邀请

要约邀请是指希望他人向自己发出要约的意思表示。如寄送的价目表、拍卖公告、招标公告、招股说明书等为要约邀请。要约邀请可以向不特定的任何人发出，也不需要在要约邀请中详细表示，无论对于发出邀请人还是接受邀请人，都没有约束力。

4. 要约生效

要约生效，要约人即受要约的拘束，不得撤回或对要约加以限制、变更。要约人在要约生效时即取得依其承诺而成立合同的法律地位。要约自到达受要约人时才生效。

5. 要约的撤回、撤销

要约撤回，是指要约在发生法律效力之前，欲使其不发生法律效力而取消要约的意思表示。要约人可以撤回要约，撤回要约的通知应当在要约到达受要约人之前或同时到达受要约人。

要约撤销，是要约在发生法律效力之后，要约人欲使其丧失法律效力而取消该项要约的意思表示。要约可以撤销，撤销要约的通知应当在受要约人发出承诺通知之前到达受要约人。有下列情形之一的，要约不得撤销：第一，要约人确定承诺期限或者以其他形式明示要约不可撤销；第二，受要约人有理由认为要约是不可撤销，并已经为履行合同做了准备工作。

(二)承诺

1. 承诺的概念

承诺是受要约人完全同意要约的意思表示。承诺一经做出，并送达受要约人，合同即告成立，要约人不得加以拒绝。

2. 承诺的构成要件

任何有效的承诺，都必须具备以下条件。

(1)承诺必须由受要约人做出。受要约人以外的任何第三者即使知道要约的内容并对此做出同意的意思表示，也不能认为是承诺。

(2)承诺必须是在有效时间内做出。所谓有效时间，是指要约定有答复期限的，规定的期限内即为有效时间；要约并无答复期限的，通常认为合理的时间(如信件、电报往来及受要约人考虑问题所需要的时间)，即为有效时间。

(3)承诺必须与要约的内容完全一致。即承诺必须是无条件地完全接受要约的所有条件。

承诺可以书面方式进行，也可以口头方式进行。一般认为，承诺和要约一样准许在送到对方之前或同时撤回。但迟到的撤回承诺的通知，不发生撤回承诺的效力。

(4) 承诺必须是在有效时间内做出。如果要约未规定存续期间，在对话人之间，承诺应立即做出；在非对话人之间，承诺应在合理的期间做出。凡在要约的存续期间届满后承诺的，是迟到的承诺，不发生承诺的效力，应视为新要约。

3. 承诺的方式

承诺方式是指受要约人将其承诺的意思表示传达给要约人所采用的方式。承诺应当以通知的方式做出，但根据交易习惯或者要约表明可以通过行为做出承诺的除外。

4. 承诺的生效

承诺通知到达要约人时生效。承诺不需要通知的，根据交易习惯或者要约的要求做出承诺行为时生效。

5. 承诺的撤回

承诺也可以撤回。承诺的撤回是指受要约人阻止承诺发生法律效力的意思表示。撤回承诺的通知，应当在承诺通知到达要约人之前或者最迟于承诺通知同时到达要约人。

(三)实际签约

合同除即时清结者外，应当采用书面形式签订。合同一经签订即成为具有法律效力的经济文件。合同书写或打印完毕之后，不能立即签字，必须经过严格审核，确认无误后方能签字，有些合同还必须履行有关手续方能正式生效。

1. 签字前的审核

(1)合法性审核。签署的合同内容必须合法，不得有与法律法规相冲突和违背之处，否则得不到法律的承认和保护，合同的法律效力也得不到保障。一些重要合同最好请律师或法律顾问代为审查。

(2)有效性审核。主要包括签订合同的双方的代表权力是否完整或授权是否充分和合同的内容是否有前后矛盾之处。

(3)一致性审核。合同文本是否与谈判结果相一致，双方当事人意见是否一致。

(4)文字性审核。审核合同文字必须严谨、认真、一丝不苟。逐页、逐条审核。

2. 合同的签字盖章

法人之间签订书面合同，无论从法定还是从习惯，都需签字、加盖单位公章后方能生效。

3. 签订合同的其他手续

一般合同经签字盖章后即行生效。但合同双方当事人在合同中约定要办理公证或鉴证的需办理这些手续后方能生效。如合同有保证人的，在办理公证或鉴证时应通知保证人一同前往办理。

对法律、法规规定须由主管部门批准才能签订的合同，必须报经批准后才能签订和生效。

四、合同的范本

禽畜产品买卖合同

甲方：__________食品公司__________签订地点：______________

乙方：__________养殖场__________签订时间：_____年____月____日

根据《中华人民共和国合同法》及《生猪、鲜蛋、菜牛、菜羊、家禽购销合同实施办法》的规定，经甲乙双方充分协商，特订立本合同，以便双方共同遵守。

第一条　产品的名称、品种和数量

1. 产品的名称和品种：__________。

2. 产品的数量：__________。(必须明确规定产品的计量单位和计量方法)。

第二条　产品的等级、质量和检疫办法

1. 产品的等级和数量：__________。(产品的等级和质量，国家有关部门有明确规定的，按规定标准确定产品的等级和质量；国家有关部门无明文规定的，由双方当事人协商确定或按照通常标准)。

2.产品的检疫办法：__________。(国家或地方主管部门有卫生检疫规定的，按国家或地方主管规定进行检疫；国家或地方主管部门无检疫规定的，由双方当事人协商检疫办法)。

第三条　产品的价格，货款结算与奖售办法

1.产品的价格按下列第(　)项执行：派购任务或派购基数内的产品，执行国家规定的收购牌价。在合同执行期内遇有价格调整时，按新价格执行。不属派购任务或派购基数的产品，收购价格由当事人协商议定。

2.货款结算办法按下列第(　)项执行：对村民、专业户、个体经营户一般采取现金结算，钱货两清。对按有关规定必须采取银行结算的，按银行的统一规定办法结算。

第四条　交货期限、地点和方式

按派购任务签订的购销合同，原则上以一年为限，分季分月执行；不属派购或派购基数以外的产品，按当事人协商的交货期限执行。根据鲜活商品的特点，交货日期经协商一致可适当提前或推迟。交货地点和方式，可由当事人商定。

第五条　甲方的违约责任

1.甲方未按合同收购或在合同期中退货的，应按未收或退货部分货款总值的________%(5%～25%的幅度)，向乙方偿付违约金。

2.甲方如需提前收购，经乙方同意变更合同的，甲方应给乙方提前收购货物总值的________%的补偿。甲方因特殊原因必须逾期收购的，除比照中国人民银行有关延期付款的规定，按逾期收购部分货款总值计算向乙方偿付违约金外，还应承担供方在此期间所支付的保管费和饲养费，并承担因此而造成的其他实际损失。

3.对通过银行结算而未按期付款的，应按中国人民银行有关延期付款的规定，向乙方偿付延期付款的违约金。

4.乙方按合同规定交货，甲方无正当理由拒收的，除按拒收部分货物总值的________%(5%～25%的幅度)向乙方偿付违约金外，还应承担乙方因此而造成的实际损失和费用。

第六条　乙方的违约责任

1.乙方逾期交货或交货少于合同规定的，如需方仍然需要的，乙方应如数补交，并应向甲方偿付逾期货或少交部分货物总值的________%(由甲乙方商定)的违约金；如甲方不需要的，乙方应按逾期或分交部分货款部分的________%(1%～20%的幅度)的违约金。

2.乙方交货时间比合同规定提前，经有关部门证明理由正当的，甲方可考虑同意接收，并按合同规定付款；乙方无正当理由提前交货的，甲方有权拒收。

乙方交售的产品规格、卫生质量标准与合同规定不符时，甲方可以拒收。乙方如经有关部门证明确有正当理由，甲方仍然需要乙方交货的，乙方可以迟延交货，不按违约处理。

甲乙双方都违反合同的，应当各自承担相应的责任。当事人一方因第三人的原因造成违约的，应当向对方承担违约责任。违约金视为违约的损失赔偿，对于违约金过高或过低的部分，当事人可以请求适当调整。

第七条　不可抗力

合同执行期内，如发生自然灾害或其他不可抗力的原因，致使当事人一方不能履行、不能完全履行或不能适当履行合同的，应向对方当事人及时通报，经有关机构证实后，不负违约责任，并允许变更或解除合同。

第八条　其他

当事人一方要求变更或解除合同，应提前通知对方，并采用书面形式由当事人双方达成协议。接到要求变更或解除合同通知的一方，应在 7 天之内作出答复（当事人另有约定的，从约定），逾期不答复的，视为默认。变更或解除合同不得损害双方利益和影响国家收购计划的执行。

违约金、赔偿金应在有关部门确定责任后 10 天内（当事人有约定的，从约定）偿付，否则按逾期付款处理。任何一方不得自行用扣付货款来抵充。

本合同如有未尽事宜，须经甲乙双方共同协商，作出补充规定，补充规定与本合同具有同等效力。本合同正本一式________份，甲乙双方各执________份。

甲方（盖章）：__________　　乙方（签字）：__________

代理人（签字）：__________　　代理人（签字）：__________

______年____月____日　　______年____月____日

五、合同的成立

（一）合同成立的时间

按照合同法规定，承诺生效时合同成立。合同成立的时间，因合同的种类不同而有所区别。不要式合同，以受要约人表示的承诺生效的时间为合同成立时间。要式合同，须双方依法定形式办理特定手续后，还必须交付标的，合同才告成立。书面合同成立的时间，有两种情况：一是法律或者当事人对合同成立的程序无特别规定或约定的，当事人采用合同书形式订立合同的，自双方当事人签字或者盖章时合同成立；当事人采用信件、数据电文等形式订立合同的，可以在合同成立之前要求签订确认书，签订确认书时合同成立。二是法律或者当事人对合同的成立的程序有特别规定或者约定的，完成规定或者约定的时间，是合同成立的时间。

（二）合同成立的地点

根据《合同法》第三十四条规定，“承诺生效的地点为合同成立的地点”，可见，承诺生效地就是合同成立地。采用合同书订立合同的，双方当事人签字或者盖章的地点为合同成立的地点。采用数据电文形式订立合同的，收件人的主营业地为合同成立的地点；没有主营业地的，其经常居住地为合同成立的地点。当事人如果另有约定，按其约定。

任务三　合同的效力

合同的效力是指已经成立的合同在当事人之间产生的一定的法律拘束力，也就是通常说的合同的法律效力。合同生效后才会具有法律约束力。合同的成立不同于合同的生效。合同是否成立主要取决于当事人能否就合同内容协商一致，即当事人双方能否达成承诺。合同的生效则是由法律所做出的价值判断。合同成立后，会因符合法律规定的生效要件而生效，也会因欠缺生效要件而无效。

一、有效合同

(一)合同生效的要件

所谓有效合同,是指依照法律的规定成立并在当事人之间产生法律约束力的合同。根据《民法通则》以及《合同法》的有关规定,一般合同生效须具备以下几个要件。

1.行为人具有相应的民事行为能力

任何合同都是以当事人的意思表示为基础的,行为人必须具备正确理解自己行为的性质和后果的能力,具备独立地表达自己意思的能力,即具备与订立某项合同相应的民事行为能力。

2.意思表示真实

意思表示是当事人将其设立、变更、终止民事权利义务关系的内在意思表示于外的行为,包括内在意思与外在表示两个要素。真实意思表示要求当事人能将真实的内在意思表示于外,实现内在意思与外在表示的统一,即表里如一。在意思表示不真实的情况下,不能仅以行为人表示于外部的意思为根据,而不考虑行为人的内心意思。例如,行为人在受胁迫、受欺诈的情况下做出的意思表示,与其真实意思不符。如果不考虑行为人的真实意思,而使其外部的意思表示有效,并认为欺诈、胁迫等合同有效,则既不利于保护行为人的意思,也会纵容胁迫、欺诈等违法行为,破坏法律秩序。

3.违反法律或者社会公共利益

当事人订立的合同从目的到内容都不能违反我国现行法律、行政法规中的强制性规定,不能违背社会公德、扰乱社会公共秩序、损害社会公共利益。

4.具备法律规范的形式

法律规定用特定形式的,应当依照法律规定,如法律、行政法规规定应当办理批准登记手续的,依照其规定;法律没有规定特定形式的,采取双方约定的合同形式;双方没约定合同形式的,对即时清结的可采用口头形式,其他一般应采用书面形式。

(二)合同生效的时间

《合同法》根据不同类型的合同规定了合同生效的时间,主要有以下四种情况。

1.依法成立的合同,自成立时生效

对于大多数合同而言,由于法律、行政法规没有对其生效时间规定特别的要求,如果当事人双方也没有特别的约定,只要合同依法成立,成立的同时就发生法律效力。

2.批准、登记之日生效

法律、行政法规规定合同经办理批准、登记等手续后才能生效的,其相关手续完成后合同才能生效;没有规定登记后生效的,当事人未办理登记手续不影响合同的效力,但是合同标的物的所有权及其他物权不能转移。

3.附生效条件成就时生效

当事人可以对合同的效力附加一定的条件,可以分为附生效条件和附解除条件。附生效条件的合同,合同成立时并不生效,自条件成就时生效。

附条件的合同成立后，在条件成就前，当事人对所约定的条件是否成就，应当听其自然。凡当事人为自己的利益不正当地促成条件成就的，应视为条件不成就，合同的效力不发生改变；不正当地阻止条件成就的，应视为条件成就，合同的效力发生改变。

4.附生效条件届至时生效

附生效期限的合同，自期限届至时生效。附终止期限的合同，自期限届满时失效。

二、无效合同

无效合同是指欠缺合同生效要件，不具有法律约束力的合同。无效合同自始至终没有法律约束力，国家不予承认和保护。

无效合同根据其无效程度和范围，分为部分无效合同和全部无效合同两种。部分无效合同，是指合同的某些条款虽然违法法律规定，但并不影响其他条款法律效力的合同。

（一）合同无效的情形

《合同法》第五十二条规定，有下列情形之一的合同无效。

1.一方以欺诈、胁迫的手段订立的损害国家利益的合同

所谓欺诈就是故意隐瞒真实情况或故意告知对方虚假的情况，欺骗对方，诱使对方做出错误的意思表示而与之订立合同。胁迫是指行为人以将要发生的损害或者以直接实施损害相胁迫，使对方当事人产生恐惧而与之订立合同。

2.恶意串通，损害国家利益、集体或者第三人利益的合同

所谓恶意串通的合同，就是合同的双方当事人非法勾结，为谋取私利而共同订立的损害国家、集体或者第三人利益的合同。

3.以合法形式掩盖非法目的的合同

以合法形式掩盖非法目的的合同又称为伪装合同。是指当事人为达到非法目的以迂回的方式避开了法律或行政法规的强制性规定。当事人在形式上所达成的协议，并非其真正的意思，而非法目的才是其追求的真正目标，合法形式是掩盖非法目的的一种手段。

4.损害社会公共利益的合同

包括危害国家公共秩序的合同、危害家庭关系的合同以及违反公平竞争的合同等。

5.违反法律、行政法规的强制性规定的合同

（二）无效免责条款

免责条款是指合同中的双方当事人在合同中约定的，为免除或限制一方或双方当事人责任的条款。一般来说，当事人经过充分协商确定的免责条款，只要是完全建立在当事人自愿的基础上，又不违反社会公共利益，法律对其效力给予承认；但是对严重违反诚实信用原则和社会公共利益的，法律予以禁止。

《合同法》第五十三条规定，合同中的下列免责条款无效：①造成对方人身伤害的；②因故意或者重大过失造成对方财产损失的；例如，用工合同上明确规定，“如发生工伤事故由自己负责，公司不负任何责任”。这就是无效合同条款，工人为公司工作而发生工伤，公司应当负责。

三、可撤销合同

(一)三种可撤销的合同

我国《合同法》第五十四条规定:下列合同,当事人一方有权请求人民法院或者仲裁机构撤销。

1. 因重大误解订立的合同

所谓重大误解的合同,是指行为人因对合同的重要内容产生错误认识而使意思与表示不一致的合同。《民法通则若干问题的意见》第七十一条规定:"行为人因对行为的性质、对方当事人、标的物的品种、质量、规格和数量等的错误认识,使行为的结果与自己的意思相悖,并造成较大损失的,可以认定为重大误解"。

2. 显失公平的合同

显失公平是指一方当事人在紧迫或者缺乏经验的情况下订立的使当事人之间的权利义务严重不对等的合同。这种合同使当事人在经济利益上严重失衡,违反了公平原则,法律规定显失公平的合同应予以撤销有利于保障公平原则的实现,对保证交易的公正性和保护消费者的利益,防止一方当事人利用优势或利用对方没有经验而损害对方的利益都有重要的意义。

3. 一方以欺诈、胁迫的手段或者乘人之危,使对方在违背真实意思的情况下订立的合同

一方以欺诈、胁迫的手段或者乘人之危,使对方在违背真实意思的情况下订立的合同,受损害方有权请求人民法院或者仲裁机构撤销。

(二)撤销权的时效限制

撤销权行使时有时效限制,《合同法》第五十五条规定,有下列情形之一的,撤销权消灭。

(1)具有撤销权的当事人自知道或者应当知道撤销事由之日起一年内没有行使撤销权。

(2)具有撤销权的当事人知道撤销事由后明确表示或者以自己的行为放弃撤销权。

任务四　合同的履行与担保

一、合同履行的概念与原则

(一)合同履行的概念

合同的履行,指的是合同规定义务的执行。任何合同规定义务的执行,都是合同的履行行为;相应地,凡是不执行合同规定义务的行为,都是合同的不履行。因此,合同的履行,表现为当事人执行合同义务的行为。当合同义务执行完毕时,合同也就履行完毕。

通过合同的履行,当事人订立合同的目的才能最终实现。因此合同履行是合同法律制度的核心内容。

(二)合同履行的原则

合同的履行,是指合同的当事人按照合同完成约定的义务,如交付货物、提供服务、支付

报酬或价款、完成工作、保守秘密等。合同履行的基本原则不是仅适用于某一类合同履行的准则，而应是对各类合同履行普遍适用的准则，是各类合同履行都具有的共性要求或反映。合同履行的基本原则包括如下。

1. 全面履行原则

《合同法》第六十条第1款规定："当事人应当按照约定全面履行自己的义务"。全面履行原则，又称适当履行原则或正确履行原则。它要求当事人按合同约定的标的及其质量、数量，合同约定的履行期限、履行地点、适当的履行方式、全面完成合同义务的履行原则。

2. 诚实信用原则

诚实信用原则要求人们在履行合同的过程中讲究信用，恪守诺言，诚实不欺，在不损害他人利益和社会利益的前提下追求自己的利益，以"诚实商人"的形象参加经济活动。

3. 协作履行原则

协作履行原则，是指当事人双方应本着诚实信用原则，在履行合同的过程中，彼此协作，互相配合，从而使合同能够顺利履行，实现双方的合作共赢。

4. 情势变更原则

情势变更，是指在合同有效成立后，履行前，因不可归责于双方当事人的原因而使合同成立的基础发生变化，如继续履行合同将会造成显失公平的后果。在这种情况下，法律允许当事人变更合同的内容或者解除合同，以消除不公平的后果。情势变更的实质，乃是诚实信用原则之具体运用。

二、合同履行的规则

(一)合同条款不明确时的履行规则

合同生效后，当事人就质量、价款或者报酬、履行地点等内容没有约定或者约定不明确的，可以协议补充；不能达成补充协议的，按照合同有关条款或者交易习惯确定。依照上述原则仍不能确定的，按以下规定确定。

(1)质量要求不明确的，按照国家标准、行业标准履行；没有国家标准、行业标准的，按照通常标准或者符合合同目的的特定标准履行。

(2)价款或者报酬不明确的，按照订立合同时履行地的市场价格履行；依法应当执行政府定价或者政府指导价的，按照规定履行。

(3)履行地点不明确，给付货币的，在接受货币一方所在地履行；交付不动产的，在不动产所在地履行；其他标的，在履行义务一方所在地履行。

(4)履行期限不明确的，债务人可以随时履行，债权人也可以随时要求履行，但应当给对方必要的准备时间。

(5)履行方式不明确的，按照有利于实现合同目的的方式履行。

(6)履行费用的负担不明确的，由履行义务一方负担。

《合同法》规定，执行政府定价或政府指导价的，在合同约定的交付期限内政府价格调整的，按照交付时的价格计价。逾期交付标的物的，遇价格上涨时，按照原价格执行；价格下降时，按照新价格执行。逾期提取标的物或者逾期付款的，遇价格上涨时，按照新价格执行；价格下降时，按照原价格执行。

(二)合同履行涉及第三人时的履行规则

1.向第三人履行债务

当事人约定由债务人向第三人履行债务的,债务人未向第三人履行债务或者履行债务不符合约定,应当向债权人承担违约责任。

2.第三人代为履行

当事人约定由第三人向债权人履行债务的,第三人不履行债务或者履行债务不符合约定,债务人应当向债权人承担违约责任。

(三)合同的其他履行规则

1.提前履行和部分履行

提前履行是指在合同约定的履行期限届满之前履行合同义务的情况。《合同法》第七十一条规定:债权人可以拒绝债务人提前履行债务,但提前履行不损害债权人利益的除外。《合同法》第七十二条规定:债权人可以拒绝债务人部分履行债务,但部分履行不损害债权人利益的除外。债务人提前履行或部分履行给债权人增加的费用,由债务人负担。

2.因债权人原因导致履行困难时债务人的权利

根据协助履行原则,债权人分立、合并或变更住所,导致债权人主体或履行地点变更的,应当及时通知债务人,否则将造成债务人的履行发生困难。在这种情况下,为了保证债务人的利益,债务人可以中止履行或者将标的物提存。

三、合同的担保

合同担保指合同当事人依据法律规定或双方约定,由债务人或第三人向债权人提供的以确保债权实现和债务履行为目的的措施。从债权看,合同担保是为了确保合同债权的实现;从债务看,是为了促使债务人履行债务。

为了确保合同的切实履行,当事人双方必须商定采取具有法律效力的保证措施,即合同的担保。若当事人因不履行或不完全履行合同时,可依据《合同法》的规定追究责任。我国法定的担保形式有以下五种。

(一)保证

保证,是指保证人和债权人约定,当债务人不履行债务时,保证人按照约定履行债务或者承担债务的行为。相对于抵押、质押、留置三种以物为标的的担保方式而言,保证是人的担保。实践中,保证是适用最广泛的担保方式之一。

1.保证人

保证人是保证合同中对被担保合同承担保证义务具有代为清偿债务能力的当事人。

(1)保证人的资格。保证人只有具备以下条件,才能确认为具有保证人资格。

①保证人必须是独立的民事主体。公民作保证人应具有完全民事行为能力;不具备法人条件的企业法人的分支机构、职能部门不得为保证人,但是,企业法人的分支机构有法人书面授权的,可以在授权范围内提供担保。

②保证人应当具有代为清偿债务的能力。保证人可以是公民、法人或者其他组织等经济组织。

③须不是国家机关及其他以公益为目的的事业单位、社会团体。依照我国担保法规定,

国家机关不得担任保证人，但是经国务院批准为使用外国政府或者国际经济组织贷款进行转贷的除外；学校、幼儿园、医院等以公益为目的的事业单位、社会团体不得为保证人。

(2)保证人的权利。保证涉及保证人、债权人和债务人，作为被担保的主合同当事人以外的第三人，保证人应当对主债权实现承担责任，为了保护保证人的合法权益，我国担保法赋予保证人下列权利。

①担保自愿的权利。法人、其他组织或者公民享有自愿为他人提供保证的自由，任何单位和个人都不得强令银行等金融机构或者企业为他人提供保证，对于强令其为他人提供保证的行为，当事人有权拒绝。

②抗辩权。抗辩权是指债权人行使债权时，债务人根据法定事由，对抗债权人行使请求权的权利。保证人享有债务人的抗辩权，即使债务人放弃对债务的抗辩权的，保证人仍有抗辩权。

③拒绝保证权。保证应建立在自愿合法的基础上，否则，保证人有权拒绝承担保证责任或者不再继续承担保证责任。

④追偿权。追偿权是指保证人在实施了保证合同确定的保证责任以后，向债务人或其他义务人请求对其代偿行为予以补偿的权利。

2. 保证合同

保证是一种合同关系，是保证人与债权人达成的以担保主合同的履行为目的的从合同。保证合同的成立以主合同的成立为前提，主合同无效，保证合同也无效。保证合同是要式合同，依照我国《担保法》第十三条规定，保证人与债权人应当以书面形式订立保证合同。根据我国《担保法》第十五条规定，保证合同应当包括以下内容。

(1)被保证的主债权种类、数额。

(2)债务人履行债务的期限。

(3)保证的方式。

(4)保证担保的范围。

(5)保证的期间。

(6)双方认为需要约定的其他事项。实践中，对于不完全具备上述规定内容的保证合同，可以补充或者依照法律规定确定。

3. 保证方式

依据我国《担保法》第十六条的规定，保证方式有两种，即一般保证和连带责任保证。

(1)一般保证。一般保证，是指当事人在保证合同中约定，债务人不能履行债务时，由保证人承担责任的保证方式。在一般保证的情况下，保证责任的承担是以债务人先履行债务为前提的。

(2)连带责任保证。连带责任保证，是指当事人在保证合同中约定保证人与债务人对债务承担连带责任的保证方式。连带责任保证使保证人的保证责任加重，更有利于债权的实现。在连带责任保证的情况下，若债务在主合同规定的债务履行期届满没有履行债务的，债权人可以要求债务人履行债务，也可以要求保证人在其保证范围内承担保证责任。

另外，当事人对保证方式没有约定或者约定不明确的，按照连带责任保证承担保证责任。

(二)抵押

抵押,是指债务人或者第三人不转移某些财产的占有,将该财产作为债权的担保。债务人不履行债务时,债权人有权依法以该财产折价或者以拍卖、变卖该财产的价款优先受偿。提供抵押财产的债务人或第三人称为抵押人;所提供抵押财产称为抵押物;债权人则为抵押权人。抵押人和抵押权人应当以书面形式订立抵押合同。

依据我国《物权法》第一百八十条的规定,债务人或者第三人有权处分的下列财产可以抵押:①建筑物和其他土地附着物;②建设用地使用权;③以招标、拍卖、公开协商等方式取得的荒地等土地承包经营权;④生产设备、原材料、半成品、产品;⑤正在建造的建筑物、船舶、航空器;⑥交通运输工具;⑦法律、行政法规未禁止抵押的其他财产。

《物权法》第一百八十四条规定下列财产不得抵押:①土地所有权;②耕地、宅基地、自留地、自留山等集体所有的土地使用权,但法律规定可以抵押的除外;③学校、幼儿园、医院等以公益为目的的事业单位、社会团体的教育设施、医疗卫生设施和其他社会公益设施;④所有权、使用权不明或者有争议的财产;⑤依法被查封、扣押、监管的财产;⑥法律、行政法规规定不得抵押的其他财产。

(三)质押

质押,就是债务人或第三人将其动产或者权利移交债权人占有,将该动产作为债权的担保,当债务人不履行债务时,债权人有权依法对该动产变卖的价款优先受偿。质押财产称之为质物,提供财产的人称之为出质人,享有质权的人称之为质权人。质押担保应当签订书面合同,质押合同自成立时生效。

质押分为动产质押和权利质押两种。

(1)动产质押是指合同一方当事人或第三人将自己所有的动产移交债权人占有,并将该动产作为其履行义务的保证的一种担保方式。动产质押的质权人因保管质物不善使之灭失或毁损的,应承担民事责任。

(2)权利质押是指合同一方当事人或第三人以其特定的财产权利向债权人担保其履行约定义务的担保措施。根据《担保法》的规定,可以质押的权利包括:①汇票、支票、车票、债券、存款单、包单、提单。②依法可以转让的股份、股票。③依法可以转让的商标专用权、专利权、著作权中的财产权及其他依法可以质押的权利。权利质押根据质押权利的不同需要履行不同的法定手续才能生效。

(四)留置

留置是指债权人按照合同约定占有债务人的动产,债务人不按照合同约定的期限履行债务的,债权人有权依照法律(担保法)规定留置该财产,以留置财产折价或者以拍卖、变卖该财产的价款优先受偿的权利。

(五)定金

定金是指为保证合同的履行,由当事人一方先行支付给对方一定数额的款项。法律规定,定金应当以书面形式约定,总额不得超过合同标的的20%。养殖企业签订的相关合同在履行后,定金可以收回或者抵作价款。给付定金的一方不履行合同的,无权请求返还定金。如果接受定金的一方不履行合同,则应当双倍返还定金。

任务五 合同的变更、转让与终止

合同依法成立以后，对当事人都有法律约束力，但是，在合同履行过程中，由于主客观情况的变化，当事人可以依法变更、转让和终止合同。

一、合同的变更

合同的变更，有广义与狭义之分。广义的合同变更包括合同主体的变更和合同内容的变更。而狭义的合同变更则指的是合同内容的变更。合同主体的变更在我国《合同法》上被称作是合同的转让。因此，我国《合同法》采用的是狭义的合同变更概念。

养殖企业合同的变更需具备以下要件。

(1)发生了使合同基础发生变化的客观情况。

(2)合同变更应经当事人各方协商同意，任何一方不得擅自变更合同，擅自变更的合同无法律效力。

(3)变更合同应采取书面形式，口头协议变更应有相应的证据。

(4)按我国法律、法规的规定，须由国家批准成立的合同，其内容的重大变更还应经原批准机关批准。

如果合同变更前或变更时，可能存在或发生了给当事人一方造成损失的事实，合同变更后，受损害的一方仍可要求对方赔偿损失。

当事人如果对合同变更的内容约定不明确的，视为未变更。

二、合同的转让

合同的转让仅指合同主体的变更，是指合同当事人一方依法将其合同的权利和义务全部或部分转让给第三人。按照其转让的权利义务不同，可分为三种形态。

1.债权转让

《合同法》规定，债权人可以将合同的权利全部或者部分转让给第三人，债权人转让权利的，应当通知债务人。未经通知，该转让对债务人不发生效力。债权人转让权利的通知不得撤销，但经受让人同意的除外。

2.债务转让

《合同法》规定，债务人将合同的义务全部或者部分转移给第三人的，应当经债权人同意。债务人转移义务的，可以主张原债务人对债权人的抗辩权。债务人转移义务的，新债务人应当承担与主债务有关的从债务，但该从债务专属于原债务人自身的除外。

3.债权债务一并转让

债权债务一并转让也称合同的概括转让，是指合同当事人将合同中的权利和义务一并转让给第三人。《合同法》规定，“当事人一方经对方同意，可以将自己在合同中的权利和义务一并转让给第三人。”

三、合同的终止

合同的终止指合同当事人双方在合同关系建立以后，因一定的法律事实的出现，使合同确立的权利义务关系消灭，从而使合同终止法律效力。

(一)合同终止的原因

根据《合同法》的规定，引起合同终止的原因如下。

(1)合同因当事人双方全面履行而消灭。

(2)合同因情势发生变化，双方在不损害国家利益或社会公共利益的条件下达成协议，终止合同。

(3)合同因当事人一方或双方死亡而消灭。

(4)合同因提存而消灭。

(5)合同因混同而消灭。

(6)合同因法院判决或仲裁裁决而终止。

(7)合同由于抵销而终止。

(8)解除合同也是合同终止的一种方式。

(二)合同终止的条件

有下列情形之一的，合同的权利义务终止。

(1)债务已经按照约定履行。

(2)合同解除。

(3)债务相互抵销。

(4)债务人依法将标的物提存。

(5)债权人免除债务(债权人免除债务人部分或全部债务的，合同部分或全部终止)。

(6)债权债务同归于一人(但涉及第三人利益的除外)。

(7)法律规定或当事人约定终止的其他情形。

合同终止后，当事人应当遵循诚实信用的原则，根据交易习惯履行通知、协助、保密等义务。

(三)合同终止的法律后果

合同终止引起以下法律后果。

(1)当事人之间的合同关系消灭。

(2)合同双方产生新的权利义务关系。

(3)原合同当事人一方与第三人之间产生权利义务关系。

任务六 违约责任与纠纷处理

一、违约责任

违约责任是违反合同的民事责任的简称，是指合同当事人一方不履行合同义务或履行合同义务不符合合同约定所应承担的民事责任。民法通则第一百一十一条、合同法第一百〇七条对违约责任均做了概括性规定。

(一)违约行为的类型

1.不能履行

不能履行是指债务人在客观上已经没有履行能力,或者法律禁止债务的履行。在以提供劳务为标的的合同中,债务人丧失工作能力,为不能履行。在以特定物为标的物的合同中,该特定物毁损灭失,构成不能履行。

2.延迟履行

延迟履行指债务人能够履行,但在履行期限届满时却未履行债务的现象。其构成要件为:存在有效的债务;能够履行;债务履行期超过而债务人未履行;债务人未履行不具有正当事由。

3.不完全履行

不完全履行是指债务人虽然履行了债务,但其履行不符合债务的本旨,包括标的物的品种、规格、型号、数量、质量、运输的方法、包装方法等不符合合同约定等。

4.拒绝履行

拒绝履行是债务人对债权人表示不履行合同。这种表示一般为明示的,也可以是默示的。例如,债务人将应付标的物处分给第三人,即可视为拒绝履行。其构成要件为:存在有效的债务;有不履行的意思表示(明示的和默示的);有履行的能力。

(二)承担违约责任的方式

违约责任是当事人违反合同义务所应承担的法律责任。其主要方式有五种。

1.继续履行

《合同法》第一百一十条规定"当事人一方不履行非金钱债务或者履行非金钱债务不符合约定的,对方可以要求履行"。如果对方仍不履行的,守约方可以经仲裁或诉讼确认后,申请法院强制对方履行。

2.补救措施

《合同法》第一百一十一条规定"质量不符合约定的应当按照当事人的约定承担责任。对违约责任没有约定或者约定不明确的,依照本法第六十一条的规定仍不能确定的,受损害方根据标的的性质以及损失的大小,可以合理选择要求对方承担修理、更换、重作、退货、减少价格或者报酬等违约责任。"

3.赔偿损失

《合同法》第一百一十三条规定"当事人一方不履行合同义务或者履行合同义务不符合约定的,在履行义务或者采取补救措施后,对方还有其他损失的,应当赔偿损失。"

4.支付违约金

《合同法》第一百一十四条规定"当事人可以约定一方违约时应当根据违约情况向对方支付一定数额的违约金。也可以约定因违约产生的损失赔偿额的计算方法。约定的违约金低于造成的损失的,当事人可以请求人民法院或者仲裁机构予以增加;约定的违约金过分高于造成的损失的,当事人可以请求人民法院或者仲裁机构予以适当减少。"

(三)违约责任的免除

因不可抗力不能履行合同的,根据不可抗力的影响,部分或者全部免除责任,但法律另有规定的除外。当事人迟延履行后发生不可抗力的,不能免除责任。

当事人一方因不可抗力不能履行合同的，应当及时通知对方，以减轻可能给对方造成的损失，并应当在合理期限内提供证明。

二、合同纠纷的处理

合同纠纷，是指因合同的生效、解释、履行、变更、终止等行为而引起的合同当事人的所有争议。合同纠纷的内容主要表现在争议主体对于导致合同法律关系产生、变更与消灭的法律事实以及法律关系的内容有着不同的观点与看法。合同纠纷的范围涵盖了一项合同从成立到终止的整个过程。解决合同纠纷的方法有如下几种。

1. 协商

合同当事人在友好的基础上，按照国家有关法律、政策和合同的约定，通过相互协商解决纠纷，这是最佳的方式。

2. 调解

合同当事人如果不能协商一致，可以要求有关机构调解，如一方或双方是国有企业的，可以要求上级机关进行调解。上级机关应在平等的基础上分清是非进行调解，而不能进行行政干预。当事人还可以要求合同管理机关、仲裁机构、法庭等进行调解。

3. 仲裁

合同当事人协商不成，不愿调解的，可根据合同中规定的仲裁条款或双方在纠纷发生后达成的仲裁协议向仲裁机构申请仲裁。

4. 诉讼

如果合同中没有订立仲裁条款，事后也没有达成仲裁协议，合同当事人可以将合同纠纷起诉到法院，寻求司法解决。除了上述一般特点之外，有些合同还具有其自愿的特点，如涉外合同纠纷，解决时可能会援引外国法律、而不是中国相关的合同方面的法律。

【案例分析】

一、案例介绍

某羊毛衫厂（以下简称A厂）与某畜产公司（以下简称B公司）订立了一份买卖合同，合同规定：由B公司出售给A厂特级羊毛400 kg，总价款为20万元。交货时间为订立合同之日起三个月内（即2003年10月20日之前）。合同还规定：A厂向B公司先支付总价款20%的定金。任何一方若违约，违约方应承担对方的全部经济损失。A厂于合同签订后10日内汇去了全额定金。10月初，A厂致函B公司询问提货情况。B公司回答，公司因没有现货，组织人员到牧区收购，但因现在不属于剪毛季节，无法收到，要求延迟到明年春季履行。A厂因生产急需，所以又组织货源，幸未造成经济损失，但提出解除合同。双方发生争执，A厂提起诉讼。A厂要求解除合同，并追究违约责任。B公司辩称，无法收到羊毛是季节原因，属不可抗力，应予免责，况且并未造成A厂的经济损失，因此A厂无权单方解除合同。

问题：(1)A厂是否有权解除合同？法律依据是什么？

(2)B公司是否应承担违约责任？如应承担责任，应如何承担责任？

二、案例分析

(一)A 厂有权解除合同,参见《合同法》第九十四条

第九十四条有下列情形之一的,当事人可以解除合同。

(1)因不可抗力致使不能实现合同目的。

(2)在履行期限届满之前,当事人一方明确表示或者以自己的行为表明不履行主要债务。

(3)当事人一方迟延履行主要债务,经催告后在合理期限内仍未履行。

(4)当事人一方迟延履行债务或者有其他违约行为致使不能实现合同目。

(5)法律规定的其他情形。

(二)B 公司应承担违约责任,双倍返还 A 公司交付的定金

《合同法》第一百一十五条,当事人可以依照《中华人民共和国担保法》约定一方向对方给付定金作为债权的担保。债务人履行债务后,定金应当抵作价款或者收回。给付定金的一方不履行约定的债务的,无权要求返还定金;收受定金的一方不履行约定的债务的,应当双倍返还定金。

《合同法》第一百一十六条当事人既约定违约金,又约定定金的,一方违约时,对方可以选择适用违约金或者定金条款。

【知识拓展】

合同的分类

根据我国《合同法》规定,按照不同的分类标准,可将合同分为下列几种类型。

一、双务合同与单务合同

根据当事人双方权利义务的分担方式,可把合同分为双务合同与单务合同。

双务合同,是指当事人双方相互享有权利、承担义务的合同。如买卖、互易、承揽、运送、保险等合同等为双务合同。

单务合同,是指当事人一方只享有权利,另一方只承担义务的合同。如赠予合同就是单务合同。在赠予合同中赠予人承担交付赠予物的义务,受赠人享有受领赠予物的权利,受赠人对赠予人没有债务关系。

二、有偿合同与无偿合同

根据当事人取得权利是否以偿付为代价,可以将合同分为有偿合同与无偿合同。有偿合同,是指当事人一方享有合同规定的权益,必向对方偿付相应代价的合同。无偿合同,是指当事人一方只享有合同规定的权益,不必向对方偿付任何代价的合同。

有些合同只能是有偿的,如买卖、互易、租赁等合同;有些合同只能是无偿的,如赠予等合同;有些合同既可以是有偿的也可以是无偿的,由当事人协商确定,如委托、保管等合同。双务合同都是有偿合同,单务合同原则上为无偿合同,但有的单务合同也可为有偿合同,如有息贷款合同。

三、主合同与从合同

根据合同间是否有主从关系,可将合同分为主合同与从合同。

主合同,是指不依赖其他合同的存在即可独立存在的合同。从合同,是指须以其他合同

的存在为前提而存在的合同。从合同的主要特点在于其附属性，它必须以主合同的存在并生效为前提。主合同不能成立，从合同就不能有效成立；主合同转让，从合同也不能单独存在；主合同被宣告无效或被撤销，从合同也将失去效力；主合同终止，从合同亦随之终止。例如保证合同与设立主债务的合同之间的关系，主债务合同是主合同，相对其而言，保证合同即为从合同。

四、格式合同与非格式合同

格式合同，又称定型化合同、标准合同、定式合同，是指当事人一方为了重复使用而预先拟定，并在订立合同时未与对方协商的条款。采用格式条款订立的合同就是格式合同，也如保险合同。

非格式合同，是指合同条款全部由双方当事人在订立合同时协商确定的合同。

对于格式合同，对方当事人只能对格式条款表示愿意或不愿意接受，一般不能对其进行修改。因此，对方当事人在签订此类合同时往往处于不利地位。

此外，根据不同的划分标准，又可以将合同划分为有效合同与无效合同；国内合同与涉外合同；传统合同与电子合同等。

五、要式合同与不要式合同

根据合同的成立是否需要特定的形式，可将合同分为要式合同与不要式合同。要式合同，是指法律要求必须具备一定的形式和手续的合同。如书面合同属于要式合同。而书面合同又分为一般书面合同和特殊书面合同，一般书面合同指当事人之间自行订立即发生法律效力的书面合同，特殊书面合同指当事人订立的合同经批准、登记等程序方发生法律效力的书面合同。

不要式合同，是指法律不要求必须具备一定形式和手续的合同。如口头合同。但必须说明，不要式合同并非排斥合同采取书面、公证等形式，只不过法律不强求特定的形式，允许当事人自由选择合同形式，当事人完全可以约定合同采取书面、公证等形式。

【考核评价】

一、考核题目

(1)某养殖企业(如养猪场或养牛场)需要长期从饲料公司购买不同类型的配合饲料，养殖企业需要与饲料公司签订一份饲料买卖合同。

(2)某畜禽产品加工企业(如肉类、奶类加工企业)需要长期从畜禽产品生产企业(如养猪场或养牛场)购买各种加工原料(如猪肉、鲜奶等)，某畜禽产品加工企业需要与畜禽产品生产签订一份畜禽初级产品(或粗产品)买卖合同。

(3)某综合大型超市需要长期从畜禽产品生产企业或畜禽产品加工企业购买各种初级产品(如鲜肉、鲜奶等)或各种加工产品(如火腿肠、酸牛奶等)，综合大型超市需要与畜禽产品生产企业或畜禽产品加工企业签订一份畜禽初级产品(或粗产品)买卖合同或畜禽加工产品买卖合同。

根据上述任一情形，模拟订立一份畜禽产品买卖合同。

二、评价标准

(1)养殖企业必须遵循《合同法》关于订立经济合同的原则。

(2)经济合同的基本结构必须合理。

就结构而言，合同包括三部分：第一部分，首部（包含标题，双方当事人，明确甲乙方）。第二部分，正文（包括：①标的；②数量和质量；③价款和酬金；④履行期限、地点和方式；⑤违约责任）。第三部分，结尾。（包括双方落款，签名，盖章）。

(3)经济合同的内容（或条款）必须真实、完备、具体。

经济合同内容必须真实，要求编写合同时，不允许玩弄辞藻、掩饰违法的经济行为或隐瞒真相欺骗对方。

经济合同内容必须完备，对于合同的主要条款，要按规定写入合同书内，使合同的内容做到全面、周详、具体，以便于履行。

(4)订立经济合同的程序必须规范。

双方当事人就合同的内容经过反复磋商，最后达成一致协议，通常分为三个阶段：要约、承诺、实际签约。

(5)编写经济合同时必须精通业务，进行畜产品市场调研，及时了解和掌握市场行情。

(6)编写经济合同时措辞必须准确，做到合同书上没有一句废话，没有一句似是而非不清楚的话，没有一个错别字或多余的字。像“大致”、“估计”、“尽量”之类的文字，在合同中严禁使用。

【知识链接】

1. http://www.saic.gov.cn/zcfg/fl/199903/t19990315_45785.html 中华人民共和国合同法

2. http://www.saic.gov.cn/zcfg/fl/199506/t19950630_45769.html 中华人民共和国担保法

3. http://www.saic.gov.cn/zcfg/fl/200712/t20071205_45806.html 中华人民共和国物权法

Project 6

养殖企业生产要素的利用与管理

学习目标

了解人力资源、经济信息、饲料、资金等生产要素在养殖企业生产经营中的作用；理解人力资源、经济信息、领导艺术、资金的概念；熟悉养殖企业劳动的特点、经济信息的特征、饲料的经济特点、资金的筹集原则；掌握合理利用人力资源的方法、经济信息处理的程序、主要的领导艺术、资金筹集的渠道和方式。

【学习内容】

任务一 人力资源与劳动管理

一、人力资源在养殖企业生产经营中的作用

(一)人力资源的含义

经济学上把可以投入到生产中去创造财富的而且是经济活动中居于主导地位的能动性资源称为人力资源。它具有再生性、时效性和“活”性等基本特征。

(二)养殖企业劳动的特点

养殖企业劳动与其他物质生产部门的劳动相比有以下四个特点。

1.劳动对象的特殊性

养殖企业劳动的主要对象是有生命的畜禽。各种畜禽是人类经过长期驯化培育出来的,对自然灾害和疾病的抵抗力十分脆弱,对供给的条件十分敏感。因此,饲养和照料畜禽,所需劳动力不多,但对劳动者的责任心和劳动技能要求却很高。

2.生产劳动的多样性

养殖企业生产劳动,除了饲养畜禽和放牧劳动外,还要从事饲料的生产、加工、购运、贮存、保管等方面的劳动。这样就要求养殖企业生产技术和管理人员必须兼有“种植”和“养殖”两方面的丰富知识和技能,必须把第一性草料生产劳动和第二性的畜禽饲养劳动放在同等重要的地位,并把这两方面的劳动有机地结合起来,这就给畜牧业劳动带来了复杂性和艰巨性。

3.舍饲劳动的均衡性

养殖企业劳动季节性不明显,劳动延续时间长,用工量在全年基本上是均衡的,不管有没有产品产出,均需不断投入劳动力进行科学的饲养管理,故要求养殖企业劳动组织常年固定,饲养畜禽务必有严格的责任制度。

4.劳动产品的阶段性

畜产品的产出往往不是连续的,具有明显的阶段性。例如肉猪是分批出栏的,奶牛产奶有泌乳期和干乳期之分,蛋鸡产蛋有产蛋期和停产期之分。这就要求企业管理者及时计算劳动报酬,把平时劳动和最终劳动成果结合起来,充分调动劳动者的积极性。

(三)人力资源的作用

理解了养殖企业劳动的这些特殊性,客观要求从事养殖企业生产经营,要以人为核心,以提高人员的素质为核心。尽管先进的科学技术生产手段对整个畜牧业经济的发展起到巨大的推动作用,但丝毫没有改变人力资源即劳动力在振兴畜牧业经济中的决定性作用。科学技术要靠人开发、掌握、推广,企业经营管理更要靠人来决策、计划、运筹。总之,在人与物的关系中,人是生产的主体,是主动、决定的因素,是企业生存、发展的内在动力。各种物质因素要通过人的能动作用才能更好地发挥作用。我们经常讲“事在人为,物在人管,财在人用”,指的就是这个道理。

明白上述道理后，就要克服传统管理中“见物不见人”和主次颠倒的片面观点，高度重视人这一因素的重要性，重视人力投资的重要性，把企业经营管理特别是劳动管理的重心真正放在“人”的身上，表现出对人的高度关心，切实做好人的工作，真正建立起物质激励机制，充分发挥人的积极性和创造性，提高人的科技和管理素质，重视、培养、引进以及合理使用人才。总之，对人的工作做得好坏，将决定一个企业或家庭经营盈利的程度。随着市场竞争的日趋激烈，“人才第一”的理念已成为企业家们的共识。可以这样说，企业的衰亡主要是由于不能合理地选才、用才、育才、留才，以致不能建立和保持一个有效率、有活力的员工队伍。这一结论的正确性不仅体现在现今社会，也必然体现在未来社会。

重视和研究人力资源在养殖企业生产经营中的作用，在我国具有特别重大的现实意义。我国是人口众多的农业大国，农村劳动力资源非常丰富。这一特点使得我国的畜产品(尤其是肉类产品)的生产成本与国外同类产品相比，具有成本较低的优势。如果能很好地利用这一优势并提高产品质量，就能在世界市场的竞争中获益。对于广大农村来讲，充分合理地利用农村劳动力资源丰富的优势，既能使广大农牧民真正实现增产创收，又能解决目前农村劳动力剩余问题，同时还可以加快社会主义新农村建设的步伐。因此，研究并解决养殖企业人力资源的合理利用问题，具有现实的政治意义和经济意义。

二、人力资源的开发利用与管理

(一)招聘

招聘是使潜在的合格人员对企业的特定岗位产生兴趣，并来应征该职位的过程，它是目前企业引进所需人员的主要途径。

1.招聘的方式

招聘的方式主要有笔试和面试。

(1)笔试。企业中的任何工作都有一定的需求条件，必须具有相对条件的人员才能胜任。对于一个陌生的人员，仅仅依据他的学历和简历难以相信和判断其是否有胜任工作的能力，况且企业还可能要在具有相似条件的人群中选择最适当的人员，这只有采用某一标准才能测验出来。笔试就是用某种方式来检验，以使应聘者的能力有事实上的表现，根据这一事实上的表现来判断其是否确有胜任工作的能力。换句话说，笔试是了解应聘者工作能力和知识的方法，笔试的结果展现了每位应聘者的能力、知识、专长乃至性格上的差异，然后再根据工作所需的条件选择最适当的人员。

(2)面试。通过笔试来选拔人员有其局限性，因为影响人力素质的因素极为复杂并不断变化，要想通过笔试探究和选择人员是一件极为困难的事情，所以在招聘员工的过程中，面试是最重要的一环。面试的主要意义是：为主试者提供了观察应试者的机会，可以当面了解应试者的知识、能力、技巧，以考查应试者对某种职位的适合程度；为应试者提供了了解公司的机会，以便决定是否接受公司的聘请；可以具体观察到应试者的行为和一般生理特点；可以了解应试者其他的信息；为企业广交朋友提供了机会。

2.招聘的程序

(1)用人部门根据企业人员的需求和供给制订招聘计划，并填写《固定从业人员需求申请表》报人力资源部。

(2)人力资源部组织实施。内部人员调整→外部招聘→发布征聘信息及广告→一次筛选→笔试→二次筛选→初次面试→三次筛选→二次面试→确定录用。

(3)人力资源部组织体检、岗前培训。

(4)用人部门试用期考察。

(5)正式聘用。

3.招聘时应注意的问题

(1)招聘启事要具有可操作性和科学性。发布招聘信息时对应聘职位和应聘人员的各种要求要考虑其科学性和可行性,把可以量化、说得清的内容和不可以量化、说不清的内容要分开来强调,不能混合在一起。

(2)建立招聘的"蓄水池"。即在具体操作中,把未能充分发挥应试能力者或具有潜质的人员作为人才存档保存。要想使应聘者"水池"更满一些,就应令职位具有吸引力,同时掌握实际操作上的灵活性。

(3)招聘时应内外有别,基层员工外部聘,管理人员内部选拔。分别有35%的企业高层管理者和43%的企业中层管理者来自外部招聘,与之相对应的是81%的企业一般员工由外部招聘而来,仅有19%的企业一般员工是通过非外部招聘渠道进入企业的。

(4)招聘时应重视对应聘者经验和知识的考查。据一些资料表明,一般来说,企业对应聘者最看重的素质依次是:专业技能(80%)、工作经验(80%)、工作态度(70%)、教育背景(48%)、忠诚度(46%)、职业道德(34%)、年龄(20%)、性别(8%)。

(5)招聘时应以员工或熟人推荐作为重要的形式。企业认为员工或熟人推荐的人选知根知底,可信度高,这也是目前较为流行的一种招聘形式。

(二)教育培训

企业在人力资源上的教育培训,是企业为了提高劳动生产率和个人对职业的满足程度,直接有效地为企业生产、经营服务,从而采取各种方式,对企业各类人员进行的教育培训投资活动。它是企业把人力资源转化为人力资本的有效方式之一,也是企业生存和发展的有效途径。

1.教育培训的方向

企业经营在于用人,企业培训的主体,是企业的所有人才,只有人尽其才,企业才可能达到经营目标,所以企业应该千方百计地开发培训各层次人才。目前企业培训开发的人才一般分为三类。

(1)决策层人才。这一层次的人才决定着本企业的经营方向、生产规划、分配制度和重大人事安排,因此对他们的培训首先必须保证其具备领导决策者的素质,使其具备决策能力,科学地决策重大改革方案及措施,如生产经营、技术改造和开发、基本建设等领域的决策;具有长远规划、大项资金的运用、制订重要条例和规章等能力。

(2)管理层人才。这一层次的人才具体指挥、调配、组织人力物力,使决策得到落实和执行的能力。进一步分析,还可把这部分人再细分为两个层次,一部分是那些在生产第一线执行管理职能的人员,可称为直接管理层,他们的工作性质,决定了他们与实际操作层的员工最接近,因此他们的管理素质的好坏直接影响到员工的积极性和对企业的忠诚。另一部分人是从事设计研究的技术人员和人事劳动、计划、财会等部门的管理人员,可称为间接管理层。他们在较高层次上行使管理职能,主要精力是间接地处理生产一线传报上来的信息,其技能更加专业化。

(3)操作层人才。这一层次的人才从事具体操作,直接生产物质产品,他们有的在生产第一线,有的在辅助、维修部门工作,但都直接使用各种工具设备,严密协作,完成物质生产任务,使生产过程得以最终完成。这一层次的内部还可以分为三个小层次:其一是技术骨干;其二是熟练工人;其三是"智力工人"。

2.教育培训的内容

制订公司培训内容,必须与企业的事业进步、发展战略目标相联系,因此,应当把企业长期发展与当前的生产结合起来,共同纳入企业培训内容。

长期培训的内容,一般计划性较强,企业根据经营发展战略要求、技术变化的预测以及将来对人力资源的数量、质量、结构的要求,需要对所有员工,进行有计划、有组织的培训,即所谓"全员培训"。培训的内容包括企业文化、管理决策、生产技术、营销、文化基础等方面。由于培训的对象层次不同,培训的内容还应结合岗位目标来进行,例如对生产技术人员,要进行专门技术和同行业技术信息的培训;对营销人员进行产品定位、市场开发、促销等方面的培训;对新进公司员工,不仅要进行岗位基础知识和技能的培训,还要增加文化基础知识的培训等。

短期培训的内容,一般针对性较强,大部分是跟随生产急需而设置的,比如,为改善企业经济技术指标急需掌握的知识和技能;为产品创优、产品开发应急需掌握的知识和技能;为掌握公司已决定采用的新工艺、新技术、新设备所急需的知识和技能;为掌握已决定进行的攻关课题、革新项目所急需的知识和技能;为强化企业内部运行机制,急需掌握的管理工作的基本技能等。短期培训内容的好处是急用先学,立竿见影,近期效益较突出。

3.教育培训体系

企业培训体系分为内培训体系和外培训体系。

(1)企业内培训体系。它一般包括基础培训、适应性培训、日常培训、个别培训、目标培训。

①基础培训:指加强员工岗位基础技术的培训和强化基本技能的培训。这部分培训的内容还包括对新进员工的职前培训。

②适用性培训:主要指为适应企业新的工作要求而进行的培训。这部分培训对象包括大、中专毕业生和转岗或即将上岗的专业技术工人、管理人员。

③日常培训:也称为岗位练兵、技术比武技术表演赛等。根据本岗位的生产、技术和操作的要求,组织有关人员,强化基本功的训练,整体掌握和不断提高操作技能。

④个别培训:为满足企业特殊需要和个别人事安排与结构调整,要对有关人员进行个别培训。

⑤目标培训:为达到企业人力资源管理的计划目标,所做的综合专门培训。

(2)企业外培训体系。企业外培训体系,按教育机构可以划分为3类。①全日制大中专院校和成人高等院校。②地方政府和行政部门举办的教育培训机构。③社会力量办学。

4.教育培训时应注意的问题

(1)企业应加强师资队伍的建设。企业培训是因工施教。按企业不同的岗位规范要求所进行的一种特殊教育,这本身就要求师资必须具备一定的专业理论知识水平和实践操作技能,所以师资队伍的素质水平,直接关系到企业员工培训的质量。

（2）企业应考虑其培训经费的来源和使用。由于企业培训自身的特点，它的经济性要比一般学校教育强烈得多，要求核算其经济效益，即核定培训的投入和产出，需要考虑并解决培训经费的来源，计算培训给企业带来的经济收益。

（3）企业应注意员工培训的心理问题。员工知识和技能的学习提高存在个体差异，导致个体差异的原因主要有学习动机和学习能力这两个方面。前者是思想问题，要靠教导和合理的培训计划来解决；后者是心理品质问题，要靠合理地选择人员和因人施教具体培训方法来解决。

（4）企业应注意培训效果的迁移效应问题。员工在培训中所学到的知识和技能影响实际工作效绩的大小就是培训效果的迁移效应问题。一般来说培训内容与以后工作的相似成分越多，越容易获得积极的迁移效果，这样就可以改进以后的工作，使之大有进展。这正是企业对员工进行教育培训的目的所在。

（5）企业应注意培训时间与内容的合理分配。培训时间的合理分配依据训练内容的难易程度和培训所需的总时间而定。一般说来，简单而短时间的培训，可使用集中练习，使之一气呵成，尽快掌握。而内容复杂，难度高，时间较长的学习，则宜采用分散学习的办法，以减少浪费，提高效率。

（6）企业应及时反馈培训中的问题。在整个训练过程中，使受训者及时了解自己的训练成绩和进展状况，不仅有助于激发学习动机，而且能使他们及时发现自己在学习中的问题。同时，这样做也可以使管理者根据这些信息及时发现培训中存在的各种问题，及时给予帮助和示范，使员工的技术水平尽快提高。反之，如果教学双方心中无数，或重复学习，或忽略重点，就会造成无谓的浪费，甚至使不正确的行为继续下去，最后形成坏习惯。

（三）人员使用

人员是企业生产力中最能动的因素，在生产力中起主导的作用。能否合理而有效地使用员工，取决于企业是否建立起一整套的员工工资制度，取决于企业是否具有有效的员工奖励制度，取决于企业是否有客观而合理的员工效绩评估方法，这是企业人力资源管理的一项十分重要的工作。

1. 员工工资制度

工资是企业员工的基本收入来源。企业根据生产经营特点和激励方式及目标，确定采用何种工资制度。

（1）结构工资制。结构工资制是把员工工资划分成若干组成部分，构成动态性的工资结构模式，用“工资分解”的方式，确定和发挥各部分工资各自不同的功能。它一般有下列 4 个组成部分。

①基础工资。基础工资是员工工资收入中的基本部分，是维持劳动力简单再生产，保障员工基本生活条件的工资收入。

②岗位（职务）工资。岗位工资按照各个岗位的工作繁简、劳动轻重、责任大小和劳动条件等因素，分别确定其工资等级的数目和工资标准的起止点，并规定一个技术（业务）等级标准管几个工资等级，同时考虑脑力劳动和体力劳动的差别，对普通员工和管理者分别实行两种不同序列的工资标准。

③年功工资。年功工资按员工工龄的长短和员工工龄应计的工资额而确定。

④奖励工资。奖励工资以基础工资和岗位工资为基础，把员工的收入和企业的生产发

展、经济效益及个人贡献大小相结合，联产，联利，多超多得、少超少得、不超不得。

结构工资各个组成部分随着相应的影响因素，经常变动，更加灵敏地反映企业和员工个人的变化，起到激励作用。

(2)岗位等级工资制。岗位等级工资制是根据员工所在岗位的不同，以及同一岗位内技术复杂程度的不同所划分的等级，确定员工工资的制度。岗位等级工资制体现岗位之间的差别，体现员工在劳动成果上的差异。有利于解决专业工龄短、劳动成果大，或从事有毒有害工种的员工得不到相应报酬的矛盾。

(3)保密工资制。保密工资制是灵活反映企业经营状况和劳务市场供求状况，并对员工的工资收入实行保密的一种工资制度。它有利于员工之间不在工资上相互攀比，减少矛盾；工资是由企业和员工共同商定，双方都可以接受，一般都比较满意，有利于调动员工的积极性；工资水平随着企业经营状况和劳务市场供求状况而升降，促使员工转向紧缺的工种，保持各类人员之间合理的比例关系；有利于员工在最佳年龄期间取得最佳报酬。但是保密工资制度容易出现从事同一工作，而同工不同酬。在制度不健全和仲裁机构、监督机构不健全的情况下，容易使以权谋私者从中舞弊，产生亲者工资高、疏者工资低的不合理现象。

(4)浮动工资制。浮动工资制是把员工工资的多少和企业经营效果及员工劳动成果结合起来，挂钩浮动。企业经营效果好，员工劳动成果多，员工工资额就上升，反之就下降。

(5)计时工资制。计时工资是根据员工的实际工作时间和劳动者的工资等级以及工资标准核算和支付劳动报酬的工资形式。计时工资一般分为：①小时计时工资。根据员工的小时工资标准和实际工作小时数计算工资。②日工资。根据员工的日工资标准和实际工作天数计算工资。③月工资。根据规定的月工资标准支付工资。计时工资适应性强，实行范围广，比较简单易行。

(6)计件工资制。计件工资是直接以一定质量的产品数量和计件单位计算员工劳动报酬的一种工资形式，是计时工资的一种转化形式。只是在工资表现形式和计算方法上有所不同。合理的计件工资制，必须在具有一定管理水平基础的企业中实行。其主要条件是：①员工的生产成果能够直接统计计量。②企业的生产任务饱满，产品属于批量生产。③有一定的企业管理水平，生产的原始记录比较完备，有较健全的管理制度，有合理的生产组织和劳动组织。④有合理的劳动定额，有适当的技术组织措施。

2. 员工奖金与津贴

奖金与津贴是在不同条件下超额劳动和特殊劳动的报酬形式。

(1)奖金。

①奖金的形式。企业中奖金形式，可以根据本企业的实际情况，自行创造和灵活运用。通常采用的奖金形式有下面几种：a. 综合奖。以员工集体或个人全面完成的各项指标作为得奖条件的奖励形式。b. 单项奖。以员工集体或个人完成某一项指标作为得奖条件的奖励形式。c. 超额奖。以员工集体或个人超额完成任务作为得奖条件的奖励形式。d. 合理化建议奖。以员工提出有实效的合理化建议作为得奖条件的奖励形式。e. 其他特殊奖。除上面几种形式以外，其他方面为企业生产经营活动做出特殊贡献，付出超额劳动，需要以奖金形式加以表扬的，也可以给予奖励。

奖金实行上不封顶，下不保底，超过限额，征收奖金税的政策。所以，企业要有原则地、合理地使用奖金，既要发挥奖金的补偿和鼓励的作用，又不能滥发奖金。

②做好奖金奖励工作的基础工作。a.奖励条件要合理,奖金标准要适当。多劳者多奖,少劳者少奖,没有超额劳动或没有特殊贡献的不奖。奖励与否主要根据超额劳动量的多少和特殊贡献的大小。b.有根据地计奖。根据奖励条件规定的有关项目、具体指标,根据奖金标准直接计算奖金。计算结果是多少就是多少,使奖金工作直观、明确,数量化。c.正常的生产经营活动和健全的奖励制。奖励项目、奖励条件、奖金标准、奖励方法、计奖单位等,都要拟定具体规章,照章办理。d.经常疏导奖励工作中的认识问题。在奖励工作中,要教育员工自觉为社会、为企业、为集体多做贡献,不能只为奖金而工作。要纠正有关部门企图依靠奖金解决一切问题的错误做法,帮助干部群众正确认识奖金的作用,处理好与奖金相关的各种关系,使奖励工作确有成就。

(2)津贴。津贴是贯彻按劳分配的又一种补充的劳动报酬形式。它是对那种劳动强度大、劳动条件差的工种,对那些特别繁重、艰苦、复杂或有损害健康的劳动,对在特殊条件下有特殊贡献的一种补充报酬。从事养殖业工作的员工一般都享有津贴,如畜牧兽医医疗卫生津贴、动物检疫保健津贴等。

3.员工绩效评估

员工绩效评估是指对企业组织中成员的工作表现和工作效果的正式评价。企业一般每月、每季度或每年对员工做绩效评估。

(1)员工绩效评估的意义。一是帮助员工认识自己的潜在能力并在工作实际中充分发挥这种能力,以达到改进员工工作的目的和促进员工的培训与发展。二是为人力资源管理等部门提供制定有关人力资源政策和决策的依据。例如,员工工作绩效评估结果可以作为工资、奖金、职务的升迁、调动和辞退的重要依据。三是有利于改进企业人力资源管理工作,企业从定期的工作绩效评估中可以检查诸如招聘、培训和激励等人力资源管理方面的问题,从中吸取经验教训,以便今后的改进。

(2)员工绩效评估的基本步骤。

①建立绩效标准。员工的工作绩效必须与某一个固定的标准相对比才可能得出公正的评价,工作标准越明确,绩效评估才可能越准确。因此,对员工评估实施有效管理的第一步就是要审核原有的标准或建立新的标准。工作绩效标准一般应包括两类基本的信息:其一是员工应该做什么,包括工作任务量,工作的职责等关键因素;其二是做到何种程度,包括具体的工作要求和工作标准。

②正式评估。将所设定的标准和员工实际工作绩效比较衡量,加以评估。评估的方式可由直接主管逐级考核,或由各级主管研究决定。越是涉及基层员工的评估,越要尊重基层管理人员的意见,因为其最了解员工的工作情况。

③评估结果。将评估结果作为企业组织的反馈,用于规划奖惩、提职等人力资源的有关活动,并作为员工个人的反馈,以修正或激励员工的工作态度与行为。

(3)员工绩效评估的方法。

①定量评估方法。它是一种对企业各部门和员工的工作绩效及其表现比较准确的评估方法。这种方法对有定量具体指标的部门和员工比较适合。其优点是可以比较准确地反映出被评估部门和员工的工作绩效,但是对部门和员工的工作进行准确量化比较困难,不易收集所需资料,适用范围比较小,故不再详细介绍。

②非定量评估方法。它是企业评估员工较广泛使用的一种方法。包括两个环节:正式

评估和面谈。

A. 正式评估。常用的方法有以下 4 种。

a. 分等法。分等法主要用以评估在操作层工作的员工。通常按员工的综合工作表现和员工潜在的发展能力进行分等评估。先将被评估员工分成 5 个等级，然后确定每个等级在被评估员工中所占百分比。例如：部门 A 共有员工 100 人，分成较好、高于标准、平均标准、低于标准、较差 5 个等级。其中平均标准的员工应占 40%，即 40 人。各个等级的百分比确定之后，将被评估员工按评估结果分等列表，如表 6-1 所示。

表 6-1 分等评估表

项目	评估标准 工作综合表现				
等级	较好	高于标准	平均标准	低于标准	较差
百分比/%	10	20	40	20	10
名单	甲 ………	乙 丙 ………	丁 戊 己 庚 ………	辛 壬 ………	癸 ………

b. 配对比较法。配对比较法是一种适合于员工人数较少的部门的评估方法。使用这种方法评估时，首先要确定评估的项目，然后按照评估项目（如工作绩效或工作努力程度等）将每个员工与其他员工进行比较。例如：表 6-2 表示有 5 位员工，分别按他们的工作绩效和努力程度两个项目进行配对评价。表中："＋"号表示优于，"－"号表示劣于。"＊"号表示不能比较。其中表(a)是对员工的工作绩效进行考核。员工甲与乙、丙比较，甲劣于乙和丙，而甲与丁、戊比较，甲优于丁和戊。每个员工配对比较完成后，即可得出结论：在工作绩效方面，乙最佳，获 4 个"＋"号，如表 6-2 所示。而在工作努力程度方面甲最佳，也获 4 个"＋"号，如表 6-3 所示。

表 6-2 工作绩效评价表

项目	评估项目 工作绩效				
	甲	乙	丙	丁	戊
甲	*	＋	＋	＋	＋
乙	－	*	＋	－	－
丙	－	－	*	－	－
丁	－	＋	－	*	－
戊	－	＋	＋	－	*

表 6-3 努力程度评价表

项目	评估项目 工作绩效				
	甲	乙	丙	丁	戊
甲	*	—	—	+	+
乙	+	*	+	+	+
丙	+	—	*	—	+
丁	—	—	+	*	—
戊	—	—	—	+	*

c. 描述法。即评估者将被评估员工的优点、缺点以及培训发展方向，潜在能力等，运用文字表达的方式来加以描述的方法。此方法是评估中经常采用的一种方法。

d. 小组总结评估法。小组总结评估法是一种用于评估管理人员的方法。评估者不是以个人形式出现，而是由 3～4 名成员组成的评估小组。其中包括被评估者的直属主管，人事部门代表以及其他评估人员。这种评估方法既不需要评估表格，也不进行等级划分和对照比较。由小组成员坐在一起，围绕被评估者的工作绩效、工作表现以及工作努力程度进行自由议论。为了避免个人偏见和偏差，只有在小组全体成员均表示同意时，才能把评估结果记录下来，成为小组正式评估意见。评估的结论应该对被评估者的工作做出一个概括而又明确的评价，一般可分 3 种情况，即认定被评估者的工作绩效为：优秀、满意或不满意。

B. 面谈。在评估结束，评估表格填报以后，直属主管必须与被评估者进行面谈。面谈是直属主管与被评估的员工之间的直接沟通。通过双方的谈心和讨论，直属主管可以发现和了解今后对工作的改进的方法，并了解被评估者工作上有什么要求；是否具备完成工作的能力，怎样提高，个人有什么要求。通过企业面谈，管理人员还可以从员工的工作绩效与表现中了解企业制订的长、短期目标是否需要调整等。

(四)人员激励

激励是指激发人们动机的心理过程。人们由需要引起动机，动机引起行为，行为指向一定的目标。企业人力资源的合理利用，员工积极性的提高离不开激励，激励是现代管理的重要职能之一。

1. 激励原理

在人力资源管理过程中，激励措施的制订一般要有一定的理论作为依据。马斯洛的需求理论是几个影响比较大的激励理论之一。马斯洛是美国心理学家和行为科学家。他的需要层次论的主要内容可以概括为三个要点。

(1)人的需要分为五个层次。如图 6-1 所示。

①生理需要。这是人的最原始、最基本的需要，包括人的衣、食、住、行、医疗等方面的需要。这些需要如果不能满足，就会有生命危险，所以要求最强烈，是必不可少的最低层次的需要。而当食物等人类最基本的生理需要得到满足，其他的需要才能成为新的激励因素。

②安全需要。指人们寻求免受生理上和心理上侵害的需要。包括人身安全、财产安全、

劳动安全、职业安全、生活稳定、社会保险等方面的需要。当一个人生理需要得到一定程度的满足之后，自然地就会产生安全的需要。

③社交需要。又称爱和归属的需要。是指人们对人际交往、对集体或家庭的依赖、对同事的友谊以及渴求得到异性的爱情的需要。社交需要的满足可以避免孤独和无助，避免空虚和无意义感。

④尊重需要。指希望具有各种能力和知识，希望有名誉、地位和声望，希望受到他人的尊重、信赖和认可的需要；同时也希望自己具有实力、自由、独立性等，感到自己存在价值，从而产生自尊 、自信心。

⑤自我实现需要。是指人希望从事与自己能力相称的工作，使自己的能力得到充分的发挥，成为自己所期望的人，并从事业的成功中得到内心的满足。

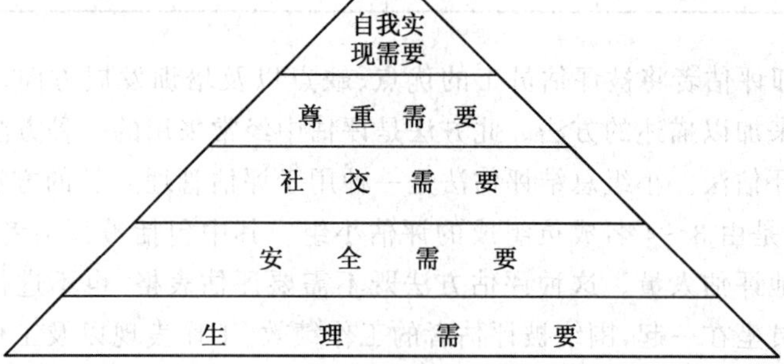

图 6-1 马斯洛的需求层次

(2)五种需要之间呈递进规律。一般来说，较低层次的需要得到满足之前，较高层次的需要强度不会很大，不会成为影响行为的主导需要。当较低层次的需要获得相对满足后，下一个较高层次的需要就会占主导地位，成为驱动行为的主要动力。

(3)人可能同时存在多种需要，但其行为的主要推动力来自于占优势地位的需要。满足后的需要一般不再对行为起激励作用。但满足后的需要并不消失，只是对行为的影响退居次要地位而已。

由马斯洛的需要层次论可以知道，任何对人的激励都不能忽视对人的生存需要的关注，在生存需要得不到满足的情况下片面追求精神上的激励是不现实的。该理论还告诉我们，管理者在实施激励之前，要善于发现和区别被管理者各种不同的需要，以便采取不同的措施给予满足。管理者可以通过改善生活条件和工作环境，提供各种社会保险，加强组织文化建设，制订合理的人事升迁制度，表彰制度，提高员工对管理的参与程度等来满足员工不同层次的需要。

2.激励方法

只有满足人的需要才能激发人们的动机，调动人的积极性。那么，如何能够使人们的需要得到满足呢？基本方法有两种，即直接满足和间接满足。

(1)直接满足。直接满足叫“职务内”或“岗位上”满足。这就是工作本身和工作中与其他人的正常关系使他得到满足。一般来说，直接满足的内容有如下几种。

①工作本身有利于自我成长，专业对口，满足兴趣，符合志愿，适应特长等。

②工作本身能获得社会的认可，评价较高。

③工作具有挑战性，干起来有奔头，能获得成就感。

④工作中，同志间和谐、友爱、安定，团结，对劳动者有内吸力。

(2)间接满足。间接满足又叫“职务外”或“岗位外”满足。这是工作以外，即工作过程以后获得的满足，把工作当成以后得到满足的手段。间接满足的内容，基本的有两种。

①工资。工作一定时期后，人们从工作和工资本身并未获得实际需要而是用所得工资去购买食物，衣服，用品等后，才满足了多方面的实际需要。所以说，工资是间接满足的一种重要形式。

②津贴、奖励、福利费、医疗费、养老金、休假等，也是间接满足的重要形式。

间接满足是满足人们需要的重要方面，是人们工作动力的基本来源，它能保持人们的积极性，增加向心力，增强归属感，因此必须给予足够的重视。

3.激励方式

(1)从人员安排、使用上来满足需要。对人任用得当，能提供直接满足，他就会长时间处于激发状态之中。这是不需要增加什么成本就能做到的事。在人事安排上，从个人来说，服从分配和工作需要是必要的。从管理者的角度来说，必须合理安排，充分注意人的专业、特长、兴趣和爱好，满足他们的要求，以有利于发挥他们的聪明才智。要做到这一点，必须考虑如下原则。

①用人之长，避人之短。发挥自己的才能，展现自己的特长，是人们内在心理的强烈倾向。人只有通过能发挥自己才干的劳动，才会感到是一种享受和幸福，也才有更大的创造性。

②用人不疑，用人不嫉。人都有受人尊敬、社交和实现抱负的需要，用人不疑才能满足这些需要，才能增强职员的主人翁责任感，使其心情舒畅地积极工作。疑人可以不用，但用人一定不疑。用人不嫉指的是不嫉妒人才，不要怕后来者超过自己。

③增加压力，激发动力。人是要有压力的，没有压力就会安于现状，停滞不前，有了压力，才能振作精神，激发动力，奋力向前。管理人员要善于安排，为人们发挥聪明才智提供一个广阔的天地，使之有点压力，以便迎接挑战。这是一项重要的领导艺术。

④有表扬，有批评，赏罚分明。人有尊敬、荣誉的需要。受到奖励或表扬，行为会加强，工作会更加积极。反之，行为就会受到抑制，甚至停止改变。批评要使人认识到错误，有信心去改正，有勇气奋发努力。奖罚一定要分明，成绩卓著者奖，渎职失责者罚。这已是管理者常用的方法之一。

(2)从组织设计上来满足需要。组织设计先进合理，也能给员工提供直接满足的需要，一般考虑如下要求。

①在保证组织目标完成的前提下，尽量缩小单位规模。②注意授权，使责权相适应。③明确主管，避免多头领导。④扩大群众参加管理的权限。⑤改善工作条件和环境。

(3)从职务上来满足需要。分工适当，也能提供直接满足，使人受到激励。具体做法可考虑以下原则。

①分工要有利于个人负责。②分工时要求个人不能从集体中孤立出来。③分工时应注意技术性工作和行政性工作适当搭配。④分配任务时应注意有一定难度。⑤工作内容要丰富化、多样化，实行工作轮换。⑥逐步实行弹性工作时间制度。

(4)工资待遇上来满足需要。工资待遇是一种间接满足需要的方式，是根据按劳分配原则，借助于货币，在劳动者之间分配个人消费品的一种主要形式，能满足劳动者的多种需要，是一个重要的激励因素。

三、劳动管理

(一)劳动定员

劳动定员是指根据养殖企业已定的产品方向和生产规模，在一定时期和一定的技术组织条件下，规定企业各类人员的数量界限和质量标准。定员是企业实现分工协作，明确岗位职责的重要手段，也是企业内部劳动力调配的主要依据。

劳动定员是企业劳动计划工作的基础。有了定员，企业在用人方面就有了明确的目标，进行劳动力的平衡和余缺调剂、监督检查劳动力的使用状况也就有了依据；有了定员，还可以促进企业改善劳动组织，巩固劳动纪律，建立健全岗位责任制，克服人浮于事，工作效率低等现象。对于新建企业来说，有了设计定员，可以有计划地、分期分批地根据需要配备各类人员，防止过早、过多地招工。

企业定员的范围，包括从事生产、技术、管理和服务工作的基本生产工人、辅助工人、工程技术人员、管理人员和服务人员，不包括与企业生产经营和职工生活无关的其他人员，如出国援外人员、长期病假人员等。

劳动定员的方法有劳动效率定员计算法、设备定员计算法、岗位定员计算法、比例定员计算法、职责定员法。这五种定员方法，在一个企业里是同时使用、互相补充的。

(二)劳动定额

劳动定额是畜牧企业管理中一项最基础的工作。首先，劳动定额在劳动分工与协作中起着双重的量的规定性作用：一方面它确定一个劳动者完成一项工作所需的时间，规定职责的数量标准；另一方面，在此基础上核算和平衡各工作项目、各部门之间劳动量的比例以及所需要的劳动者人数。在现代分工日益深化、细化与协作条件下，劳动定额保证生产的连续性、比例性的作用日益显著和重要。其次，劳动定额是确定工资、奖金、考核和评价职工劳动，贯彻按劳分配原则的重要依据。再次，劳动定额是编制生产计划，成本计划，实施经济核算制和经济责任制的基础和依据。

劳动定额有两种基本形式。①工时定额，指工人生产单位合格产品或完成某项工作所需的时间。这是用时间表示的劳动定额，也可称之为时间定额。②产量定额或工作量定额，指工人在单位时间(每小时或每个轮班)内应该完成的合格产品数量或应完成的工作量。这是用产量或工作量表示的劳动定额。这两种定额在数值上呈反比关系，可以相互换算。

劳动定额的制订依据有技术依据、经济依据、心理和生理依据等。劳动定额的制订方法有技术测定法、比较类推法、经验估工法、统计分析法。

(三)劳动保护

劳动保护是指为了保护劳动者在生产劳动过程中的安全与健康，在预防和消除工伤事故，防止职工中毒和职业病，改善劳动条件等方面所进行的工作和采取的措施。劳动保护是安全生产、使生产能够顺利进行的重要条件，对调动员工的积极性、促进生产的发展具有重要的作用。

劳动保护的内容有：①立法与组织上的保证。从主体上、组织上给予支持和保证。例如制定法律、法规、条例、标准等。实施安全监察、安全教育、技术训练等措施，来确保员工安全健康。②安全技术措施。通过完善多种防止工伤事故发生的技术措施来保证员工生产安全。例如通过改进生产工艺和设备，变不安全的生产流程、操作方法为安全的流程和操作。设计防护装置、保险装置、信号警报系统，消除人为的或机械、物质的危险因素。③卫生保障技术。卫生保障技术则是“慢性”的职业病的预防技术。许多毒害因素，从开始作用于人体到导致人体患病，往往有积累过程。而许多慢性职业病一旦形成，便终身难以治愈，不仅会给生产和企业造成损失，而且会给受害者及其家属带来负担。因此，应该尽一切可能消除各种危害人体健康的因素。

(四)劳动制度

劳动制度主要指企业劳动力的招工制度和用工制度。招工制度是指企业通过招收录用手续，从社会上吸收劳动力，以满足生产发展的需要。招工首先应确定招工的工种、人数，并建立招工组织，制订招工简章，组织招工考试(考核)，张榜公布录取名单，办理招工录用手续，对录取职工进行岗位培训等。用工制度是指企业因使用劳动力而与劳动者建立劳动关系的一种基本制度。在国家有关法律规定范围内，实行合同用工制。全员合同用工制，是指企业的管理人员、技术人员、生产服务人员等所有职工都要与企业签订劳动合同，明确规定双方责、权、利。企业用工制度，应建立职工能进能出、能上能下，工资能升能降的新机制，促进人才合理流动，以充分调动每个员工的积极性和创造性。

四、加强人力资源的利用与管理

充分利用养殖企业人力资源，一方面要求提高劳动力利用率，另一方面要求提高劳动生产率。前者表明劳动力的利用程度，后者表明劳动力的利用效果。

(一)提高劳动力利用率

劳动力利用率指已经利用的劳动力占劳动力资源总数的比例，表明有劳动能力的人实际参加劳动的程度。

1.衡量劳动力利用率的指标

衡量劳动力利用率的指标主要有：①出勤率，即实际参加劳动的人数占应参加生产劳动人数的比例，或实际参加劳动的时间占劳动者应参加劳动时间的比例。②工时利用率，即养殖企业劳动者在班工作日中纯工作时间占工作时间的比例。用公式表示如下：

$$出勤率=\frac{实际参加劳动的人数}{应参加劳动的人数}=\frac{实际工作日数}{应当出勤的工作日数}$$

$$工时利用率=\frac{纯工作时间}{工作时间}$$

在劳动力总量和劳动生产率不变时，提高劳动力利用率，能够完成更多的工作量和产品生产量。

2.提高劳动力利用率的方法

要因地制宜，既要从长计议，又要着眼当前。主要途径如下。

(1)加强畜牧业基础设施的建设，变粗放经营为集约经营。在农区除了进行农田基本建设，建设高产、稳产农田从而增加粮食和作物秸秆等粮食副产品的生产用于发展畜牧业以外，在有条件的地区，可以发展粮食作物与饲料作物的套种来增加饲料的生产，这样既提高了粮食产量，又增加了饲料的生产，从而可以扩大畜牧业的养殖规模。

(2)发展畜产品加工业，走牧工商一体化综合发展的道路。不仅可以提高农村、牧区劳动力的利用率，还可以拉长畜牧业产业链条，增加畜牧业产值。

(3)发展多种形式的经济联合，促进劳动力的合理利用。要进一步深化改革，鼓励从事养殖业生产的农户之间，从事养殖业生产的农户与从事种植业生产的农户之间，农户与企业之间，城乡之间在资金、技术、劳动力和其他各种资源条件方面，实行自愿互利、人股分红等多种形式的联合，实行产业化经营，从而充分利用农村、牧区的劳动力资源。

(4)鼓励和帮助养殖业剩余劳动力外出做工、经商。在有些牧区，由于草场面积的制约，或由于采用机械化作业，出现了劳动力剩余的现象，鼓励牧民外出做工、经商，可以增加牧民的收入，开阔牧民的视野，掌握做工、经商的技能，加强与外界的联系，带动牧区经济的建设与发展。

(二)提高劳动生产率

劳动生产率就是指畜牧业生产人员在单位时间内生产的产品数量或者生产单位产品所消耗的劳动时间。劳动生产率反映了在一定时间内，生产劳动者的劳动成果和劳动消耗量之间的对比关系。用公式表示如下：

$$畜牧业劳动生产率=\frac{畜产品数量或产值}{劳动时间}$$

或

$$劳动生产率=\frac{劳动时间}{畜产品数量或产量}$$

1.衡量畜牧业劳动生产率的常用指标可分以下两类

(1)直接指标。直接指标即按产量、产值计算的指标。又可分为以下五种。

①平均每个畜牧业劳动力一年内生产的主要畜产品的数量。这个指标能综合反映畜牧业劳动生产率和劳动力利用率，是一个具有重要国民经济意义的指标。

②平均生产单位畜产品所消耗的劳动工时数。这一指标国外科研单位用得较多。

③平均每个生产者一年内所创造的总产值。这个指标便于综合考核各种不同产品、不同单位不同年份间的劳动生产率水平。

④平均每个劳动者一年内所创造的纯收入。它是劳动者所创造的农畜产品价值扣除畜产品成本后，用年平均劳动者人数去除求得的。表明劳动者对社会的贡献。

⑤平均每个农牧业劳动者可供养的人数。它是指劳动者生产的农畜产品除供养劳动者本人外，剩余农畜产品可供养非农牧业劳动者的人数。供养的人数愈多，表明劳动生产率愈高。

(2)间接指标。养殖业生产周期长，按产品产量或产值计算劳动生产率时，只能等待生产过程结束而取得最终产品后，才能计算出来。为了及时考查日常劳动的工作效率，还要采用劳动生产率的间接指标，即劳动效率来表明劳动生产率。所谓劳动效率，就是指劳动者在单位时间内所完成的工作量，其计算公式如下：

$$劳动效率=\frac{完成某项作业工作量}{消耗或劳动时间}$$

2.提高劳动生产率的途径

养殖企业劳动生产率的提高，受多种因素影响，有物质技术因素、社会经济因素、自然条件因素和劳动力因素等。根据这些因素，结合我国养殖企业的具体情况，现阶段提高劳动生产率的主要途径如下。

(1)充分调动劳动者的积极性。要提高劳动生产率，必须首先调动养殖企业劳动者的积极性，否则一切技术措施都难以收到良好的效果。调动劳动者的积极性，要科学运用“需要层次理论”，贯彻物质利益激励和精神激励相结合的原则，采取多种激励措施；还要合理制订劳动定额和劳动报酬的形式。

(2)积极推广和采用先进的科学技术。实践证明，振兴畜牧业经济，最终取决于科学技术的进步及其广泛应用。因此，要切实加强宣传教育，提高全民族的文化科学素质和科技意识，牢固树立“科学技术是第一生产力”的观点，在养殖生产中广泛应用先进的、适用的科学技术和科学成果，逐步使传统畜牧业转到现代化畜牧业的轨道，求得劳动生产率的极大提高。

(3)加快实现畜牧业机械化和物质技术装备现代化。实现畜牧业机械化和物质技术装备现代化，不仅能够减轻人们的劳动，而且能够大量节约劳动力。因此，要学习国外畜牧业机械化的先进经验，结合我国当前牧区的自然经济条件和家庭经营的特点，实现具有中国特色的畜牧业机械化和畜牧业技术装备的现代化，以提高畜牧业劳动生产率。

(4)不断提高从业人员的素质。随着畜牧业生产力水平的提高，畜牧业生产愈来愈需要更多的有文化懂技术的劳动者和专业技术人才，去掌握现代生产技术和现代管理技术、采用先进的物质技术装备。因此，应加强培养高、中级畜牧、兽医和草原建设人才。有条件的地区，还可以充分发挥当地技术部门的作用，组织广大农牧民干什么学什么，从而提高劳动生产率。

(5)大力推进产业化经营。产业化经营可以集中科学技术、现代管理、先进的生产工艺于一体，是转变畜牧业增长方式的有效途径，可以较好地解决小规模经营与大市场之间的矛盾，解决提高劳动生产率与安排剩余劳动力就业之间的矛盾，提高畜牧业科技运用水平，从而提高劳动生产率。

(6)合理利用、改善和保护自然资源，维护生态平衡。良好的自然资源、自然条件是实现高产、优质、高效畜牧业的基础。合理利用、改善和保护自然资源，维护生态平衡，为畜牧业可持续发展创造良好的条件，是提高养殖业劳动生产率的重要途径。

任务二　资金的筹集与使用

一、资金

(一)资金的概念

要开办企业，从事经济活动，就需要一定数量的资金。所谓资金从广义上讲，指社会再生产过程中，生产、分配、流通和消费各环节中各种财产的货币表现；从狭义上讲，是指畜牧业企业通过各种方式筹集、在生产经营活动中支配和运用的那一部分财产的货币表现。包括实物形态和货币形态的两类资金。一个企业只有拥有一定数量的生产经营资金,才能保证畜牧业企业生产活动的顺利进行。

(二)资金的作用

养殖企业的资金,是生产经营活动的必需条件,其重要作用表现在以下几个方面。

(1)保证养殖业再生产过程的完整实现。养殖业再生产过程,也是物质资料消耗的过程。不论简单再生产,还是扩大再生产,资金都是必要的前提条件。

(2)养殖企业的资金体现为生产资料,是企业进行生产的物质基础。

(3)养殖企业资金,联系着再生产过程中的各种生产要素,通过一定形式,组合到生产领域中转化为现实生产力。

(4)资金在流通过程中是交换手段,使生产成果的社会价值得以实现,使养殖业再生产过程得以周而复始地持续进行。

(5)运用资金对养殖企业进行经济核算,考核畜产品生产成本,评价投资效果和经营成果,确定资金投入的方向。

二、资金筹集

资金筹集是指根据企业生产经验、对外投资及调整资本结果的需要,通过各种筹资渠道和资金市场,运用适当的筹资方式从企业外部有关单位、个人和企业内部筹措和集中所需资金的财务活动。

(一)筹资的目的

企业筹资的基本目的是为了自身生产经营的维持和发展。在实践中筹资的目的有时是单一的,有时是综合的,归纳起来主要有以下几个方面。

1.为企业的创立而筹资

资金是企业从事生产经营活动的基本条件。畜牧业企业的创立是以充分的资金准备为基本前提的。如新建一个畜禽养殖场,首先必须筹集足够的资本金,然后取得会计师事务所出具的验资证明,据此到工商行政管理部门办理注册登记手续后,方能开展正式生产经营活动。企业创立时必须有最低资金需要量,即法定资本金。

2.为企业发展而筹资

企业的发展集中表现为扩大收入。扩大收入的根本途径是扩大销售量、提高产品质量、增加新品种。这就要求企业不断扩大生产经营规模,增加经济增长点,不断更新设备进行技术改造,合理调整企业的生产经营结构或扩大新的投资领域,经常对企业员工业务水平进行培训等。而这些都会引起企业资金需求量的增加,只有具备足够的资金投放才能保证其目标的实现。因此,企业的发展阶段,也是企业资金需求量扩张的阶段。

3.为偿还债务而筹资

企业为了获得杠杆收益或是为了满足资金周转的临时需要,可以通过举债方式来满足生产经营过程中所需的资金。而债务都有一定的期限,到期必须归还。如果企业现有支付能力不足以偿还到期债务,或企业虽有支付能力,但偿还到期债务将影响资本结构的合理性时,就需要为偿还债务而筹集资金。

4.为调整资本结构而筹资

资本结构调整是企业为了降低筹资风险,减少资本成本而对资本与负债间的比例关系进行的调整。资本结构的调整属于企业重大的财务决策事项,同时也是企业筹资管理的重要内容。由于在资本结构中任何项目及其比例的变化都会引起资本结构的变化,当企业资本结构不合理时,就可以通过采用不同的筹资方式筹集资金来实现资本结构调整,使资本结构趋于合理,从而保证企业生产经营活动的经济效益不断提高。

(二)筹资的原则

企业筹资工作的好坏,直接关系到企业的发展,为此,在筹资过程中必须遵守以下原则。

1.正确把握筹资的数量

筹集资金首先应该确定筹措的数量,一般以满足企业正常生产经营最低需要量为限。既要防止筹资不足而影响企业生产经营活动的正常开展,又要避免盲目筹资而影响企业的经营效益。

2.合理确定筹资的时间

企业对资金的需要是有一定时间性的,资金过早进入企业会造成资金闲置浪费,增加筹资成本;过迟进入又不能及时满足需要,因此要注意资金在需要的时间和数量上的衔接。

3.降低筹资代价,提高筹资效益

企业为了取得某种资金的使用权必须付出一定的代价。例如银行借款利息、债券利息、股票股利等。这些费用的高低直接影响筹资的效益。因此,要综合考虑各种因素,选择最经济方便的资金渠道,以最小的筹资代价获得所需要的资金,并保证将获得的资金投入经营过程后,能给企业带来较好的经济效益。

4.合理确定资本结构

确定资本结构主要是合理安排资产与负债之间的比例。使负债规模与权益资本和可偿债资产相适应,既要防止负债过多,导致财务风险过大,偿债能力降低,又要有效地利用负债的财务杠杆作用,提高权益资本的收益水平。

5.依法筹资,维护投资者的利益

企业在筹资过程中,应遵守国家制定的有关法律、法规、制度、政策。认真执行筹资、使用、归还资金的工作程序,严格履行各类合同条款,维护投资者的各项权益。

(三)筹资的渠道

筹集资金的渠道是指企业取得资金的来源。养殖企业的资金来源渠道,主要有以下几种。

1.国家财政资金

指国家对畜牧业的投资。现在国家主要对一些新建、重点、骨干大型畜牧业企业提供资金,因此国家财政资金是这类企业筹资的主要渠道。

2.银行信贷资金

银行贷款是畜牧企业筹资的主要来源,贷款项目有养殖基本建设贷款,各种流动资金贷款,各种专用贷款等。

3.非银行金融机构资金

主要指银行以外的、由各级政府主办、以融通资金为主要目的的金融市场机构。主要有信托投资公司、经济发展投资公司、租赁公司、保险公司、信用合作社和民间金融组织。

4. 其他企业资金

主要指通过联营、入股、债券及各种商业信用等形成的资金。随着公司＋农户和横向经济联合的发展，企业之间、地区之间的资金联合和资金融通将会广泛发展。另外，外贸和销售部门通过预付定金、贴息贷款、赊销种苗、发放生产扶持金和周转金、实行补贴等形式，增加对养殖业的资金投入。

5. 民间资金

一些有条件的大型企业可采用发行股票、债券等方式把企业员工和社会居民手中闲置的资金筹集起来用于企业生产。

6. 企业留存收益

主要指企业从税后利润中提取形成的盈余公积金和未分配利润等。这是企业内部的筹资渠道。

7. 境外资金

主要指境外的银行、公司、其他经济组织和个人手中的资金。利用外资是企业筹资的又一重要渠道。

(四)筹资的方式

筹集资金的方式指企业取得资金的具体形式。筹集长期资金(能使用一年以上)的方式有国家投资、发行股票、银行贷款、发行企业债券、企业内部积累等。筹集短期资金的方式有银行信用、商业信用和其他短期借款。畜牧业企业主要的筹资方式有以下几种。

1. 发行股票

股票是股份公司为筹集资金而发行的有价证券，是企业股份的表现形式。股票具有代表所有权、不可返还性和可交易性三个基本特征。股票筹资没有固定的利息负担，不需还本，而且筹资面广，能迅速大量地筹集资金，但筹资成本较高。

2. 企业债券

企业债券是企业为取得资金而发行的有价证券。债券具有可返还性和可交易性，可表示债权债务关系，持券者有按期获得利息和本金的权利。按规定，企业发行债券的总额不得大于其自身的资产净值；债券利率可略高于银行一定时期储蓄存款利率，略低于同期银行贷款利率。债券筹资的成本低，但风险较大，万一不能按期还本付息，债权人有权迫使企业破产。

3. 银行信用

银行信用包括无担保贷款和担保贷款两类。无担保贷款是银行对信誉好、实力大的公司提供的无抵押贷款。担保贷款是银行对信用不好或不了解的企业或对财务状况不好的企业在有抵押品担保的情况下给予的贷款。银行信用方式筹资，对企业来说只要信用好或能提供必要的抵押品，便可随时获得大量急需的资金，但资金成本较高，对企业经营活动有一定的限制。

4. 商业信用

商业信用是指企业之间在商品交易中延期付款或延期交货而形成的借贷关系，是一种最主要的短期资金筹资方式，其实质是利用商品交易中货币与商品的交付时间差来筹资。商业信用的形式一般有应付账款、应付票据、商业承兑汇票、预收账款等几种形式；商业信用方式使用方便，而且对企业经营活动基本无限制，但融资时间较短。

三、资金的使用

企业资金包括资金的投放、占用和耗费。养殖企业用筹集来的资金购建生产经营所需的畜舍、仓库等房屋、建筑物、畜禽生产和防疫设备、种畜禽、饲料以及先进适用技术的投资;支付生产经营中的各种费用,形成企业的各项资产,包括流动资产、长期投资、固定资产、无形资产、递延资产和其他资产;资金耗费是指企业在生产经营过程中所发生的以价值形式表现的消费,具体表现为房屋、机器设备的折旧、职工工资、消耗各种材料及其他费用的支出,各种生产耗费的货币表现就是畜禽产品的生产成本。产品的生产成本连同企业的销售费用、管理费用和财务费用最终都要通过产品的销售而收回。

企业筹集资金就是为了使用资金。企业在生产经营中必须合理地使用资金,将资金投放到有市场前途、效益较高的生产项目上去。投放以后,尽可能地减少资金的占用和资金耗费,以求资金使用效益的最大化。

四、资金的回收与分配

企业筹集和使用资金的目的是为了取得理想的营业收入,即所取得的收入不仅能补偿生产经营中资金的耗费,而且还能带来营业利润。

营业收入是指企业销售畜禽产品或提供劳务等所得到的货币收入。通过营业收入回收生产经营资金。资金的回收是资金运动的重要环节。只有回收资金,企业的生产经营才能继续进行,在生产过程中创造的新价值才能实现。

企业再生产过程中获得的利润要按有关规定,在国家、企业、投资者之间进行分配。上缴给国家的税收和分配给投资者的利润这两部分资金从企业的资金运动中退出。企业的资金分配取决于企业资金的收入即所谓"量入为出",合理分配资金能促使企业再生产和经营活动健康发展,从而使企业的收入不断增加。

总之,资金的运动是资金筹集、资金使用和资金回收与分配三个阶段循环往复的过程。对资金运动的这三个阶段的管理是企业财务管理的主要内容。

任务三　经济信息、科学技术、领导艺术与时间的利用

一、经济信息

(一)经济信息的概念

1. 信息

信息是指消息、指令、情报、密码、数据、知识的统称。是客观世界中各种事物的特征和变化的最新反映,它表达着客观事物的联系特征,再现着客观事物的状态。随着科技的发展和社会的进步,信息在不断地生成和传递着;信息反映着客观事物在一定条件下相互作用、

相互联系而引起的物质结构和量度的变化;信息的范围十分广泛。

2. 经济信息

经济信息是信息的一种,是对经济运动及其属性的一种客观描述,是经济活动特征与发展变化的真实反映。

(二)经济信息的特征

1. 有效性

只有有用的信息才是经济信息。它的效用表现在对管理的贡献;有用的信息会帮助管理者采取有效的决策和控制措施,从而产生积极的经济效果,故又被人们称为“特种经济资源”和“无形财富”。无用的信息,其价值等于零。

2. 变动性

由于经济信息始终处于运动之中,因而信息的产生流动是源源不断地进行着,为反映经济动态,必须进行信息的积累。同时,随着时间的流逝,会出现信息的老化,所以又需要进行信息的不断更新。

3. 不可分性

信息是由信息实体与信息载体构成的整体,是不可分的。信息实体指信息的内容,信息载体是反映信息的数据、文字、声波、光波等。现代管理的信息不能脱离载体而存在。信息技术现代化着重研究采取什么样的载体,用什么样的技术手段进行信息处理和传输,以便快速、准确地为各方面提供信息。

4. 可采纳性

根据准确的信息,组织有目的的生产,可以实现产销对路;货畅其流,扩大生产,提高经济效益。

5. 可代替性

利用经济信息可以代替资本、劳力、物资、材料或者减少它的消耗,获取经济效益。

6. 共享性

信息可以同时为多个使用者利用,不会因为使用者的增加而使信息量减少。不仅如此,信息还可以扩充;占有越多,使用越多,信息价值就越大。同时,信息在分享的过程中也会扩充。

7. 时空性

这一特点使信息的适用性受到一定的限制,随着时间和地区的变化也将不断扩充和变更。

8. 可储存性

经济信息可以通过人的大脑、文字、符号、录像以及电子计算机等储存起来。储存的时间可以是临时的,也可以是永久的。

(三)经济信息的处理

经济信息的处理,亦称数据处理,是指运用各种手段对生产经营活动和管理过程中所反映的信息,进行分析和处理的技术,包括对数据的收集、存储、分类、传输、排序、计算及打印成报表或输出图形,在需要时对已存信息检索和修改等。

1. 经济信息处理的要求

受信者在处理经济信息时必须符合以下几点要求(“八字方针”)。

及时。就是传递信息要快、要适时。信息传输的主要目的在于指挥、调整、控制,时间性很强。科学技术发展很快,如果利用过时的信息,就起不了作用,甚至会起反作用。

准确。就是信息反映的情况要真实可靠。信息只有符合客观事实,准确无误,才能实现有效利用,做出正确的决策。如信息不准,就会造成经济上的损失。

适用。就是信息要符合实际需要。企业管理中需要的信息,必须符合不同管理层,不同职能部门需要的信息。而且要尽量免除阅读大量无关紧要的报表资料信息和浪费时间,尽可能提高信息适用程度。

经济。指采用的信息处理方式,必须符合经济性原则。即用最少的劳动、费用和时间取得最大的报酬。

2.经济信息处理的程序

信息处理要经过以下程序来完成。

(1)信息收集。经济信息的收集工作就是经济工作者或有关人员有意识地收集经济信息,并用文字、数字、符号等记载下来。这是整个信息处理过程的第一环节,也是处理经济信息各阶段工作的基础和起点。

(2)信息加工。它是信息处理的内容,包括对信息的分类、排序、计算、比较、选择等工作,并要求它服从某项管理任务,为实现管理目标而提供有用信息。

(3)信息传播。信息通过各种传输方式,使信息的输出方与输入方各得所用,并使信息充分发挥其应有的效用。下面是被誉为经典的拉斯韦尔信息传播模式。如图 6-2 所示。

图 6-2　拉斯韦尔模式

(4)信息储存。信息储存实际上是信息传输的一种特殊情况,是为了解决信息获得和信息使用在时间上的不一致而进行的。为了日后取得经济信息有效而不失真,要求储存经济信息时做到资料安全、节约空间、查找迅速、更新方便。

二、科学技术

(一)基本概念

1.科学的含义

科学是人类在长期社会实践过程中,积累起来的认识客观世界的知识体系,是人类改造客观世界的指南。科学反映了人类对客观事物及其规律性的认识。科学要回答“是什么”、“为什么”、“能不能”等这样几个问题。

2.技术的含义

技术是运用科学原理发展而成的各种工具、机器、设备的工艺操作方法,以及劳动者掌握和运用工具、设备、机器的技能、经验和技巧等。技术告诉人们“做什么”“怎么做”“做出来有什么用”等。

现代科学与技术的关系是:科学理论的突破推动着技术的进步,科技成果转化为技术的速度越来越快,同时科学把技术纳入自己的体系,科学的发展越来越离不开技术;技术进步越来越依靠科学的指导，技术的提高又推动着科学研究和发展。科学与技术相互渗透，互相结合，某些科学同时也是技术，现代技术也都科学化了，二者逐步趋向一体化，“科学技术”概念的形成便是由此而来。

(二)科学技术是第一生产力

科学技术是第一生产力的含义从三个方面理解。

1.科学技术在生产力结构中占第一位决定性的地位

科学技术与生产力诸要素的关系，可以用公式表达为：

生产力＝科学技术×(劳动力＋劳动工具＋劳动对象＋生产管理)

从这一关系式可以看出，由于科学技术具有乘数效应，它放大了生产力各要素。

劳动者是在社会生产力中起主导作用的最积极、最活跃的因素。劳动者的劳动能力取决体力的大小和智力的高低。掌握科学技术的劳动者远远超过普通人的能力，能创造出更多的使用价值。20世纪以来，随着生产过程自动化程度的提高，科技革命的发展使劳动者的智能迅速提高，劳动力结构向着智能化趋势发展，体力劳动与脑力劳动的比例不断发生变化。

改革和创新劳动工具，对生产力的发展起着巨大的作用。科学技术的发展水平决定劳动工具的改革和创新。人类历史上每一次产业革命，都是以劳动工具的变革为标志的。

随着科学技术的进步，人类不断发现、利用、改造、扩大劳动对象范围。劳动已不仅仅是以自然物、半自然物为对象，更多的是用真正属于人类创造的全新材料、原料作为劳动对象。

2.现代科学技术是新的先进生产力的生长点

直到19世纪以前新的先进生产力，无论是劳动者的素质，还是先进的生产工具、劳动对象和生产管理，都是依赖于工匠技艺的经验积累及其基础上的改进，没有科学理论指导，就没有真正意义上转化为生产力的科学技术。自从19世纪热力学、电磁学、化学等诞生与科学研究的成果应用于生产后，科学技术才与生产越来越紧密地联系起来。20世纪以后情况更发生了根本的变化，微电子技术、生物工程技术、新材料、新能源等越来越显现出现代科学技术是新的先进生产力的生长点的特性。尤其是微电子技术具有巨大而深刻的辐射力和渗透力，使一系列产业发生革命性飞跃。

3.现代科学技术具有明显的超前性，并且正在成为未来社会的主导产业

21世纪以前，科学、技术、生产三者相互作用的关系，往往是生产实际的需要刺激了技术的发展，是按照生产—技术—科学的顺序发展的，生产和技术的实践为科学理论的形成奠定了基础。在当代，生产、技术、科学的相互作用机制已经完全逆转过来。科学理论不仅走在技术和生产前面，而且为技术生产的发展开辟了各种可能的途径，形成了科学—技术—生产的发展顺序。企业的性质更多地具有科研性质，在现代化的大规模企业内部都设有庞大的科研机构，有高额的科研经费投入，科学研究成为第一生产过程，它的成果直接在企业内转化为产品，成为商业竞争的根本保证。另一方面，科研机构越来越企业化、产业化。“硅谷现象”、“科学园”和“工业园”的崛起，就是一个最明显的信号。科学技术正在成为整个社会产业结构中的主导产业。

(三)科学技术的推广

1.科学技术推广的含义

养殖业科学技术推广是应用养殖业科学及行为科学原理，采取教育、咨询、开发、服务等

形式，采用示范、培训、技术指导等方法，将养殖业生产过程中各方面的新技术、新技能、新知识与信息，扩散、普及、应用到养殖业生产实践中去，将养殖业潜在生产力尽快有效地转化为现实生产力的集科技、教育、管理、生产于一身的一种社会性、系统性及综合性的专项养殖业活动过程。

2.科学技术推广的中心任务

养殖业科学技术推广的中心任务为：试验、示范科技新成果；总结和提高群众技术交流；开展各种培训活动，不断提高农牧民科技素质；开展系列服务促进商品生产发展；做好政府部门的参谋。

我国的畜禽种类很多，需要推广的科技成果也很多，地区间资源与技术条件差异明显，推广中要科学地选择和确定推广项目和内容。首先，要根据需求单位多数生产者的实际兴趣和需要来选择。其次，按照推广者掌握的新知识、新技能、新成果来选择。再则，根据某一时期政府提出的养殖业中心任务和推广计划来选择。推广要同当地农民的实际需要紧密结合。从实际成效看，选择推广内容，既要把生产者的兴趣和需要放在首位，又不能忽视新知识、新成果、新技术的传播。要针对推广对象的不同需求，生产经营中存在的实际问题，灵活地选择。

3.科学技术推广的途径

(1)多种形式的技术承包。技术承包是以科技人员作为承包的主体，把科学技术作为商品直接应用到生产过程，通过签订技术承包合同，确定双方利益共沾、风险共担的生产组织形式。养殖业技术承包是近年来养殖业技术推广工作的新创造，承包的内容和形式正在发展和完善。

(2)建立技术示范区、示范户。示范是推广的前奏，也是推广的过程。多点示范、大面积示范实质上就是推广。一项技术从引进到推广一般都要经过示范过程。示范的优点在于看得见、摸得着，使人眼见为实。由于我国农牧区长期封闭，大多数农牧民的保守意识较浓，他们宁愿相信传统经验，而不愿相信没有见过的现代技术；他们宁可要相对比较稳定的低产量，而不愿担风险去追求高效益。解放农牧民这种落后的、保守的思想，建立技术推广示范区、扶助一些技术示范户，是最直接、最有效的途径。

(3)组织技术报告团巡回服务。利用每年的岁末年初农闲季节，组织一批有理论又有实践经验的科技人员、科技户和能工巧匠，采用“大篷车”的形式，巡回到各个村宣传科学技术和实践经验，这种理论和实践结合的技术服务是短期培训的好形式。因为有典型户的现身说法，农牧民最容易接受。

(4)多层次开展联合。农牧区应当主动地同大中专学校、科研推广部门联系，争取技术支持；科教部门也要充分发挥技术人才优势，积极为农牧区经济建设服务。通过联合、对接，达到优势互补，利益均沾，各得所需，共同发展。横向联合可以通过协作达到推广技术、发展经济的目的；也可以是承包性的，通过签订合同明确双方的权利和义务。

(5)坚持有偿服务与无偿服务相结合。目前的养殖业技术推广多数是无偿服务。但是，随着人们科技意识的增强，科技人员社会地位的提高，技术商品化的进程会进一步加快。科技成果无偿转让的时代，科技人员劳动得不到补偿的时代也会随之结束。在经济发达地区，农牧民的科技文化水平较高，购买技术的欲望比较强烈，对一些成熟的新技术应积极推行技术商品化；相反，落后地区人们对技术的需求欲望较低，目前只能搞无偿服务。

三、领导艺术

(一)领导艺术的概念和特点

1.领导艺术的含义

领导艺术是指在领导的方式方法上表现出的创造性和有效性。一方面是创造性,是真善美在领导活动中的自由创造性。“真”是把握规律,在规律中创造升华,升华到艺术境界;“善”就是要符合政治理念;“美”是指领导使人愉悦、舒畅。另一方面是有效性,领导实践活动是检验领导艺术的唯一标准。

领导艺术是领导者个人素质的综合反映,是因人而异的。黑格尔说过:“世界上没有完全相同的两片叶子”,同样也没有完全相同的两个人,没有完全相同的领导者和领导模式。有多少个领导者就有多少种领导模式。领导模式就是领导方法,哪位领导者在错综复杂的矛盾中抓住了主要矛盾,他就能把领导艺术演绎得出神入化。

2.领导艺术的特点

非模式化、直觉性、随机性、创造性、情感性、模糊性、实践性、科学性。

(二)主要的领导艺术

1.用人的艺术

如何用好人,除了要端正用人思想,让那些想干事的人有事干,能干事的人干好事外,在用人技巧上还要注意以下问题。

(1)善于用人所长。用人之诀在于用人所长,且最大限度地实现其优势互补。用人所长,首先要注意“适位”。唐僧之所以能西天取经成功,主要是他能做到知人善任,把孙悟空、沙和尚、猪八戒安排到最适合他们的岗位上去,实现了人才所长与岗位所需的最佳组合。其次要注意“适时”。“用人用在精壮时”。界定各类人才所长的最佳使用期,不能单纯以年龄为依据,而应以素质作决定,对看准的人一定要大胆使用、及时使用。第三要注意“适度”。领导者用人不能搞“鞭打快牛”,“快牛”只能用在关键时候、紧要时刻,如果平时只顾用起来顺手、放心,长期压着那些工作责任心和工作能力都较强的人在“快车道”上超负荷运转,这些“快牛”必将成为“慢牛”或“死牛”。

(2)善于用人所爱。领导者在用人的过程中,就要知人所爱、帮人所爱、成人所爱。

(3)善于用人所变。很多名人名家的成功人生告诉我们:人的特长是可以转移的,能产生特长转移的人,大都是一些创新思维与能力较强的人。对这种人才,领导者应倍加珍惜,应适时调整对他们的使用,让他们在更适合自己的发展空间里去施展才华。

2.决策的艺术

决策是领导者要做的主要工作,决策一旦失误,对单位就意味着损失,对自己就意味着失职。这就要求领导者要强化决策意识,尽快提高决策水平,尽量减少各种决策性浪费。

(1)决策前注重调查。领导者在决策前一定要多作些调查研究,搞清各种情况,尤其是要把大家的情绪和呼声作为自己决策的第一信号,不能无准备就进入决策状态。

(2)决策中注意民主。领导者在决策中要充分发扬民主,优选决策方案,尤其碰到一些非常规性决策,应懂得按照“利利相交取其大、弊弊相交取其小、利弊相交取其利”的原则,适时进行决策,不能未谋乱断,不能错失决策良机。

(3)决策后狠抓落实。决策一旦定下来,就要认真抓好实施,做到言必信、信必果,决不能朝令夕改。一个领导者在工作中花样太多,是一种不成熟的表现。

3.处事的艺术

常听到不少领导者感叹:现在的事情实在太多,怎样忙也忙不过来。一个会当领导的人,不应该成为做事最多的人,而应该成为做事最精的人。

(1)多做自己该做的事。当前,摆在领导者面前的事情,主要有三类:一是领导者想干、擅长干、必须要干的事,比如,用人、决策等。二是领导者想干、必须干、但不擅长干的事,比如,跑路子挣资金等。三是领导者不想干、不擅长干、也不一定要干的事,比如,一些小应酬、一些可去可不去的会议等。领导者对该自己管的事一定要管好,对不该自己管的事一定不要管,尤其是那些已经明确了是下属分管的工作和只要按有关制度就可办的事,一定不要乱插手、乱干预。

(2)多做着眼明天的事。领导者应经常去反思昨天,干好今天,谋划明天,多做一些有利于本企业可持续发展的事。比如,勾画一个明晰且富于自身特点的长、中、短期工作目标,打造一个团结战斗且优势互补的领导班子。

(3)多做最为重要的事。比如,如何寻找到一条能适合本企业经济发展的新路子,如何调动下属的工作积极性。领导者在做事时应先做最重要和最紧要的事,不能主次不分见事就做。

4.协调的艺术

没有协调能力的人当不好领导者。协调,不仅要明确协调对象和协调方式,还要掌握一些相应的协调技巧。

(1)对上请示沟通。平时要主动多向领导请示汇报工作,若在工作中有意或无意得罪了上级领导,靠"顶"和"躲"是不行的。理智的办法,一是要主动沟通,错了的要大胆承认,误会了的要解释清楚,以求得到领导的谅解。二是要请人调解,这个调解人与自己关系要好,与领导的关系更要非同一般。

(2)对下沟通协调。当下属在一些涉及个人利益的问题上与单位或对领导有意见时,领导者应通过谈心、交心等方式来消除彼此间的误解。对能解决的问题一定要尽快解决,一时解决不了的问题,也要向人家说清原因,千万不能以"打哈哈"的方式去对待人或糊弄人。

(3)对外争让有度。领导者在与外面平级单位的协调中,其领导艺术就往往体现在争让之间。大事要争,小事要让。不能遇事必争,也不能遇事皆让,该争不争,就会丧失原则;该让不让,就会影响全局。

5.用时的艺术

时间是一种无形的稀缺资源,领导者不能无视它,更不能浪费它。

(1)强化时间意识。有人作了统计:一个领导者的有效当"领导"时间就是10～15年。一旦错过这个有效时间,你思想再好、能力再高,也常常是心有余而力不足。所以,领导者要利用这宝贵的时间多做点有意义的事。

(2)学会管理时间。领导者管理时间应包括两个方面:一是要善于把握好自己的时间。二是不随便浪费别人的时间。有人做过统计:某领导者有3/5的时间用在开会上。领导者要力戒"会瘾",不要动不动就开会,万一要开会,也应开短会,说短话,千万不要让无关人员来"陪会"。

(3)养成惜时习惯。人才学的研究表明：成功人士与非成功人士的一个主要区别，就是成功人士年轻时就养成了惜时的习惯。能站着说的东西就不要坐着说，能站着说完的东西就不要进会议室去说，只有这样才能形成好的惜时习惯。

6.理财的艺术

经费不足是当前各单位普遍存在的一个主要问题，它要求领导者要提高理财艺术。

(1)懂得怎样去找钱。找钱就是要学会“开源”，也就是要利用各种可行的途径去广开财路，增加收入。

(2)懂得怎样去管钱。对单位的一些主要经费开支情况，领导者一定要定期进行审核，看看有没有违规违纪的情况，有没有不该花的钱。

(3)懂得怎样去用钱。钱应该花在有经济效益的项目建设上。

7.说话的艺术

说话是一门艺术，它是反映领导者综合素质的一面镜子，也是下属评价领导者水平的一把尺子。

(1)做到言之有物。所谓言之有物，就是领导者在下属面前讲话，不能空话连篇，套话成堆，要尽量做到实话实说，让大家能经常从领导者的讲话中，能获取一些新的有效信息，能听到一些新的见解，能受到一些新的启发。

(2)做到言之有理。领导者在下属面前讲话，不能官气十足，应注意情理相融。不能拿大话来压人，要多讲些大家眼前最关心的问题、大家心里最想的问题。

(3)做到言之有味。领导者在下属面前讲话时，语言要带点甜味，要有点新意，要有点幽默感。

8.激励的艺术

管理要重在人本管理，人本管理的核心就是重激励。领导者要调动大家的积极性，就要学会如何去激励下属。

(1)激励注意适时进行。一个聪明的领导者要善于经常适时、适度地表扬下属，这种“零成本”激励，往往会“夸”出很多为你效劳的好下属。

(2)激励注意因人而异。领导者在激励下属时，一定要区别对待，最好在激励下属之前，要搞清被激励者最喜欢什么？最讨厌什么？最忌讳什么？尽可能“投其所好”，否则，就有可能好心办坏事。

(3)激励注意多管齐下。领导者在进行激励时，要以精神激励为主，以物质激励为辅，只有形成这样的激励机制，才是一种有效的激励机制，才是一种长效的激励机制。

四、时间

时间与畜牧企业拥有或使用的畜禽、饲料、劳动力、资金一样，是一种资源。因为它参与了人类的物化劳动，作为价值的本质，实质地决定着劳动成果。但时间又不是一般的资源，而是一种特殊的资源。它的特殊性表现在：①时间资源附在人身上，个人对它的所有权伴随生命始终，具有不可剥离性。②个人对时间资源的耗用持续进行，直到死亡终点。所谓“时不我待”，没有任何力量能够阻止这一进程。③时间资源在个体之间不能转让，不能买卖。所以说“寸金难买寸光阴”。由于时间资源完全不能流动，从来也不存在一个时间市场。

④时间资源的取用具有一次性，它是一种不可再生资源。这一方面是指过去的时间不可能再追索回来；另一方面，由于人的各个生命阶段（童年、青年、壮年、老年）具有很大的异质性，个人在利用时间资源上受到相当程度的阶段性限制。

时间不仅是一种特殊的资源，而且是一种最重要、最宝贵的资源。因为一切资源的存在都只有在时间允许的前提下才有意义。因此，要向时间要效率、要效益，树立时间效益观念。所谓时间效益，就是指完成的工作量与完成这些工作量所需时间的比。企业员工不仅要有时间观念，而且要有时间效益观念，在一定的时间里，高质量高速度地完成工作任务。

树立时间效益观念是现代畜牧企业经营的客观要求。现代企业经营的目标就是要获得最大的经济效益。它要求用尽可能少的劳动消耗和劳动占用，提供尽可能多的符合社会需要的产品。时间管理的目的，就是要求获取最大的时间效益。

树立时间效益观念是提高企业市场竞争力的要求。浪费时间，无疑会增加生产成本或工作成本。成本增加，价格升高，产品缺乏竞争力。树立时间效益观念，就会"分秒必争"。

实践表明，高明的管理者实施管理，总是首先从掌握时间开始，机不可失，时不再来。大量的工作需要时间，但时间有限，这就需要科学地支配时间。科学的支配时间包括时间安排、时间节省和怎样挤时间三个方面。成功的管理者必定首先是一位成功的时间管理者。

任务四　饲料的经济利用

一、饲料对养殖企业生产的重要意义

所谓饲料是指凡能供给家畜营养，并能够促进家畜健康成长，繁殖后代和生产畜产品，而不发生毒害的物质，都称为饲料。饲料是家畜营养物质的来源。养殖生产是利用家畜的生命机制将饲料加工成畜产品，所以畜产品是饲料的转化物，饲料是畜牧业的物质基础。在畜产品成本中占60%～70%的比例。饲料的供应效果如何，直接关系到养殖企业的经营成果的好坏。因此，家畜的发展受饲料发展的制约，发展养殖业的问题，根本上是发展饲料的问题。

1.可利用饲料的供应是否充足决定着养殖业生产的规模和发展速度

一个地区、一个企业饲料的供给能力就决定了其养殖业生产发展的规模和潜力。充足的饲料供给是养殖业生产稳定发展的前提。因此，养殖业在发展生产、制订生产发展计划时，必须首先考虑饲料数量的限制，增加饲料生产，提高饲料利用率。

2.饲料质量对畜产品的质量有重大影响

品种优良、营养丰富的饲料是保证畜产品质量的必要条件。特殊风味、特殊质量的畜产品对饲料条件有专门的要求。因此，发展养殖业生产，不仅要有数量充足的饲料，而且还应改进饲料品质，增加各种营养素的含量，提高饲料配方的科学水平，充分发挥牲畜的生产性能，提高饲料转化率，获得优质畜产品。例如通过改进饲料品质而实现的羊肉去膻、鸡蛋加碘、牛奶含钙等。

3. 饲料科学对畜牧业生产有深刻的影响

饲料科学和饲料工业的每一重大进步，都会给畜牧业生产带来一场革命。现在，饲料科学和饲料工业已经发展到了能够生产和配制各种畜禽所需的全价饲料，这促成了畜牧业的机械化、工厂化生产。

4. 饲料对畜牧企业的经济效益有重大影响

饲料费用是畜产品成本的重要组成部分，饲料费用的多少直接决定着畜产品成本和价格的高低，从而直接关系着养殖企业经济效益的大小，甚至关系着养殖企业的兴衰存亡。

二、饲料种类

饲料因分类标准不同，可以分为不同的种类。从饲料的技术特点上分类，按其性质可分为植物性饲料、动物性饲料和矿物性饲料三大类；按其所含营养成分的特点可划分为青饲料、粗饲料、青贮饲料、能量饲料、蛋白质饲料、矿物质饲料、维生素饲料和添加剂八大类。从饲料的经济特点上分类，按其产生可分为即有饲料和生产饲料两大类；按其在日粮中的地位可分为基础饲料和补充饲料两大类；按其取得的方式分为自产饲料和商品饲料两大类。

三、饲料的经济特点

饲料除了具有生物学特点以外，还有许多经济特点。

1. 多样性

供畜禽营养所需的饲料丰富多样，饲料的多样性为畜牧企业确定生产方式、生产结构、经营方向等，提供了可行性条件。

2. 通用性

同一家畜可利用不同的饲料，同一饲料可用于不同的家畜，另外，有些饲料还可以用作饲料以外的用途，这种特点称为饲料的通用性。通用性的存在，产生了养殖业生产与其他用途之间的竞争关系。

3. 互补性

饲料之间所含营养物质虽有近似性，但也有差异性，差异性产生了互补性的特点。因为任何单一饲料所含营养物质都不能全面、合理地满足饲养要求，必须多种饲料相配合，互相补充，才能满足畜禽需要。利用这一经济特点，按照科学的要求，进行科学的配方，达到既能满足畜禽自身和畜产品的需要，又能实现饲料供应费用最低的目标。

4. 替代性

不同饲料的营养物质有相似性，因而可用一种饲料替代另一种饲料以达到生产同样数量的某种畜产品的目的。这样，就可以用本地饲料代替外购饲料，用价格低的饲料代替价格高的饲料，达到降低生产成本的目的。但是不同饲料的营养物质含量也存在一定的差异，所以这种替代关系是有限的，要掌握其最佳的替代比例。

总之，饲料的多样性为多方面开辟饲料来源提供了可能，饲料的通用性可以做到在不同的地区选择最适宜的饲料和选择最适宜的家畜，饲料的互补性可以保证畜禽营养物质的平衡，饲料的替代性可以求得日粮的成本最低。

四、饲料的经济利用

饲料的经济利用包括合理开发利用各种饲料资源和对饲料进行经济评价两方面的内容。

(一)合理开发利用各种饲料资源

1.重视饲草饲料的开发、生产和利用

加强宣传与指导,改变农牧民重畜禽轻草料的思想观念,把畜牧业生产纳入农业生产计划之中,高度重视饲草饲料的生产、加工和利用。

2.加强草地建设,建立健全草地责任制

草地是具有巨大潜力的天然饲料基地,我国草地面积60亿亩(1亩≈667 m^2,全书同),大部分分布在自然条件比较差的北部和西部,草地的质量直接影响农牧民的经济收入。首先应通过建立固定草地使用权的责权利相结合的草地责任制,实行草畜并重,保持草畜平衡。其次运用建围栏、种草、种树、施肥、灌溉等适用技术,形成集约化的草地,提高草地的生产力。最后建立人工草地。草地治理改良的过程就是逐渐从草地转变为半人工草地和人工草地的过程,建立人工草地是草地治本的措施,例如在西部大开发中实施的退耕还林还草的措施。人工草地是草地建设的目标,属于耕地,应当把建立人工草地当作扩大耕地面积的一种方式。

3.建立专用饲料生产基地

扩大饲料作物的面积是建立饲料基地的重要条件,一般通过减少非饲料作物(粮食作物和经济作物)面积和改进种植制度来扩大饲料作物的面积。另外,通过实现饲料作物品种专用化,改变饲料作物的栽培方式,提高饲料地的复种指数,提高饲料作物单位面积产量,实现饲料高产化,充分发挥饲料基地的作用。

4.充分合理地利用非饲料作物的副产品

非饲料作物的副产品主要有秸秆、荚壳、藤蔓、糠麸、饼、糟、渣等,它们作为饲料,不仅是大量的,有些还是优质的,高度重视这些副产品的饲用价值,积极采用一些适用的处理技术,提高它们的饲料利用率,既可以扩大饲料来源,又可以降低畜产品生产成本。

5.运用工业技术,发展饲料工业

所谓饲料工业就是配制混合饲料和配合饲料的加工业。利用先进的饲料加工设备,采用氨基酸、维生素等营养性添加剂以及其他无公害非营养性添加剂,大力发展配合饲料,实现饲料配合化。另外,运用适用的工业技术,开发利用副产品,将绿肥作物由肥料利用转为饲料利用,既可以开发饲料资源,又可以促进畜牧业现代化的实现。

(二)饲料的经济评价

饲料经济评价的指标主要如下。

1.单位面积饲料产量

单位面积饲料产量,亦称收获率,简称单产。它是反映饲草饲料作物生产水平的一项指标,指平均每单位土地面积上收获的饲草饲料作物的数量。其计算公式如下:

$$单位面积饲料产量=\frac{饲料总产量(kg)}{饲料收获面积(hm^2)}$$

2. 饲料生产成本

为取得饲料所花费的各种消耗构成了饲料成本，它是对饲料进行经济评价的一个重要指标。饲料成本是养殖业成本的重要组成部分，也是对饲料进行经济评价的重要指标之一。另外，为了饲料消耗分析的需要，常用“饲料单位成本”这一经济指标。饲料单位成本指畜禽饲养期内每个饲料单位所发生的费用，是对饲料经济评价的一个相对指标，便于养殖企业饲料费用之间的横向比较。其计算公式如下：

$$饲料单位成本=\frac{饲养期间全部饲料费用}{饲养期间的饲料消耗(饲料单位)}$$

3. 饲料的全价性

饲料含有满足畜禽所需的各种营养物质。单一饲料通常缺乏全价性，因为它们所含的物质中缺少某一种或数种，或某种营养物质过多而某种营养物质较少；所以，需要将不同的饲料加以配合，取长补短，使其成为有全价或接近全价的日粮。饲料的全价程度直接影响饲料报酬，在调剂全价日粮时，要注意按照一定的比例合理配制各种饲料。

4. 饲料报酬

饲料报酬亦称饲料转化率，它是反映养殖企业生产和经营管理水平的重要指标。消耗一定量的饲料所获得的畜产品的数量。计算公式如下：

$$饲料报酬=\frac{畜产品数量(kg)}{饲料消耗量(kg)}$$

饲料报酬也可用消耗的饲料与所获得的畜产品比较来表示，常称为肉料、蛋料比等。畜产品的种类很多，各种饲料所含的营养成分差别很大，为了便于比较分析，通常需要把各种畜产品数量和所用饲料量换算为能量单位(kJ)。计算公式如下：

$$饲料转化率=\frac{畜产品(或增重)量(kJ/kg)}{饲料消耗量(kJ/kg)}\times 100\%$$

研究和掌握饲料的经济评价标准和方法，对于畜牧企业科学地组织饲料生产和经济有效地利用各种饲料具有重要的指导意义。

任务五　机械设备的选择与使用

一、机械设备在养殖企业生产中的作用

畜牧机械是畜牧业生产的先进生产工具。按其作业的性质可四类：一是草原机械；二是饲料加工机械；三是畜禽饲养机械；四是畜产品加工机械。用先进的机械设备逐步代替手工工具，是实行畜牧业现代化的一项主要内容。

先进的机械设备对于发展养殖生产，具有重要的作用。

1. 提高劳动生产率

畜牧机械的使用，可使一个人能同时操作更多的工作机具，进行连续作业和复式作业。

一个人可以代替多人工作，使单位产品的劳动消耗不断降低，从而使劳动生产率大幅度提高，尤其现代化的畜禽饲养场，是现代生物技术与畜牧机械的科学的有机结合，它创造了传统的人工饲养所不能比拟的劳动生产率。

2.提高畜禽生产力

使用的配套的环境控制设备，使养殖业生产逐步摆脱自然环境的影响，进入工厂化养殖的阶段，能使畜禽生长发育在最适合的环境条件下，使畜禽的个体和群体都得到最好的发展，从而获得最佳的经济效益。

3.提高饲料报酬，降低畜产品成本

合理使用机械设备，使产品率快速提高，例如采用自动饮水器可使奶牛产奶量增加12%～15%，这就有助于降低单位畜产品成本；同时使用饲料加工机械生产配合饲料，可以大大提高饲料报酬率，据资料介绍，使用配合饲料比单纯用粮食饲料，其饲料报酬可提高30%。

4.增加饲料来源，提高饲料质量

使用畜牧业机械设备，对天然草场的改良和人工草场的建设，以及对青粗饲料的加工贮藏，开拓饲料资源，提高饲料质量都具有重要意义。

5.减轻劳动强度，改善劳动环境

使用机械设备的原因之一就是要减轻劳动强度，改变劳动性质和劳动条件，同时机械设备的使用对畜产品的质量、卫生、安全等方面的控制也起了很好的作用，从根本上改造了养殖业生产条件，改进了农村整个生活方式。

二、机械设备使用的经济界限

1.机械设备使用的经济界限

在畜牧业生产过程中，用机械逐步代替畜力、手工工具，是生产发展的一种必然趋势。一般地说，这种代替必须以能够取得较大收益为原则。

所谓较大效益原则，具体说就是：在用机械代替畜力、手工工具的时候，这种代替所带来的收益增加，必须大于由此所引起的作业费用的增加。否则，这种代替是不可行的。收益增加，包括由于增产所带来的收益和由于节约劳力所带来的实际收益的增加。作业费用的增加，既包括由于消耗燃油、耗电量、零件所引起的费用，也包括应摊派的机器折旧费和修理费。

一般地说，应该要求：收益＞费用的数值必须等于或大于从事其他项目投资所能取得的收益。或者说：每元机械化投资的收益，必须等于或大于从事其他项目的每元投资的收益。如果进行这种代替的款项，是来自专用的银行贷款。那么，起码也就应该做到每元投资的收益等于或大于该项银行贷款每元应付的利息。

为了取得较大的收益，代替过程要十分慎重地进行选择，必须注意有先有后，有重点的进行。一般情况下，应该首先代替的项目如下。

(1)对增产作用比较大的。比如用饲料加工机械代替人工搅拌的作用大于用畜禽疫病防治现代化仪器代替传统兽医工作，就应该首先选用饲料加工机械化的代替。

(2)用较少投资能代替较多劳动力的。否则，就不利于畜牧业劳动生产率的提高。

(3)能够更好地减轻劳动强度和有利于保护人身健康的。如牧草人工割晒，改为机械割晒；机械撒药代替人工喷药。

(4)最有利于抢季节和避免自然风险的。如用收获机械抢收牧草和青绿饲料、高温干燥机干燥青饲料、冷藏机库冷藏畜产品等。

(5)便于实行机械化的。行走式的草原作业和固定场所的作业比较，固定场所作业就比较便于实行机械化，因为机件结构比较简单，又便于利用固定能源等。

(6)机械的技术性能和经济性能较好。包括用油种类、耗油量、功率、耐磨损程度、通用性能等。

(7)便于为所代替的劳力找到出路的。如在生产的旺季，不易找到合适的劳动力时，可更多地考虑用机械代替人工。

2.畜牧机械合理使用的基本要求

根据对经济界限的分析得出畜牧机械合理使用的基本要求，就是要做到高效、优质、低耗、安全。

在高效、优质、低耗、安全四项指标中，高效是中心环节。因为提高机械的工作效率，就可以缩短工作期限，保证更好地贯彻增产措施，从而有助于提高畜产品产量。只有取得高效，才能降低完成单位工作量的生产耗费。同时也只有在不断提高工效的情况下，讲安全对生产才有实际意义。当然提高工效，也不能忽视质量，不注意节约，更不能不顾安全。为了保证达到高效、优质、低耗、安全的要求，除了机械本身的性能条件外，关键在于提高机械操作人员的素质，同时还要加强对机械的保养、维修和健全机械管理制度。

三、机械设备的选择、配备与合理使用

(一)机械设备的选择

1.机械设备选择的目的

其目的是为养殖企业提供最适宜的技术装备，保证生产发展的需要，以最少的投资获得最大的经济效益。机器设备的选择是其利用和管理的重要环节。

2.机械设备选择的原则

选择技术先进、生产适用、运行可靠、便于维修、经济合理的机械设备。

3.机械设备选择应考虑的因素

①设备的生产效率，一般以单位时间内所生产产品的数量来表示。高效率设备表现为大型化、自动化、高速化。②设备对产品的保证程度，即要求设备能够生产出高质量的产品。③设备对原材料和能源的消耗程度。④设备的配套性，包括单机配套、机组配套和项目配套，这是形成设备生产能力的重要标志。⑤设备的安全性能，设备应具有必要的可靠的安全防护措施，避免带来人身事故和经济损失。⑥设备适应性，是指设备的结构灵巧、适用性、通用性强等方面的内容。⑦设备的维修性，由于现代化设备的联动性、精密性、大型化等特点要求设备尽量避免维修，或修理间隔期长，要求修理时间短、易于维修、修理费用少。⑧设备环保性，是指设备的噪声和排放的有害物质的环境的污染要符合有关规范要求。

(二)机械设备的配备

1.机械设备配备的一般原则

机械设备配备的一般原则是：在充分利用劳动力尚不能满足畜牧业增产增收要求时，按

照用户需求确定使用机器设备完成作业量。考虑机械设备的实际生产率、动力机、传动机、工具机之间协调配套要求，结合用户实际财力、物力的实际可能性，在有选择性的重点配备的前提下，合理确定机械设备的配备量。

2.机械设备的配备方法

(1)工作量法。根据用户需求确定用机械设备完成的作业量和所用机械设备的生产率，确定机器设备配备数量。即要同经营面积、饲养规模、机械作业量相适应。

(2)最低年度费用法。从考察机械设备的年度费用入手，确定机械设备的数量。

(3)最小能量法。列出机械设备能量消耗的数学模型，寻找能量消耗的最小方案。

(4)最大利润法。应用线性规划原理，列出影响机械设备各因素的约束方程，以最大利润为目标函数，求解机械设备最优配备方案。由于电子计算机的普及，使用这种配备方法逐渐增多。

根据我国现阶段养殖业以农户经营为主，经营规模小，技术水平低，管理较为落后，特别是资金紧缺的特点，加之基础资料较少的情况，目前以用工作量法配备较为适宜，尽可能做到以小型为主，效能以中等适用为主，一机多用为主，把提高经济效益放在首位。

(三)机械设备的合理使用

养殖业机械设备合理使用的标准是：高效、优质、低耗、安全、适时地为畜牧业生产服务，不断提高养殖业生产的经济效益。

所谓合理使用，即指要把提高劳动生产率与提高劳动效率结合起来，要不断提高养殖业生产的经济效益，还要在使用机器进行畜牧业生产的同时，要尽可能利用机器设备开辟新的生产门路和服务门路，充分利用机器设备向生产、流通的深度和广度进军，使节省下来的劳动力能迅速转移到新的部门中去。

还应看到，劳动和机器是牧场主要生产投入。它们之间既存在着经常性互补，也存在着相互替代。作为养殖企业经营管理者，如何保持两者之间的最佳结合，是合理使用设备，提高经济效益的重要课题。

(四)机械设备的更新

机械设备的更新是机械设备对技术上或经济上不宜继续使用的机械设备，用新的设备更换或用先进技术对原有设备进行局部改造。

对由于技术进步所引起的设备更新问题，可以通过简单的四则运算，确定其经济上是否有利。

对于设备的更新期，可以通过计算设备的经济寿命加以确定。所谓设备的经济寿命是指从设备投入生产开始到年平均使用总费用最低的使用年数。设备年平均使用总费用是设备在使用年限内，每年平均的折旧费与每年平均的维修费用之和。确定机械设备的经济寿命可用下列公式计算：

$$n=\sqrt{\frac{2S}{\lambda}}$$

式中：n 为机械设备的经济寿命；

S 为机械设备原价；

λ 为修理费年递增额。

利用上述公式计算出机械设备的经济寿命，得到机械设备的最佳更新年份。

【案例分析】

上海农场畜牧水产养殖公司以人为本　狠抓队伍建设

一、案例介绍

人才是事业之本，是企业的第一资源。近年来，上海农场根据畜牧产业快速发展的需要，引进了一大批畜牧专业技术人才，为进一步加强人力资源建设，坚持以人为本，强化基础培训，突出能力培养，激发创新活力，促进人才队伍整体素质的提升，着力构建一支优质、高效、可复制的畜牧养殖团队。

注重学习培训，提高员工业务能力。在技术员的工作安排上，畜牧水产养殖公司针对各场技术员比较年轻，工作充满激情的特点，先安排轮岗，根据个人特长和能力，让他们到最适合的岗位上工作，扬长避短。在日常的管理上，注重对技术员的培训与学习，公司会定期下发操作规程、技术措施等各种学习材料作为规定学习内容，并经常邀请知名专家、教授来场培训上课，进行技术指导。同时，各场每周召开一次生产例会，每月举行一次生产检查，当场提出生产中的困难和学习上的困惑，发挥大家的聪明才智，一同解决困难。几年来，公司涌现出一大批年轻的技术骨干，许多优秀的年轻人走上管理岗位，为农场畜牧产业发展做出了很大贡献。

注重交流协作，增强员工的创新能力。畜牧场的日常管理非常严格，环境也比较封闭，同时考虑到防疫的需要，各畜牧场之间的交流相对较少，尤其是技术员之间更是很少接触。畜牧水产养殖公司解放思想，在适当的时间组织技术骨干深入各场开展技术交流活动，为各畜牧场技术人员提供一个互相学习的机会和沟通的平台，共同促进生产技术水平的不断提升。技术骨干们都是来自于猪场生产一线，针对同一个问题，他们各自的理解和看法不完全一样，基本上每个人手里都有个小绝活，每个人心里都有本“养猪经”。

注重绩效考核，增强员工的责任心和执行力。在技术人员的薪酬分配上，农场充分考虑到猪场基层一线员工的辛苦，不仅在收入上体现员工价值，而且为技术人员发放特殊岗位津贴，让员工的辛苦劳动和价值创造得到尊重。在饲养员管理上，根据年初与饲养员签订的责任承包书，让饲养员明白养猪生产水平的提高带来的是收入的提升，加强对新引进饲养员的现场指导和培训工作，让新饲养员在最短的时间内熟练岗位工作。对饲养员的生产成绩实行每月考核，公布上墙，超额超产当月兑现，有效提高了饲养员的工作积极性。通过合理的绩效考核措施，进一步增强了员工的工作积极性、岗位责任心，促进了执行力的提高。

问题：上海农场畜牧水产养殖公司在人力资源管理上取得成功的密钥有哪些？

二、案例分析

上海农场畜牧水产养殖公司取得成功的密钥如下。

1.树立“以人为本”的人力资源管理理念

其具体含义为：依靠全新的管理理念；开发人的潜能是最主要的管理任务；尊重每一个人是企业最高的经营宗旨；塑造高素质的员工队伍是组织成功的基础；人的全面发展是管理的终极目标；凝聚人的合力是组织有效运营的主要保证。人力资源开发与管理就是针对人的开发与管理，强调以“人”为核心，突出知识资本化作用，极力寻求“人”与“工作”相互适应的契合点。

2.让员工做他们最擅长做的事情

一个人唯有用其所长才能充分实现他的价值，企业的员工也是这样。当一个员工的长处得不到发挥时，他可能很平凡甚至很平庸，反之当他的天生优势与他的工作相吻合时，他就可能出类拔萃并且很优秀。有机会“每天发挥特长”会让员工很愉悦并且充满干劲，员工能发挥他们特长的基础是将个人才干、技能和知识与他们的工作相结合。

3.创造机会并帮助员工学习和成长

调查显示，大多数人表示他们离开企业，并不是因为工资，而是因为在企业里没有成长与发展的机会。优秀的企业会创造持续不断的机会让员工学习和成长，根据员工的具体情况制订了不同的必修课程培训计划，以提升他们的管理水平和工作技能。同时企业为了使员工更快成长，还注意发现每个人的优缺点，并确认哪些缺点是可以通过培训得到改变的。培训一方面可以使员工具备自我发展的能力，同时还会增强员工对企业的向心力和凝聚力。

4.建立科学的绩效考核制度

首先，要选择一个合适的支点。绩效考核的支点就是环境，许多企业不习惯于职业化、表格化、模板化、规范化的管理，重复劳动、重叠的管理还十分多，这就是效率不高的根源。必须从观念上改变这种管理模式，通过绩效考核再造新的管理模式，建立一个理想的执行环境。其次，从制度化入手，建立一个确保绩效考核运行的基础。

5.建立有效的激励机制，给员工发展的空间

成长是人类的天性，管理理论历来强调员工发展。优秀的经理认为发展并没有什么复杂之处。发展就是在机会来临的时候向员工举起一个信号灯，让他们了解自己抓住机会，展现自己的才华和优势，去获得更高的职位、更优秀的职业、更适合于自己发展的行业等。员工都希望尽情地把工作才能发挥出来，成为促进企业成功和进步的一分子，同时也渴望通过自己辛勤的工作成为企业“重要的人”和“有用的人”。优秀的经理会告诉员工：公司的使命和目标是什么？与自己有什么关系？自己在目标中的重要性和必须性？自己怎样做才能完成企业的目标，当员工了解清楚这些问题后，就会满怀责任感和使命感，并采取最积极的心态去完成工作。

【知识拓展】

养殖企业人才流失的主要原因及减少流失的对策

养殖是一个特殊的行业，生活条件艰苦，工作环境较差，精神文化生活枯燥，很难留住人才。目前，“招工难”已成为阻碍畜禽养殖企业发展的重点和难点问题之一。招工难，并不是没人招，而是留不住人才。高素质人才紧缺已经是养殖行业面临的一个重大问题。

一、养殖企业人才流失的主要原因

1.工资待遇低

近年来，随着物价上涨幅度的增加，饲养员工资普遍涨到2 000～2 500元/月。一些受过高等教育的养殖技术人才工资的多少是他们衡量自我价值的尺度之一，一些在养殖企业未受到重用或者认为不能实现自我价值的员工，便纷纷跳槽去谋求更好的发展。

2.工作压力大

畜禽养殖企业的工作是很费心、很费力的，饲养员必须时刻守在岗位上。特别是在发生

畜禽疫病时，员工压力会更大。为了养殖场(企业)畜禽生产防疫需要，养殖企业都是采取封闭式管理，饲养员不允许自由出入，必须长期住在场内，这是养殖企业的特殊性质所决定的。长期寂寞的工作环境和繁重的工作内容难免会引起员工的职业倦怠和动摇心态。

3.学习机会少

与普通员工相比，高素质人才更希望在岗位上自己的工作能力能够得到不断的提高。如果长期生活在养殖场，缺乏与外界交流，很难接触到新知识，能力提高就会受到限制。部分养殖企业老板很少关心工作人员的心理状态，只顾生产发展，害怕员工提出的问题不好解决，使得场内工作人员失去信心而不愿意留在养殖企业。

二、养殖企业减少人才流失的对策

畜禽养殖企业要留住人才，首先要营造“以人为本”的用人理念，在企业内部营造出一种尊重人、关心人、信任人的氛围。

1.制订合理薪酬

畜禽养殖场环境差、工作生活条件艰苦等现象是暂时很难改变的，但适当提高福利待遇等还是能做到的。养殖企业要从实际工作量着手，绩效挂钩，对有能力的员工适当增加工作量，给予一定的激励或补贴，既提高了员工薪酬，也增强了他们的责任心。如果“多劳不能多得”或者“劳和不劳所得一样”，将很难调动员工的工作积极性。

2.鼓励人才持股

养殖企业可以对中层以上人员或具有突出贡献和技能的员工赠送一定的股份，使员工与企业成为利益共同体。另一方面，可以把企业的盈利与员工的收入挂钩，盈利多分红多，盈利少分红就少。当人才能够清楚地看到自己在企业中的发展前途时，才有动力为企业尽心尽力贡献自己的力量，与企业结成长期合作、荣辱与共的伙伴关系，把企业真正看成自己的企业，认真工作，争取企业的最大利益化发展。

3.改善工作环境

企业不能只是要求员工工作好，同时也要给员工提供一个舒适的工作和生活环境。有些企业不重视员工的生活环境，没有给员工一种“家”的感觉，这对企业未来的发展会有不良的影响。企业应该给员工提供一个积极的环境，丰富员工的业余生活，以放松员工的工作紧张情绪，为留住人才起到积极作用。

4.注重情感交流

企业领导要多与一线饲养管理人员交流，充分采纳员工提出的合理化建议，养殖企业的领导要以实际行动感化员工。关心员工的恋爱婚姻、伤病医疗及子女的上学、就业问题，鼓励员工努力学习养殖知识技能，拓宽视野，增强为企业服务的信心。

5.培养后备人才

养殖企业中员工的素质大都参差不齐，有刚招聘来缺少养殖经验的员工，也有受过高等专业教育，但缺少实践经验的员工。养殖企业应该采取请进来或送出去的方式对他们进行适当的技术培训，提供良好的学习环境，丰富他们的专业技术知识和实际操作能力，激发他们对养殖业的兴趣，发自内心地热爱养殖行业，同时为企业提供了一大批后备人才。

【考核评价】

一、考核题目

在科技飞速发展、竞争日趋激烈的今天，人才在企业生存发展中的作用愈来愈显得重要。可以说人才是企业赖以生存发展的根本，尤其面对国内外市场竞争日益加剧的情况，企业在提高产品质量、加大产品技术含量的同时，必须十分重视对人才积极性和创造力的激励，把人才激励作为一项长期的持续的工作来策划。激励对于企业发展来说起着至关重要的推动作用，也是企业人力资源工作的核心内容。人们在平常工作时候表现出来的能力只是其整体能力的30%，如果通过激励作用，可以发挥到整体能力80%～90%，甚至超能量地发挥。因此，只有通过各种有效措施，最大限度地激励员工，才能充分地挖掘和发挥他们的内在潜力，使员工自觉自愿地为实现企业目标而奋斗，只有这样才能有效地完成企业的组织远景、不断地提高企业的市场竞争力。这样，企业也能在激烈的竞争中扎稳脚跟、有所建树。分组讨论：运用激励机制如何提高养殖企业员工的劳动积极性？

二、评价标准

一套有效的激励机制，包括各种激励方法和措施，归纳起来有这几个方面。

1. 薪酬

物质需要始终是人类的第一需要，是人们从事一切社会活动的基本动因。所以，物质激励仍是激励的主要形式。就目前而言，能否提供优厚的薪水（即货币报酬）仍然是影响员工积极性的直接因素。然而，优厚的薪水不一定都能使企业员工得到满足。通常，企业的薪酬体系不能做到内部公平、公正，并与外部市场薪酬水平相吻合，员工便容易产生不满情绪。员工的这些不公平感不能及时解决，将会直接影响员工工作积极性，出现消极怠工、甚至人才流失的现象，从而影响到企业产品和服务的质量。有效解决内部不公平、自我不公平和外部不公平的问题，才能提高员工满意度，激发员工积极性。怎样才能解决这些问题呢？通常在薪酬决策时应综合考虑岗位相对价值、薪资水平、个人绩效三要素，以它们作为制订工资制度的基础。通过以上三要素的有效结合，可以使员工预先知道做得好与差对自己的薪酬收入具体的影响，有利于充分调动员工积极性，并使员工的努力方向符合企业的发展方向，推动公司战略目标的实现，使公司经营目标与个人目标联系起来，实现企业与个人共同发展。

2. 制度

对员工进行激励制订合理的制度，才能有效调动员工的积极性和主动性。

(1)奖惩制度。表彰和奖励是员工努力或积极性最重要的基础。高绩效和奖励之间有着密切的关系，奖励可以促成员工取得高绩效，取得高绩效后又有值得奖励的东西，两者是相辅相成，互为促进的关系。奖惩制度不光要奖，而且要惩，惩罚也是一种激励，是一种负激励。负激励措施主要有如淘汰激励、罚款、降职和开除等。

(2)竞争机制。竞争是调动员工积极性的又一大法宝。真正在企业中实现能者上，弱者下的局面。末位淘汰制是竞争机制的一个具体形式，就现阶段我国的企业管理水平而言，末位淘汰制有其可行性，建立严格的员工竞争机制，实行末位淘汰制，能给员工以压力，能在员工之间产生竞争气氛，有利于调动员工积极性，使公司更富有朝气和活力，更好地促进企业成长。

(3)岗位制度。即建立适当的岗位，使工作职位具挑战性。“工作职位挑战性”就是要让每一个员工都能感到他所在的职位确实具有轻微的压力。怎样才能让工作职位具有挑战性呢？有2个问题要特别注意：一是要认真做好、搞好职位设置，二是要适才适位。

3.情感激励

人本主义心理学家马斯洛，在其《动机与人格》一书提出了人的5种层次的不同需要，企业要努力满足员工的各项需求，如提供稳定可靠的就业，满足员工的生理需要和安全需要。社会需要(归属感)是指员工在企业中能有家的感觉，在这一层次上感情、人文因素要大于经济因素。员工之间的密切交往与合作、和谐的上下级关系、共同的利益等都有助于增强员工的归属感，而员工的归属感是企业凝聚力的基本条件。尊重需要是指人的社会性，是每个人都要求得到社会的承认与尊重。在当前的社会中，经济收入和职位往往是社会地位的一种体现。自我实现是指当前面的需求基本得到满足以后，人们将产生进一步发展、充分发挥自己的潜能的需求，即自我实现。人在这5方面的需求层次是逐步加深的，只有满足了前一层次的需求后，才会追求更高层次的需要。这5个方面除了生理需要外，其他4个均为情感需要，因此，情感激励对调动员工的积极性、主动性具有重要的意义。关于情感激励的方式有很多，主要有尊重激励、参与激励、培训和发展机会激励、荣誉和提升激励等。

【知识链接】

1. http://www.saic.gov.cn/zcfg/fl/200712/t20071206_45808.html 中华人民共和国劳动合同法

2. http://www.jgs.moa.gov.cn/zcfg/zhgz/201301/t20130104_3135434.htm 全国农村经营管理信息化发展规划(2013—2020年)

3. http://baike.haosou.com/doc/7855062.html 资金管理制度

4. http://www.zhazhi.com/lunwen/nykx/xmyzlw/26174.html 畜牧业科技推广的意义与思路

5. http://wenku.baidu.com/view/e4ae9f08f78a6529647d535c.html 领导理论与方法和艺术

Project 7

畜产品质量安全管理

学习目标

了解畜产品安全的概念及主要影响因素；了解畜产品不安全的危害；掌握饲料及兽药对畜产品质量安全的影响；掌握畜产品安全生产的环节。

【学习内容】

任务一　畜产品质量安全管理概述

畜产品是绿色食品的重要组成部分，是人类脂肪、蛋白质等营养物质的主要来源，是人们的生活必需品，所以畜产品质量安全事关国计民生。

一、畜产品质量安全管理的概念及意义

(一)概念

畜产品质量安全是指畜产品中不应含有可能损害或威胁人体健康的因素，不应导致消费者急、慢性中毒或感染疾病或产生危及消费者及其后代健康的隐患。

畜产品质量安全管理就是养殖企业根据畜产品质量形成、发展过程各个环节质量活动的要求，确定各生产部门在质量管理方面的任务与职责，严格执行，并有相应机构来协调。

(二)加强畜产品质量安全的意义

1.加强畜产品质量安全是确保食品安全的重要内容

畜产品质量安全是食品安全的重要组成部分，不仅关系着畜产品生产者、经营者以及消费者的切身利益和生命安全，而且与社会的文明进步、公共卫生、和谐稳定都具有紧密的联系。正因如此，食品质量安全受到党和国家的高度重视，2007 年 8 月 30 日第十届全国人大第二次会议重新修订颁布了《中华人民共和国动物防疫法》，2009 年 2 月 28 日第十一届全国人大第七次会议颁布了《中华人民共和国食品安全法》，通过立法，把食品安全纳入法制化的轨道。

2.加强畜产品质量安全管理是我国未来畜牧业的发展方向

随着饲料工业和养殖业规模经营的高速发展，养殖业产品在满足了人们需要的同时，也带来了一些无法回避的现实问题。人们发现，人类常见的癌症、畸形、抗药性和某些中毒现象与肉、奶、蛋中的抗生素、激素及其他合成药物的残留有关。因此，养殖业生产的重点也必须从数量温饱型生产向质量效益型生产转变。

3.加强畜产品质量是开拓国际市场、提高畜产品国际市场竞争力的保障

我国是畜产品生产大国，畜产品总量已经达到了相当大的规模，全国肉类产量占世界肉类总产量的 1/4 以上，但是我国肉类产品的出口量却很少，仅占 1%左右，成了典型的生产的“巨人”，出口的“矮子”。为了保证我国畜产品在国际市场上具有竞争优势，提高我国畜产品的出口能力，必须严格按照畜产品生理学要求和绿色食品生产操作的有关规定进行生产和管理。

近几年来畜产品质量安全问题日益突出，质量安全事件时有发生，例如，近几年来在一些地区发生的“三聚氰胺奶粉”、“瘦肉精”、苏丹红、兽药残留、禽流感事件等。畜产品质量安全直接关系到人民群众的身体健康，乃至生命安全，是当前亟待解决的重大问题。

二、影响畜产品质量安全的主要因素

1.饲养环境恶劣

目前，许多养殖企业为了减少投资，养殖场建设简易，设施不配套，通风采光不良，饲养密度大，畜禽活动空间很少，舍内空气质量不达标、饲养环境恶劣，没有废弃物无害化处理设施，致使环境中的病原微生物数量较多，有害气体和尘埃的浓度过高，引起畜禽发生呼吸道疾病和其他疫病。有的饲养场建在工业污染严重的地区，畜禽长期生活在这样的环境之中，环境污染物通过呼吸、采食或饮水蓄积在畜禽体内，严重影响畜产品的质量安全，当人食用了这些畜产品后，可引起中毒或诱发各种疾病。

2.饲料品质不良

饲料是畜产品生产的主要原料，饲料的质量不仅与畜禽的生产能力有关，而且与畜禽产品的质量密切相关，是畜产品质量安全的保证和前提。为了降低生产成本，提高市场占有率，一些饲料生产企业利用饲料监测不严格和畜禽养殖户专业知识不全面的特点，进行低成本操作，甚至进行欺骗性生产和销售，这些劣质的饲料严重影响畜产品的质量安全。有些饲料生产企业在饲料中非法添加激素、镇静剂、催眠药等，给人的健康带来极大危害。同时饲料可能存在污染，主要为重金属污染、农药污染、霉菌毒素污染以及工业“三废”污染。畜禽长期食用这些有毒有害和被污染的饲料，其畜产品中会残留相应的有毒有害物质，严重影响畜产品质量安全，当人食用了这类畜产品后，可引起中毒或诱发各种疾病。

3.兽药残留超标

兽药残留是影响畜产品质量安全最直接的因素，兽药的不合理使用时刻威胁着畜产品的质量安全。在畜牧业生产中，许多养殖场尤其是小规模的养殖场，受利益的驱动，置国家法律法规于不顾，使用人药、劣质兽药，滥用兽药或非法使用违禁药品（如盐酸克伦特罗），畜禽出栏前或鲜乳、禽蛋上市前不执行药物休药期规定，直接导致畜产品中兽药残留超标，当人们食用了兽药残留超标的畜产品后，残留兽药可在人体内蓄积，导致中毒及疾病，直接危害人的健康及生命安全。

4.畜禽疫病频发

目前，我国高水平的规模化养殖仍占少数，大多数是千家万户分散饲养，散养户圈舍简陋、环境条件差、缺乏基本的防疫条件，畜禽疫病有效预防与控制的难度较大。畜禽患疫病不仅会降低畜产品质量，而且通过乳、肉、蛋及其制品将疫病传染给人，引起人食物中毒、人畜共患传染病或寄生虫病的发生，直接威胁人类生命安全，给国家安全和社会稳定造成严重影响。

5.养殖方式落后

我国养殖业生产现状是规模化、标准化养殖场少，场内建设布局不合理，大量畜产品由一家一户的农户以小规模生产方式生产，存在滥用兽药、饲料添加剂等现象，生产过程难以监控，给管理工作带来很大的困难。加之我国规模化、标准化养殖业生产起步晚，尚无完善的饲养管理标准，养殖户在生产过程中随意性大，兽药、饲料、饲料添加剂的使用、免疫程序、排泄物处理、饲养管理等诸多方面均难以达标，所以，很难生产出质量安全的畜产品。

6. 屠宰工作不规范

屠宰加工场环境与加工设备、器械的卫生条件直接关系到畜产品的质量。目前，我国城镇和县一级屠宰厂中，绝大多数属于半机械化生产，有的小规模屠宰厂还采用传统手工操作，卫生条件不达标，污水污物等无害化处理设施不健全，落后的屠宰设备、技术条件，加重了污染的程度，难以保证肉品安全卫生。

7. 质量检测体系不配套

随着畜牧业集约化与产业化的发展，畜产品的有毒有害物质和兽药的残留等问题日益严重，危害人体健康的事件时有发生，畜产品质量安全问题开始引起行业和社会各界的关注，整个行业对有毒有害物质和兽药残留问题的检测工作有所加强，但这项工作只是处于起步阶段。目前大多数省、市一级建立了农产品质量安全检测中心，县一级几乎无正规检验室。实验室缺乏专职检测技术人员，且检测设备缺乏，无专项经费，不少兽药残留等检测项目尚不能开展，与现实需要极不适应，影响畜产品质量安全水平的提高。

8. 质量管理体系不健全

近年来，随着各级政府的高度重视以及社会各界的共同关注，我国的畜产品质量安全管理工作取得了明显进步，《中华人民共和国动物防疫法》《中华人民共和国畜牧法》《中华人民共和国农产品质量安全法》《中华人民共和国食品安全法》等法律法规体系逐步健全，为畜产品质量安全管理工作奠定了坚实的法律基础。但是，由于质量管理涉及面广，环节多，各种情况错综复杂，现行的法律法规尚不能满足实际需要，体制机制未完全理顺，多部门管理缺乏有效的协调性和层次性，有些管理制度得不到贯彻落实，造成畜产品质量安全管理目前仍停留在以事后监督和追究为主要手段的初级阶段。

三、畜产品不安全的危害

畜产品不安全，对人体健康的危害不仅仅是引起急性中毒，更多的是慢性的毒害作用，一些物质可引起基因突变或染色体畸变而造成对人类的潜在危害，因而影响子孙后代的健康。

1. 引起人的疾病发生

畜禽的许多传染病(如结核病、布鲁氏杆菌病，炭疽、高致病性禽流感、猪链球菌病、猪丹毒、伤寒、霍乱等)和寄生虫病(猪囊虫、旋毛虫、血吸虫病等)是属于人畜共患病，能通过食物链传染给人，危害人体的健康。

2. 中毒

食入被微生物(沙门氏菌、空肠弯曲杆菌、肉毒梭菌、大肠杆菌等)污染的动物性食品常常引起腹泻等中毒症状，若一次摄入量过大，可出现烦躁不安、昏迷、抽搐等中枢神经系统症状，或呼吸困难等症状。有的还出现面色苍白、口唇青紫、四肢发凉、血压下降等周围循环衰竭症状，甚至休克，如不及时救治，最后可因循环衰竭而死亡。

3. 过敏反应

一些抗菌药物如青霉素、四环素及某些氨基糖苷类抗生素、磺胺类药物能使部分人群发生过敏反应。过敏症状多样，轻者表现为麻疹、发热、关节肿痛及蜂窝织炎等；严重时可出现过敏性休克，甚至危及生命。

4.“三致”即致癌、致畸、致突变

当人们长期食用含“三致”作用药物残留的动物性食品时，这些残留物便会对人体产生有害作用，或在人体中蓄积，最终产生致癌、致畸、致突变。药物残留的危害：①盐酸克伦特罗（β-兴奋剂）。国家明文规定不允许作添加剂使用。在饲料中添加可以促生长提高瘦肉率，在猪肝中残留为最，对人体的危害主要为扰乱激素平衡，引起人体中毒。表现为心律失常、心慌、心悸、甲状腺机能亢进等症状。②己烯雌酚。被用来提高饲料转化率，促进畜禽生长。农业部已明确规定不允许使用，但目前较多水产养殖户用于鳝鱼养殖，其潜在危害是扰乱激素平衡，导致女童性早熟，男性女性化，诱发女性乳腺癌、卵巢癌等疾病。③呋喃唑酮。连续长期应用，在鸡肝、猪肝、鸡肉中有残留，其潜在危害是诱发基因变异和致癌性。④氯霉素。其残留的潜在危害是氯霉素对骨髓造血机能有抑制作用，可引起人的粒细胞缺乏病，再生障碍性贫血和溶血性贫血，对人产生致死效应。

5.对胃肠道菌群的影响

正常机体内寄生着大量菌群，如果长期与动物性食品中低剂量的抗菌药物残留接触，就会抑制或杀灭敏感菌，耐药菌或条件性致病菌大量繁殖，微生物平衡遭到破坏，使机体易发感染性疾病，而且由于耐药而难以治疗。

6.对临床用药带来的影响

长期接触某种抗生素，可使机体体液免疫和细胞免疫功能下降，以致引发各种疾病，引起疑难病症，或用药时产生不明原因的毒副作用，给临床诊治带来困难。抗菌药物失效，使医疗费用过高，社会负担加重；由于药物滥用，使得抗菌药物的使用寿命变短，要求不断开发新的品种以克服细菌的耐药性，然而要开发一种新药并非易事。

四、畜产品安全分类

根据安全要求的不同，将畜产品分为无公害畜产品、绿色畜产品、有机畜产品。

1.无公害畜产品

无公害畜产品是指产地环境、生产过程和产品质量符合国家有关标准和规范要求，经认证合格获得认证证书并允许使用无公害畜产品标识的未经加工或者初加工的食用农产品。

2.绿色畜产品

绿色畜产品是指遵循可持续性发展原则，按特定生产方式生产，经专门机构认证，许可使用绿色食品标志的无污染的安全、优质、营养类动物产品。其中无污染是指绿色畜产品在生产、加工过程中，通过严密监测、控制，防止兽药残留、放射性物质、重金属、有害细菌等的污染，以确保绿色畜产品的洁净。

3.有机畜产品

有机畜产品是指以有机方式生产加工的、符合有关标准并通过专门认证机构认证的畜产品及其加工品，是在原料生产和加工过程中不使用农药、化肥、生长激素、化学添加剂、化学色素和防腐剂等化学物质，不使用基因工程技术，通过有机食品认证机构认证并使用有机食品标志的产品。

任务二　饲料质量安全控制

饲料是养殖业的基础，是养殖业的命脉。抓好饲料质量安全管理是实现高产、高效养殖业的前提，是生产安全、优质畜产品的需要。

一、饲料质量安全的概念及特点

（一）概念

饲料质量安全是指饲料产品（包括饲料和饲料添加剂）中不含有对饲养畜禽的健康造成实际危害，不会在畜产品中残留、蓄积和转移有毒、有害物质，不会通过畜禽消化饲料转移至畜产品中，导致危害人体健康或对人类的生存环境产生负面影响。饲料安全是保证畜产品安全的重要环节，饲料的安全问题一方面影响畜产品的品质，危害人类健康；另一方面畜禽采食存在安全性问题，阻碍养殖业的可持续发展，最终仍将影响人类自身的健康。

（二）特点

1. 隐蔽性

一是由于技术手段的限制，一些饲料物质在投入使用之初，其危害性并不能被充分地认识到。二是对一些物质的毒副作用，利用常规的检测方法不能进行有效鉴别，对其影响程度，在一定时期内得不到研究证明。三是在一般情况下，饲料产品的危害性不能通过观察饲养畜禽及时发现。

2. 长期性

饲料产品中的不安全因素，虽然通过加强监督管理和提高安全意识，危害发生的程度和范围会减小，但短时间内不可能完全消除；另一方面，饲喂过程中蓄积在畜禽体内的有毒、有害物质直接污染环境或通过人体蓄积所造成的影响也是长期的。

3. 复杂性

饲料产品中不安全因素众多，而且复杂多变。其中，有些是人为因素，有些是非人为因素；有些是偶然因素，有些则是长期累积的结果。在已有的问题逐步得到解决的同时，新的问题还在不断出现。

二、饲料质量安全控制的内容

（一）饲料原料质量安全的控制

在影响饲料质量安全的诸因素中，原料质量安全控制尤为重要。

1. 原料标准的选择与制定

有些原料国家标准的指标较宽，各厂应制定自己的采购标准，或由购销双方协定标准。

2. 原料进厂时的质量控制

原料采购前要对原料生产厂家的状况及生产工艺进行了解，按饲料配方要求选购原料。原料待进厂时，首先对原料进行部分性（30％或40％）取样分析；其次原料入库卸货时进行全面性(100%)取样。一旦发现品质不合格,立即停止卸货,另行处理。

3.原料贮存期间的质量控制

入库原料按规定位置堆放整齐,高度及宽度要适当。做到"先进先出、推陈出新"。每天对仓储原料进行盘点、核对、检查。保持仓房通风干燥,预防虫、鼠、鸟害的发生。

(二)饲料生产过程中的质量安全控制

如果把饲料产品设计比作一张"蓝图",那么饲料生产工艺就是把这张图变为"实物"的实施过程。从原料接收与清理到产品打包及出厂,每一道工序都和产品质量密切相关。

(1)清理。主原料都应进行清杂、除铁处理。

(2)配料。对配料秤、成品包装秤等各种计量器具,进行定期检验。

(3)粉碎。应选用适当规格的筛板,经常检查筛板是否损坏。

(4)混合。为保证饲料的混合均匀度,应严格按照产品所规定的混合时间进行生产,并对混合均匀度进行定期检查。

(5)制粒。制粒时应经常检查产品的品质、外观、颗粒、气味等,须符合质量标准。

(6)包装。每批次上班时应校磅一次,每25包抽磅一次,抽磅次数根据批量大小进行调整。包装袋应标明产品制造日期、批号。饲料包装时在包装线上每15包取样一匙,每批取样一袋400~500 g。取样后尽快进行化验。

(三)饲料产品质量控制

饲料产品在仓库内的贮存温度最好低于20℃,贮存期不得超过一周,逾期作回制处理。出厂后宜在一两周内用完,最长不超过三周。启封后饲料应当日或翌日用完,拆封剩余饲料应隔绝空气,置阴凉通风处妥善保存。

三、饲料质量安全存在的问题

(一)饲料中添加违禁药品

常用的违禁药品包括激素类、类激素类和安眠镇定类。农业部于1998年发布了《关于严禁非法使用兽药的通知》,随后又陆续发布了一些禁用药品的通知,强调严禁在饲料产品中添加未经农业部批准使用的兽药品种,严禁非法使用兽药。2002年2月,农业部、卫生部、国家药品监督管理局联合发布了《禁止在饲料和动物饮用水中使用的药物品种目录》。2002年3月,农业部又发布了《食品动物禁用的兽药及其他化合物清单》。这些法规对饲料中的各种禁用药物做了明确规定。可是,少数商家和养殖者为了追求经济效益,置国家法律于不顾,在饲料生产和养殖过程中使用违禁药物,给人体健康带来严重后果。

(二)超范围使用饲料添加剂

1999年,农业部公布了《允许使用的饲料添加剂品种目录》(农业部105号公告),规定除饲料级氨基酸、饲料级维生素、饲料级微量元素等173种(类)营养性饲料添加剂和一般性饲料添加剂之外,未经新饲料添加剂评审并公告的或未办理进口饲料添加剂登记的,均属于超范围生产、经营和使用的饲料添加剂。但仍有一些企业和个人将未经审定公布的饲料添加剂用于饲料生产,其潜在的安全问题不容低估。

(三)不按规定使用饲料药物添加剂

饲料药物添加剂是指为预防、治疗动物疾病而掺入载体或稀释剂的兽药的预混物,常用的药物添加剂主要有抗生素和驱虫剂等。2001 年 7 月，农业部发布了《饲料药物添加剂使用规范》，规定了 57 种饲料药物添加剂的适用动物、用法与用量、停药期及注意事项等。然而，不少饲料企业和畜禽养殖场（户）不严格执行规定，超允许品种添加、超限量添加药物添加剂，不遵守休药期规定，不遵守配伍禁忌等规定，或者将不同品牌的饲料产品混合饲用，致使属于配伍禁忌的几种药物被同时使用。由此导致饲料中的药物成分在养殖产品中积蓄残留，产生耐药性，对人体产生不良影响，并对环境造成污染。

（四）反刍动物饲料中添加和使用动物性饲料

肉骨粉等动物性饲料虽然从开发利用蛋白资源的角度看，具有良好的社会效益和经济效益，但从安全的角度看，对反刍动物生产却存在较大的隐患。研究表明，从英国开始的"疯牛病"就是由于使用了含有肉骨粉的配合饲料而引发的。由于我国是一个蛋白饲料资源短缺的国家，利用动物副产品制成动物性饲料是补充资源不足的有效途径。但为规避风险，农业部于 1992 年就发文禁止在反刍动物饲料中添加或使用动物源性饲料，并于 2001 年再次专门发文重申这一规定。然而，目前仍有一些养殖场（户）无视国家禁令，在反刍动物饲料中添加动物性饲料产品，造成一定的"疯牛病"隐患。

（五）污染及霉变造成饲料卫生指标超标

现代工农业生产中化学物质的广泛和大量使用，在给社会带来巨大经济效益的同时也污染了环境，并给人类带来了危害。有毒、有害化学物质除经由空气、饮水等进入动物体与人体外，也可经由饲料和食品危害动物及人体健康。从我国来看，环境对饲料的污染主要有两个途径：一是工业生产中排放的各种有毒、有害气体、污水、残渣等。二是农业生产中化肥特别是农药的广泛使用。在目前的植物保护中，农药仍起着不可替代的作用，但由此产生的农药残留及其污染问题是严重的，农药通过对饲料原料的污染进而在饲料和动物体内残留的事件经常发生。除环境因素对饲料的污染以外，饲料在分捡、包装、运输、装卸、储存、计量等过程中也会受到各种污染。

同时，由某些微生物滋生所引起的饲料霉变问题也不容忽视。引起饲料霉变的微生物主要有曲霉菌、青霉菌、镰刀霉菌等。特别是黄曲霉菌对饲料原料造成的污染最为严重。在夏天高温高湿的环境中，玉米、豆粕、麸皮都很容易滋生黄曲霉菌，这些菌株不但对饲料中的蛋白质与糖化淀粉有很强的分解能力，降低饲料的营养价值与适口性，更为严重的是，它们能产生多种毒素，尤其以黄曲霉毒素 B_1 毒性最强，它不易溶于水，耐高温，不易被破坏，对畜禽造成严重危害。

（六）饲料标签标识问题较多

一些企业和产品标注假冒批准文号；一些产品标签不规范，成分标识不清，专用性标注不明，使消费者无所适从；有些企业在饲料标签上夸大产品性能，对消费者造成误导；还有一些企业隐瞒了饲料产品的真实成分，在饲料产品中添加了一些饲料药物添加剂，但在饲料标签上不加以注明，使用者在不知情的情况下，很容易重复添加该类药物添加剂，从而造成药物中毒或过量蓄积。

（七）制售假冒伪劣产品的行为屡禁不止

假劣饲料产品不仅扰乱了市场秩序，侵害了消费者的利益，同时也带来一些安全问题。例如，在鱼粉中掺杂石粉、羽毛粉、皮革蛋白粉、肉骨粉等，会造成重金属超标或其他有毒、有害物质混入，影响养殖动物生长和人体健康。假冒饲料添加剂中有效成分不足，会导致动物疾病的产生，不仅会影响养殖产品的生产性能，也对消费者利益造成一定的损害。近年来，虽然农业生产资料打假工作的力度不断加大，但制售假冒伪劣饲料产品的现象仍然存在。

四、饲料安全问题产生的原因分析

我国现阶段的饲料安全问题是多方面因素共同作用的结果。从表象上看，生产者、经营者及使用者的趋利动机以及各种有意或无意的不规范行为，是造成现阶段我国饲料产品质量安全问题的直接原因。但进一步分析可以发现，当前我国在饲料产品的科研等基础性工作上，在饲料业及相关产业的发展方式上，以及在管理体制和管理手段等方面存在的一系列问题，客观上助长了饲料安全问题的滋生。

(一)饲料业和养殖业的发展缺乏足够的技术支撑

科技水平是保证饲料安全的技术基础。一方面，饲料产业的发展要求相关的研究工作必须及时跟进；另一方面，在饲料产品的开发、生产、经营、使用过程中，需要相应的技术保障，任何一个环节存在漏洞，都会给饲料安全带来隐患。

1. 饲料产业发展中出现的一些新的技术问题尚未得到解决

近年来，越来越多的新材料、新工艺被饲料行业所采用，这一方面促进了我国饲料产业的发展，但同时也对饲料安全提出了新的挑战。我国饲料科研水平较低，行业的整体技术水平同国际水平有较大差距，特别是对以生物工程、信息技术为代表的高新技术研究不够。

2. 科研体制与饲料产业的发展不相适应

由于发展水平的限制，我国多数饲料企业自身的科研能力不强；同时，由于科研体制改革相对滞后，饲料业发展也难以得到足够的外部支持。

3. 技术推广和服务体系的职能难以充分发挥

畜牧科技人员长期沉淀在草原站、畜牧站和畜禽繁育改良站，专业知识老化是比较普遍的现象；乡、村两级的兽医防疫人员及相应的仪器和设备相当缺乏，整体的服务能力不强。在这种情况下，农村广大养殖户很难得到养殖技术以及饲料安全使用方面的指导和服务，饲料在使用中出现安全问题也就在所难免。

(二)饲料生产企业无序竞争的局面尚未改变

随着我国畜牧业的快速发展和国家改革开放步伐的进一步加快，饲料企业雨后春笋般地在全国各地迅速崛起，市场竞争日趋激烈。但是，由于企业数量增长过快，经济成分复杂，多数饲料加工企业规模小，技术和管理水平不高，加之法律法规体系不健全，饲料市场总体上处于无序竞争状态。近年来，由于畜产品产量相对过剩，价格持续低迷，与之相关的饲料等行业也进入了微利时代。为争夺饲料市场，一些饲料企业利用饲料监测不严格和农村养殖户专业知识不全面的特点，低成本操作，甚至进行欺骗性生产和销售，极大地扰乱了饲料市场秩序。

(三)生产、流通、消费脱节，加大了饲料安全的风险

在我国，绝大多数企业生产的饲料产品直接进入各类市场，生产、流通和消费环节脱节。这种现象对饲料安全的影响表现在三个方面：①在激烈的市场竞争中，生产企业为争取经销商，维持市场份额，将一部分利润让渡给中间环节，使生产成本上升，盈利水平降低，且使产品质量下降的可能性加大。②经营环节越多，饲料产品出现安全问题的概率越大。③流通

环节经营主体多样，从业人员的文化素质和专业素养差别大。

(四)分散养殖加大了技术服务和监督管理的难度

首先，与规模化的养殖企业相比，分散养殖户在畜禽疫病防治、饲料产品鉴别和科学使用等方面的知识相对欠缺，饲养条件也相对较差。其次，千家万户分散饲养加大了技术服务和监督管理的难度，对于存在的安全隐患难以及时发现，一旦发生问题，特别是传染性疫病，很容易扩散，造成大范围的影响。

(五)行业和质量标准体系不健全

近年来，我国政府和有关职能部门对饲料安全问题非常重视，加强了对饲料的监管力度，使我国饲料质量和安全状况有了较大改善。但在实际工作中仍存在不少问题。

1.产品质量和行业标准体系仍不健全

一是饲料标准体系建设滞后。迄今为止，我国允许使用的饲料添加剂品种中仍有许多没有制定科学、统一的标准和使用规范，严重影响着我国饲料质量监督工作的顺利开展。二是缺少通用性强、权威性高的饲料添加剂和违禁药物的检测方法。目前，各地违禁药品检测均使用国外或国际标准，方法不一致，对比性差，因此，亟须制定国家或行业标准。

2.检测手段相对落后

一是检测方法和指标落后。我国饲料产品质量检测技术与国外先进技术相比有较大差距；二是检测部门基建资金投入不足，检测经费匮乏，仪器设备陈旧，检测覆盖面小，已不能适应行业监督管理和行政执法的需要。

3.管理方式急需转变

一些地方的管理方法仍沿用原先的单一计划调控和行政命令，没有向经济监督、行政监督、法律监督和社会监督相统一的管理模式转变。管理重点仍是单纯的抓生产，还没有转到抓总量平衡和安全卫生上来。

4.执法人员的素质亟待提高

由于人员变动和法律法规培训滞后，执法工作中的失误和纰漏不断，给监督管理和行政执法带来一定的负面影响。

5.管理和服务工作的力度急需加大

主要表现是：对饲料业中虚假广告、非法生产和销售饲料产品等行为的查处和打击力度不够；对饲料使用者的培训、宣传和教育力度需要加强。

(六)部门、地区间的工作不协调

1.职责不清

由于对管理机构设立的要求不明确，一些地方对饲料行业仍在多头管理，重复检验、重复收费现象时有发生，不仅加大了企业和经营者的负担，也扰乱了正常的生产经营秩序；还有一些地方借政府机构改革之机，弱化饲料管理机构，使行业管理和行政执法的各项职责难以落实。

2.部门间的工作协调难度大

饲料安全工作涉及生产、流通和使用等多个环节，以及工业、运输、商业、养殖等多个行业，且医药、化工、屠宰、检疫、卫生、工商、公安等部门有其相应的管理职能，就饲料产品管理工作本身来说，农业部门由于管理权限和执法手段的限制，必须要其他部门予以配合，这样就不可避免地会产生部门间工作的协调问题。

3. 地区间的管理不协调

做好饲料安全管理工作，各地必须要通力配合，协调一致。但由于各地管理部门不同，要真正做到这一点还存在着很大障碍。一是信息沟通不顺畅；二是管理办法不统一；三是管理工作不协调。

我国现阶段饲料安全问题的产生原因是非常复杂的。正是由于这些问题的存在，我国已经存在的饲料安全问题难以得到根除，而新的饲料安全问题又可能会随时出现。能否在促进饲料产业持续、健康发展的同时，从根本上消除这些不利因素的影响，切实保证饲料安全，是今后一段时期内我国各级政府面临的严峻挑战。

五、新阶段我国饲料安全战略措施选择

我国饲料安全工作的基本思路应当是：在进一步健全和完善已有的政策措施、巩固已经取得的工作成果的基础上，逐步转变饲料业及相关产业的增长方式，进而通过建立、健全行业和产品的质量标准体系、法律法规体系、监测检验体系以及行政管理体系等，为饲料安全提供坚实的体制和制度保证。围绕这一思路，今后一段时期，我国饲料安全工作的重点应当集中在以下几个方面。

1. 加强基础研究和技术开发，为饲料业发展和饲料安全提供技术支持

要以研究、开发蛋白质饲料、农副产品饲料的生产及高效利用技术为重点，大力开发非常规饲料；加速研制并推广安全、无污染、高效的饲料添加剂；推动专用饲料和饲料科学配方技术，以及大型饲料加工设备及成套技术的开发研究；加强生物工程技术及饲料营养理论的研究，加速科研成果的转化；提高信息网络技术在饲料生产和经营中的应用水平。

2. 加快产业重组，促进饲料业及相关产业持续健康发展

通过宏观调控手段支持企业走重组之路，改变我国饲料企业数量多，设备简陋，技术力量薄弱，资源严重浪费，产品良莠不齐，恶性竞争的落后局面；把深化企业改革和强化科学管理结合起来，建立、健全企业内部管理制度；积极鼓励和引导饲料生产企业构建稳定的营销网络，积极扶持发展饲料产品连锁、配送等现代流通方式，通过销售和技术服务的紧密结合，促进饲料进乡入村。

3. 加强体系建设，为饲料安全管理奠定体制和制度基础

(1)完善饲料安全法律法规体系。修改、起草有关饲料、饲料添加剂的配套法规和管理办法；完善生产记录、饲料添加剂使用规范和质量安全追溯等监管制度；建立、健全我国饲料安全卫生标准体系；理顺饲料标准制定程序。

(2)完善饲料监测体系。建立饲料安全信息网络，完善饲料业信息采集和发布程序；实施饲料安全工程，改善饲料监测机构的基础设施条件，提高饲料监测体系的检测水平；扶持骨干科研机构，建立饲料安全评价基地；整合养殖业生产资料和畜产品质量检测机构，形成统一的畜产品安全检测体系。

(3)完善基层技术推广和服务体系。总结各地乡镇基层畜牧兽医队伍机制创新经验，指导乡镇畜牧兽医站改革和创新；加强对基层技术人员的知识和技能培训，提高从业人员素质。

4. 改革和完善饲料管理体制，加强饲料安全监管工作

(1)改革和完善饲料管理体系。推进饲料业行政管理体制改革，扩大国家饲料安全主管部门的权力和责任，提高其业务指导的权威性，逐步建立起地区间饲料管理工作的相互配合、相互协调的新机制。

(2)对饲料安全实行全程监管。首先，要加强对饲料风险的研究，并着手建立饲料及食品安全预警机制；其次，要组织开展饲料行业HACCP(危害分析关键控制点)管理模式的研究和试点，逐步在饲料行业推行HACCP管理制度；第三，规范和健全饲料标签和标识管理办法，保证饲料产品在各个环节的可回溯性。

(3)加大执法力度。各有关部门和地方各级人民政府要认真贯彻执行《饲料和饲料添加剂管理条例》，履行饲料管理和监督的职责。加强对进口饲料、饲料添加剂的检验检疫，监控动物性饲料、转基因饲料产品的质量安全和流向，消除各种隐患，确保饲料产品的质量安全。

(4)动员社会力量参与饲料安全监督。饲料安全与养殖产品安全乃至人民群众的身体健康密切相关，应向社会广泛宣传饲料安全法规及相关产品的选购和使用常识。

任务三　畜产品安全生产过程与控制

一、畜禽安全饲养环境的控制

1. 场址选择

拟建的畜禽饲养场(舍)要根据饲养动物的生理特点以及当地环境、地形、地势等选择适宜的位置，合理规划整个饲养场(舍)。要求能为畜禽创造一个舒适的生活环境，便于饲养管理和卫生防疫，保证整个畜舍群体能健康生长，提高其生产能力。畜禽舍的环境卫生不仅直接影响到畜禽的健康生长，而且还间接地影响到畜禽产品的品质。因此，绿色食品畜禽场(舍)地应基本满足下述要求。

(1)地势。要求干燥、平坦、背风、向阳，牧场场地应高出当地历史上最高的洪水线，地下水位则要在2 m以下。

(2)水源。水质必须符合《生活饮用水卫生标准》(GB 5749—2006)，水量充足，最好用深层地下水。

(3)地形。畜禽场(舍)要求地形开阔整齐，通风透气，交通便利。

(4)位置。饲养场(舍)应距交通主干线10 000 m以上；距居民居住区或其他畜牧场不小于2 000 m；应位于村镇的上风处，以利于有效地防止疫病的传播。以下地段和地区不得建场：水源保护区、旅游区、自然保护区、环境污染严重的地区、畜禽疫病常发区等。

2. 场内布局

在设计建造畜禽场(舍)时，应尽量考虑避免外界不良环境对畜禽健康品质及生长发育的影响，又能使饲养效率充分发挥，取得最大的经济效益。场(舍)内的布局合理与否对生产管理影响很大，要坚持有利于生产、管理、防疫和方便生活的原则，统一规划，合理布局。要求行政、生活区距场(舍)250 m以上，场(舍)要单独隔离。在场(舍)下风50 m左右的地势

低洼处建粪便、垃圾处理场，畜禽饲养场的粪便应进行无害化处理，如进入沼气池发酵、高温堆肥、除臭膨化等。废水的排放应达到国家《污水综合排放标准》(GB 8978—1996)。为有效防止疫病传播，应建立消毒设施，进入场(舍)必须进行消毒。各场(舍)下风处150 m远的地方还应建立病畜禽隔离间等。场区布局与畜禽舍建筑要充分考虑畜禽生长发育和繁殖生产的环境要求，给予其舒适的外部环境，让其享受充足的阳光和空气，尽可能为畜禽提供它们固有的生活习性所需的条件。

3. 舍内环境要求

畜禽的适宜生长环境因素主要包括温度、湿度、气流速度、光照以及新鲜清洁的空气等。

(1)温度。畜禽为恒温动物，在生产中要求舍温保持在畜禽适宜生长发育的温度范围内，冬暖夏凉。

(2)湿度。畜舍空气中的湿度不仅直接影响家畜健康和生产性能，而且严重影响畜舍保温效果，是失热增多的重要原因。舍内相对湿度以50%～70%为宜，最高不超过75%。

(3)气流速度。舍内应保持一定的气流速度。夏季可排除舍内的热量，帮助畜体散热，增加畜禽舒适感。而在冬季低温、畜舍密闭的条件下，引进新鲜空气，可使舍内温度、湿度等空气环境状况保持均匀一致，并可使水汽及污浊气体排出舍外。因此，夏季要求畜体周围气流速度保持在0.2～0.5 m/s，入冬季则以0.1～0.2 m/s为宜，最高不超过0.25 m/s。

(4)光照。不同品种的畜禽在不同的生长阶段所要求的光照时间、光照强度不同。禽类对光敏感，光照直接影响其生长发育、生产性能等活动。光照在环境因素中对畜禽生理活动起很大作用，应根据品种特性、生长发育阶段等确定合理的光照时间和强度。

(5)舍内空气。舍饲畜禽由于呼吸和有机物分解等，经常产生大量有害气体，必须及时排出。畜禽排出的有害气体主要有氨气、硫化氢和二氧化碳。氨及硫化氢的浓度过高时，不仅影响畜禽健康及生产性能，而且直接影响畜禽产品的品质。畜舍中氨浓度不应超过20 mg/kg，鸡舍不超过15 mg/kg。硫化氢毒性较大，舍内浓度不得超过5 mg/kg。二氧化碳一般不引起家畜中毒，但它表明空气的污浊程度，舍内浓度以0.1%为限。

(6)饲养密度。饲养密度与畜禽的健康和生长发育密切相关，要充分保证畜禽有效活动空间，保持合理的饲养密度。

(7)干扰。要防止有害动物及昆虫的侵扰，主要是防止啮齿类动物、鸟类和其他动物的干扰。

4. 建设要求

绿色食品养殖场建设应本着合理布局、利于生产、促进流通、便于检疫和管理、防止污染环境为原则。

(1)加强饲养场周围环境的管理，控制外来污染物。养殖场内和周围应禁止使用滞留性强的农药、灭鼠药、驱蚊药等，防止通过空气或地面的污染进而影响畜禽的健康。地面养殖畜禽以及规划的畜禽运动场还应对土壤样品进行检测、土壤中农药、化肥、兽药以及重金属盐等有害物质含量不可超标。

(2)建场前要通过环保部门的环境监测，无“三废”污染，大气质量应符合《大气环境质量标准》(GB 3095)的要求；建筑应符合兽医卫生要求，养殖场环境卫生应符合《畜禽场环境质量标准》(NY/T 388)的要求。除严格按设计图施工外，还要求精心细致；建筑材料如木材、涂料、油漆等以及生产设备应对畜禽和人类的健康无害，包括潜在的危害都不能存在；内墙表面应光滑平整，墙面不易脱落；具有良好的防鼠、防虫和防鸟设施。

(3)动物饲养场和畜产品加工厂的污水、污物处理应符合国家《畜禽养殖污染防治管理办法》的要求，要求排污沟进行硬化处理，绝对禁止在场内或场外随意堆放和排放畜禽粪便和污水，防止对周围环境造成污染。

(4)做好场区绿化，改善局部小气候，采取切实有效的生态环境净化措施，从源头上把好质量安全关。

二、畜禽安全饲养管理的控制

1.选择优良品种

选择适应当地环境条件的畜禽品种饲养，一个畜禽品种都是在特定的自然经济环境下，按照人们的需要，经过长期地自然和人为选择的结果。保障畜禽健康是养殖畜禽的前提。因此，养殖场在选择畜禽品种时，除了考虑其生产性能外，还要重点考虑畜禽品种对当地环境的适应性，即选择对外界环境和疾病抵抗力强的畜禽品种饲养为宜。

选择无特定病原畜群(简称 SPF)饲养，培育无特定病原畜群，是畜牧兽医行业的神圣使命。目前实施无特定病原畜(禽)群培育或控制研究的有无特定病原猪群、无特定病原鸡群等，但推广应用于生产的较少。

选择从无规定动物疫病区(简称无规区)引进动物品种饲养，无规定动物疫病区就是在规定期限内没有发生过某种或几种疫病。同时在该区域及其边界外围内，对动物、动物产品、动物源性饲料、动物遗传材料、动物病料、兽药(包括生物制品)的流通实施官方有效控制并取得国家认可的特定区域。我国部分省(市、区)已通过农业部无规定动物疫病区验收。

2.科学饲养管理

(1)根据生理特点饲养。不同的畜禽有着不同的生物学习性和生理特点，对饲养管理也有着不同的要求。根据畜禽所处的生理阶段，合理安排工作日程。

(2)合理搭配日粮。不同的畜禽有着不同的营养需要，即使同一畜禽，在不同的生理阶段，其营养需要也不相同。因此，日粮中精粗饲料的比例要适宜，营养平衡，饲料种类要多种多样，加工调制合适。

(3)坚持正确地饲养。合理安排每天的饲喂次数和正确的饲喂顺序，采用 TMR(全混合日粮饲养工艺)等新的饲养技术，不断提高养殖效益。

(4)保证充足饮水。水是最重要的营养物质。饮水不足或质量不符合标准，必将影响畜禽健康和生产性能。因此，要保证畜禽充足饮水。

(5)细心管理。合理安排整个生产管理环节，保证畜禽的编号、运动、刷拭、护蹄、去势、断尾、剪毛、抓绒、挤奶、转群、断喙等工作有序进行。

3.畜禽保健

(1)加强检疫。在集约化畜禽生产中，按畜禽饲养期的长短及发病特点、流行病学进行定期与不定期的检疫。对整群畜禽以视检为主，必要时作病理解剖学检验、病原体检查，以及各种病理及生理指标的实验室检验。

(2)免疫接种。做好畜禽的定期预防接种，是控制疫病的重要措施，根据不同疾病及畜禽的发病规律，制订免疫程序，做好计划免疫。在预防传染病的各种手段中，免疫预防接种是经济、方便、有效的手段，对畜禽以及人类健康均起着积极的重要的作用。

(3)疫病预防。①做好畜禽舍卫生。搞好场舍卫生可控制和切断传染源及传染途径，通过及时淘汰处理易感动物和带菌动物，及必要地药物治疗来控制疫病。采取消毒、隔离、封锁等措施，对病原污染的饲料及其他物品要及时消毒和作无害化处理，从根本上控制传染和传播途径。②正确合理施用抗病药物。为预防疾病，可在饲料中添加某些抗生素和药物。但已证实对遏制一些疾病是成功的，但不能根除，而且容易产生新的疾病。③防治普通常见病。主要是针对影响畜禽商品生产和养殖业发展的某些疾病，如瘦、弱、残、僵、滞所造成的增重、长膘及产蛋、泌乳量显著降低等进行确诊和治疗。

4.防疫检疫

(1)防疫。采取多种措施预防传染病的发生。当发生传染病时，要针对消灭传染源、切断一切传播途径和提高畜禽群体对传染的抵抗力等三个环节采取措施，尽最大努力将传染病消灭在萌芽时期，或将其控制在最少的发病头数以减少损失。消毒是扑灭传染病的一项重要措施。应根据病原体的特点，选择最佳消毒药物和消毒方法进行消毒。

(2)检疫。动物检疫是指由国家法定的检疫、检验监督机构和人员，采用法定的检验方法，依照法定的检疫项目、检疫对象和检疫、检验标准，对动物及其产品进行检查、定性和处理，以达到防止动物疫病的发生和传播、保护畜牧业生产和人民身体健康的一项带有强制性的技术行政措施。动物检疫是兽医疫病预防工作的一个主要组成部分，是预防疫病发生的一个关键环节。动物检疫根据《中华人民共和国动物防疫法》《中华人民共和国家畜家禽防疫条例》和《中华人民共和国进出境动植物检疫法实施条例》的规定进行。

三、畜产品安全生产中饲料添加剂的正确使用

饲料添加剂是指在饲料生产加工、使用过程中添加的少量或微量物质，在饲料中用量很少但作用显著。

1.饲料添加剂超标的危害

(1)抗生素。抗生素能够促动物生长和抑制病原微生物繁殖，在追求最大经济利益的驱动之下，抗生素的滥用问题在养殖业中相当严重。

(2)瘦肉精。瘦肉精能够在较短的时间内达到促进动物生长、促进瘦肉沉积、抑制肥肉沉积、提高胴体瘦肉率和提高饲料利用率等效果。但食用含“瘦肉精”的肉会对人体产生危害，常见有恶心、头晕、四肢无力、手颤等中毒症状，特别是对心脏病、高血压患者危害更大。长期食用则有可能导致染色体畸变，会诱发恶性肿瘤。

(3)高剂量微量元素。高剂量微量元素的添加会加大微量元素在动物组织和器官中的沉积，还会对环境造成污染。如饲喂高铜饲料的猪，其肝脏中铜含量严重超标。人若长期食用此类高铜动物产品，会造成铜在内脏中沉积，增加机体内自由基水平，改变脂类代谢，导致动脉粥样硬化并加速细胞的老化和死亡，危害人体健康。

(4)重金属。硫酸锌等饲料添加剂中铅、砷、镉超标，可在动物身上发生明显的毒性作用，且重金属很难被动物排出体外，蓄积在动物体内，通过食物链最终对人类造成危害。

(5)激素类饲料添加剂。激素类饲料添加剂(如地塞米松、生长激素等)在畜禽养殖中的滥用，给人们尤其是儿童带来的危害是显而易见的。

2.饲料添加剂的正确使用

在畜禽生产上，正确使用好饲料添加剂，对保证畜禽健康、提高畜禽生产力起着至关重要的作用。

(1)合理选用饲料添加剂。饲料添加剂按用途可分为营养添加剂（氨基酸、矿物质和维生素等）、保健助长添加剂（抗生素、激素、酶、药物等）、饲料保存添加剂（抗氧化剂、防霉剂等）和食欲增进和品质改良添加剂（味精、香料、叶黄素等）。各类饲料添加剂各有用途，如促生长添加剂适用于幼龄畜禽，药物添加剂用于所处卫生条件较差的畜禽。应根据饲养目的、饲养条件以及畜禽营养状况、生理状态、年龄、体重等情况，有目的、有针对性地选用，切不可滥用。

(2)正确使用饲料添加剂。严格按照各类添加剂的使用说明，对适用对象、剂量和注意事项等正确使用。添加剂只可混于干粉料中短时间存放，不能混于加水贮存饲料或发酵饲料中，更不能和饲料一起加热煮沸，使用时要与饲料混匀。

(3)不宜长期保存。饲料添加剂保存期一般不超过6个月，尤其是维生素制剂，其稳定性较差，应随购随用，不可积压。

(4)交替使用。抗生素添加剂要交替使用，防止病原微生物产生耐药性，影响使用效果。

(5)不能混合使用。矿物质添加剂不能和维生素添加剂配在一起使用，以免矿物质促进维生素氧化，加速破坏维生素。

四、畜产品安全生产中药物残留及其控制

由于兽药使用不合理，动物饲料中长期添加各种药物添加剂，动物性产品遭受兽药和各种添加剂的污染等原因，使动物产品中的药物残留问题日趋突出。

1.药物残留的危害

药物残留不仅可直接对人体产生急性、慢性毒性作用，而且促使细菌产生耐药性，造成严重的公共卫生安全问题，同时，残留的药物还通过污染环境和食物链间接对人体健康造成潜在危害。

(1)过敏反应。长时间应用某些抗菌素，如青霉素、磺胺类等，其在动物体内残留一定时间，而人食用后就会出现过敏反应。国内外都有饮用含抗菌素乳而引起过敏性皮炎的报道。引起人过敏反应发生的残留药物主要有：青霉素类、四环素类、磺胺类和某些氨基糖苷类药物，其中以青霉素类引起的过敏反应最为常见。过敏反应的症状多种多样，轻者引起皮肤瘙痒和荨麻疹，重者引起急性水肿和休克，最严重的过敏病人甚至会死亡。

(2)产生抗药性。由于动物和人类普遍应用抗菌素，动物在反复接触某种抗菌药物情况下，动物体内的耐药菌株可通过人对动物产品的食用而传播给人，使人在感染性疾病的治疗上造成困难。

(3)急性、慢性毒性作用。如果一次摄入动物性食品中残留药物的量过大就会出现急性中毒反应，如“瘦肉精”中毒。一般药物残留浓度很低，加上人们的食用数量有限，大多数药物并不能由于残留而引起急性中毒作用，但许多添加剂都有一定的毒性，如果长期食用含有这些药物的动物性食品就有可能产生慢性中毒。

(4)对人类肠道微生物的影响。人体肠道内寄生着大量的有益菌群，如果长期与动物性

食品中低剂量的抗菌药物残留接触，就会抑制或杀灭敏感菌，耐药菌或条件性致病菌大量繁殖，菌群平衡遭到破坏，使机体易发感染性疾病。

(5)“三致”作用。许多兽药或抗菌素都有一定的毒性，有的还具有致畸、致癌、致突变(称“三致”)的作用。

(6)破坏生态环境。随着我国养殖业的发展，特别是大型集约化养殖的发展，大量使用抗菌素、杀虫剂、消毒剂和各种促生长剂、微量元素等，此类药物及其代谢产物在环境中能维持长时间的活性，对土壤微生物、水生生物和部分动植物产生不同程度影响，从而破坏生态环境平衡。

2. 控制药物残留的措施

针对目前国内外动物及动物性产品中的药物残留问题，应采取如下控制对策。

(1)建立科学、合理的管理和药物残留监控、监测体系。加强动物及其产品安全体系的标准化管理；加强对动物及其产品安全体系的法制化管理。

(2)规范用药。严禁使用违禁药品，谨慎使用抗生素等兽药及药物添加剂。用于养殖业的对人体影响较大的兽药及药物添加剂主要有抗生素类、合成抗菌素类、激素类、肾上腺皮质激素、安定类、杀虫剂类等。这些药品残留于动物体内，不但成为人类健康的隐患，也成为动物性食品绿色认证、出口创汇的主要障碍。

(3)开发无公害、无污染、无残留的非抗菌素类药物及其添加剂。非抗菌素类药物种类很多，例如微生物制剂、中草药和无公害的化学药物，都可达到治疗、防病的目的。

(4)加强消毒管理，减少内外环境中的病原数量，消灭环境和中介环境中疫病的传染源。

(5)制订科学的免疫程序，树立“防重于治”的思想，控制禽畜、水产养殖动物疫病的发生，从而有效地减少各种药物的使用。

五、畜产品质量安全监管的有效措施

1. 动物养殖防疫条件审查

畜禽养殖场的动物防疫条件是否达标关系到动物疫情风险，也是畜禽规模养殖的前提条件，必须要求限期完善和达到。

2. 定期到场巡查监督

官方兽医须定期对责任养殖场进行巡查监督，内容包括：防疫管理和保障畜禽产品安全管理相关制度是否制订并上墙；养殖档案记录是否完善；畜禽是否健康正常；防疫制度是否严格执行；饲料、兽药使用是否符合规定；引进畜禽手续是否齐全，是否严格实施隔离观察饲养；销售畜禽及产品是否经过官方兽医检疫等。

3. 引进动物的监管

畜禽养殖场在引进动物前须向动监部门申请办理审批手续，引进动物到场后及时向动监部门报告，由官方兽医实施落地检疫，并做好隔离观察饲养及监督工作。

4. 出售动物的检疫

畜禽养殖场在出售动物及产品前应向当地动物卫生监督部门申报检疫，官方兽医按时到现场施行检疫，经检疫合格的出具检疫证明。

5. 屠宰场(点)的驻场检疫

国家实行畜禽定点屠宰制度，官方兽医实施驻场程序检疫，严格执行畜禽进场查验、途中定时巡查、屠宰程序检疫等技术操作规程，把好动物产品检疫关。

6. 流通环节质量控制

畜产品在流通过程中要发生多次交换，过程相对复杂，难以对过程中的畜产品质量进行有效评价。有些畜产品质量问题在流通环节发生，也有一些在进入流通环节前就可能已经存在，为了把好消费前的最后一关，流通环节的监测必不可少。

7. 消费环节质量控制

消费环节的畜产品监测主要是对未加工畜产品的卫生指标和由进入消费环节前引起的质量问题的监测。

【案例分析】

三鹿奶粉

一、案例介绍

(一)案例的经过

2008 年 9 月 8 日甘肃岷县 14 名婴儿同时患有肾结石病症，引起外界关注。至 2008 年 9 月 11 日甘肃全省共发现 59 例肾结石患儿，部分患儿已发展为肾功能不全，同时已死亡 1 人，这些婴儿均食用了三鹿 18 元左右价位的奶粉。而且人们发现两个月来，中国多省已相继有类似事件发生。中国卫生部高度怀疑三鹿牌婴幼儿配方奶粉受到三聚氰胺污染，三聚氰胺是一种化工原料，可以提高蛋白质检测值，人如果长期摄入会导致人体泌尿系统膀胱、肾产生结石，并可诱发膀胱癌。很快三鹿集团承认自检发现 2008 年 8 月 6 日前出厂的部分批次三鹿婴幼儿奶粉曾受到三聚氰胺污染，市场上大约有 700 t，同时发布产品召回声明。

(二)案例的结果

根据 2008 年 9 月 13 日，中国国务院启动国家安全事故Ⅰ级响应机制(“Ⅰ级”为最高级：指特别重大食品安全事故)处置三鹿奶粉污染事件。患病婴幼儿实行免费救治，所需费用由财政承担。有关部门对三鹿婴幼儿奶粉生产和奶牛养殖、原料奶收购、乳品加工等各环节开展检查。质检总局将负责会同有关部门对市场上所有婴幼儿奶粉进行了全面检验检查。据我国官方公布的数字，截至 2008 年 9 月 21 日，因使用婴幼儿奶粉而接受门诊治疗咨询且已康复的婴幼儿累计 39 965 人，死亡 4 人。2009 年 1 月 22 日，河北省石家庄市中级人民法院一审宣判，三鹿前董事长田文华被判处无期徒刑，三鹿集团高层管理人员王玉良、杭志奇、吴聚生则分别被判有期徒刑 15 年、8 年及 5 年。三鹿集团作为单位被告，犯了生产、销售伪劣产品罪，被判处罚款人民币 4 937 余万元。涉嫌制造和销售含三聚氰胺的奶农张玉军、高俊杰及耿金平三人被判处死刑。2014 年，72 岁高龄的田文华改判有期 18 年。

问题：1. 造成三鹿问题奶粉事件直接原因有哪些？

2. 三鹿问题奶粉事件给人们带来哪些启示？

二、案例分析

(一)三鹿问题奶粉事件造成的危害十分严重，通过调查反思，这一事件之所以发生，主要有六个方面的直接原因

(1)小农散养的奶源供应方式与现代化企业规模生产严重不适应。因奶源生产地分散，

质量控制难度大，这一问题一直没有得到足够的重视。

(2)少数奶源经营者利欲熏心、违法犯罪。为追求利润，明目张胆地制造、销售和向原料奶中添加三聚氰胺。

(3)三鹿集团见利忘义、故意隐瞒真相。三鹿集团公司在得知产品质量出了安全问题之后，不是积极处理，召回产品，应对危机，而是在长达8个月的时间里未向政府和有关部门报告，也未采取积极补救措施，导致事态进一步扩大，结果给消费者造成了重大的人身伤害。

(4)食品安全监督管理存在漏洞。由于要追求利润，质检过严必然提高成本。因此，并不是每一个企业对产品质量控制都十分重视。三鹿集团的产品质量控制形同虚设，落实不够，漏洞很多。

(5)社会监督软弱无力。从“三鹿奶粉”事件中，我们可以看到，来自外部的监管几乎没有。

(6)政府处置不力、报告不及时。食品安全监管体制运行中存在明显的政出多门、职能交叉重叠、权责不明等问题。

(二)三鹿奶粉事件带来的启示

1. 强化企业社会责任

作为一个食品企业，不仅要追求经济效益，也要追求社会效益。生产安全的食品，不仅是它长期生存的基本前提和根本保证，也是其应该具备的社会责任和基本道德。因此要严格按照食品标准生产和加工食品，加大原材料的质检力度，确保原料质量，真正保护消费者权益。

2. 建立健全食品安全法规及相应的司法工作和仲裁工作

坚持立法重在预防的方针，不断完善有关食品监管的法律法规，形成以《食品安全法》为基础，其他具体法律为配合的多种层次的法律法规体系，使食品质量管制工作有法可依，让不法企业无漏洞可钻。

3. 企业的领导者必须扮演好管理者的角色

首先必须扮演好监督者的角色，持续关注组织内外环境的变化以获取对组织有用的信息。其次是要扮好企业家的角色，一个企业不管被管理得多么好，它在运行的过程中，总会遇到或多或少的冲突或问题。管理者必须善于处理冲突或解决问题，例如平息顾客的怒气、同不合作的供应商进行谈判、对员工之间的争端进行调解等。

4. 加强现场控制

人们常说，领导的实质是一要决策，二要用人，但是，如果做出了决策，制订了计划，配备了必要的人员，却不检查这些人员的工作情况，则难以保证计划目标的有效实现。因此，管理者必须指导下属以正确的方法进行工作，从而保证计划的执行和经营目标的实现。

【知识拓展】

畜产品质量安全管理制度

第一条　严格遵守《动物防疫法》《产品质量法》《标准化法》《计量法》《食品卫生法》《查处食品标签违法行为规定》《产品标识标注规定》《加强食品质量安全监督管理工作实施意见》等相关法律、法规的规定畜产品质量符合国家有关产品标准的要求。

第二条 符合法律、行政法规及国家有关政策规定的企业设立条件。对实施生产许可证管理的产品,在取得生产许可资质的前提下组织生产。

第三条 建立完善各项规章制度,努力提高企业质量管理水平。企业负责人和主要管理人员了解畜产品质量安全相关的法律法规知识。具有与畜产品生产相适应的专业技术人员、熟练技术工人和质量工作人员。

第四条 具备产品质量安全生产的生产设备、工艺设备和相关辅助设备,具有与确保产品质量合格相适应的原料处理、加工、贮存等厂房或者场所。具备产品质量安全的环境条件。

第五条 畜产品加工工艺流程科学、合理,生产加工过程严格、规范,对生产关键点进行严格控制。

第六条 生产畜产品所用的原材料、添加剂等符合国家有关规定,严格进货验货制度,不使用非食用性原辅材料加工畜产品。

第七条 按照有效的产品标准组织生产,无强制性标准规定的,符合企业明示采用的标准要求。

第八条 具有质量检验和计量检测手段,检验和检测仪器定期通过计量检定。

第九条 在生产全过程建立标准体系,实行标准化管理,从原材料采购、产品出厂检验到售后服务实施全过程质量管理。

第十条 畜产品的包装材料、贮存、运输和装卸的容器、包装、工具、设备安全,保持清洁,对畜产品无污染。

第十一条 产品出厂前经过严格检验、确保出厂产品检验合格。

第十二条 产品标识标注及畜产品市场准入标志的使用符合国家有关规定。

【考核评价】

一、考核题目

自2011年3月15日“瘦肉精”事件曝光至23日18时,河南全省共排查50头以上规模养殖场近6万个,确认“瘦肉精”呈阳性的生猪126头,涉及60多个养殖场;排查50头以下散养户7万多个,确认“瘦肉精”呈阳性生猪8头;同时还查获含“瘦肉精”饲料若干批次。2011年3月25日从“瘦肉精”事件国务院联合工作组获悉,河南“瘦肉精”事件所涉案件调查取得重要突破,截至目前,肇事“瘦肉精”来源基本查明,并已发现3个“瘦肉精”制造窝点。

联合工作组还通报,截至2011年3月24日,“瘦肉精”事件中被河南省有关部门控制、刑拘、立案侦查的人员已达68人,其中“瘦肉精”销售人员26人,使用养殖户33人,生猪经纪人7人,企业采购人员2人,并对43名公职人员进行了调查取证。目前,河南全省的“瘦肉精”抽检排查工作已基本结束,未来国务院食品安全委员会办公室还将就“瘦肉精”问题开展全国性的专项打击活动,确保食品安全。

通过阅读上述资料,认真分析影响畜产品安全的主要因素有哪些?应如何加强畜产品质量安全的监管?

二、评价标准

(1)畜产品质量不安全的危害。

(2)影响畜产品安全的主要因素。

(3)畜产品质量安全的控制包括饲料质量安全控制和畜产品安全生产过程与控制。

(4)造成畜产品质量安全的主要问题。

(5)畜产品质量安全监管的有效措施。

【知识链接】

1. http://www.gov.cn/zhengce/2015-04/25/content_2853643.htm 中华人民共和国食品安全法

2. http://www.gov.cn/flfg/2006-04/30/content_271633.htm 中华人民共和国农产品质量法

3. http://www.saic.gov.cn/zcfg/xzfggfxwj/xxb/200912/t20091210_73162.htm 乳品质量安全监督管理条例

4. http://www.saic.gov.cn/zcfg/xzfggfxwj/xxb/200911/t20091116_72485.html 生猪屠宰管理条例

5. http://www.saic.gov.cn/zcfg/xzfggfxwj/200303/t20030303_45919.html 饲料和饲料添加剂管理条例(2001 年修订)

6. http://www.saic.gov.cn/zcfg/xzfggfxwj/200303/t20030303_45923.html 兽药管理条例(2001 年修订)

Project 8

畜产品物流管理

学习目标

了解畜产品现代物流的概念与类型；了解畜产品运输、仓储与包装的概念；掌握畜产品运输、仓储与包装的功能、方式及合理化；掌握肉类及蛋类的储藏技术与保鲜技术。

【学习内容】

任务一　畜产品物流概述

一、物流的概念

通俗意义上讲，物流主要指物的流通，既包括“物”，也包括“流”。“物”是一切可以进行物理位置变换的物质资料，“流”是运动，但物流并不简单的等同于“物”的“运动”。

（一）国外对物流的定义

国外关于物流的认识和实践最早起源于美国，美国物流管理协会将物流定义为：作为供应链流程中的一部分，物流通过高效率和高效力地计划、执行实施以及控制商品的储存、流动、服务相关信息等功能，来满足从生产地至消费地过程中消费者的生产生活需要。

（二）我国对物流的定义

我国的物流活动主要为储运活动，物流概念引入源于20世纪80年代初，从我国正式法律文件中对物流的定义看，《中华人民共和国国家标准物流术语》（2001年8月实施）将物流定义为：“物品从供应地向接受地的实体流动过程中，根据实际需要，将运输、储存、装卸、搬运、包装、流通加工、配送、信息处理等基本功能实施有机结合”。目前，著名学者王之泰的观点得到广泛认可，他指出：“物流是物质资料从供给者到需求者的物理运动，是创造时间价值、场所价值和一定的加工价值的活动”。

（三）现代物流概念

传统意义上的物流主要指产品出厂后的包装、运输、装卸、仓储，较为简单。现代物流认为，物流是一个系统、总体、综合的概念。具体地说，现代物流从采购物流开始，经过生产物流、销售物流、回收物流，使物流向两头延伸，并赋予物流新的内涵，使社会物流与企业物流、物资流与信息流有机地结合在一起。可以说，现代物流包含了产品从“生”到“死”整个物理性的流通全过程，并实现了物资流、信息流、资金流的综合与统一。

总之，从物流运作角度来看，物流是实现物资运输、仓储、装卸、配送、包装、加工等一体化管理的经济活动。从增值功能角度来看，物流是对生产、销售组织管理及相关资源进行重新整合，以优化企业资产结构及经营活动的资本升值活动。从价值功能角度来看，物流是通过降低输送费用、实施零库存、优化资金流等途径，实现企业经营成本节约的创造价值的活动。

（四）畜产品现代物流概念

畜产品物流是物流业的一个分支，是指为了满足消费者需求而进行的畜产品物质实体及相关信息从生产者到消费者之间的物理性流动，包括畜产品生产、收购、运输、储存、装卸、搬运、包装、配送、加工、营销、配送和信息活动等一系列环节。畜产品物流的发展目标是增加农产品附加值，节约流通货用，提高流通效率，降低物流损耗，从而规避市场风险。也就是说，畜产品物流是畜产品产出物为对象，通过畜产品产后加工、包装、储藏、运输和配送等物流环节，做到畜产品保值增值，最终送到消费者手中。

二、畜产品物流的类型

(一)畜产品生产物流

畜产品生产物流是通过饲料生产、饲养管理、配种繁殖、环境卫生、疾病防治等环节生产出合格畜产品的整个过程中，由于配置、消耗和回收各种劳动要素所形成的物流，它需要与生产过程同步，它与工业生产物流相比，一方面，它受自然条件制约性大，具有不稳定性，因此在物流过程中要充分考虑畜牧业生产的地理布局、季节性生产、分散性生产、疫病侵袭等因素的影响，所以畜产品生产物流要与当地、本企业的生产条件相结合；另一方面，我国大宗畜产品生产物流中除25%的猪肉、20%的禽蛋、40%的禽肉、10%的毛绒属于企业化生产外，其他大部分是由个体农户生产，物流量小而散，内容较单纯，活动范围小。

畜产品生产物流按照生产环节可以分为三段。

(1)产前物流。如饲料种子、肥料、饲料播种、收割、加工机械、生产工具、种畜的调配和运作。

(2)产中物流。饲养管理各项工作。

(3)产后物流。畜产品的收集、加工、包装、入库等，以及饲草饲料的收割、回运、堆垛、捆扎、加工等。

(二)畜产品销售物流

畜产品销售物流主要包括根据物流合理化原则，确定运输路线、储备系统、包装水平、加工水平和送货方式等相关内容。这一物流过程，是畜产品实现其价值的关键阶段，若销售物流不畅，就会造成畜产品积压，甚至丧失价值。在如今的买方市场中，销售物流活动带有极强的服务性，以满足买方要求，最终实现销售。畜产品销售物流的运作，大部分是先通过收购，从分散的生产者手中把小批量的畜产品集中起来，再销售到各个城镇，因此，销售物流的空间范围很大。

(三)畜产品废弃物物流

在畜产品生产、加工、销售及消费过程中，必然产生大量粪尿、污水、垫草、草渣、残料、污毛、肠胃内容物等废弃物、无用物，对它们的收集、归堆、盛装、运输、装卸和处理的物流活动，构成了畜产品废弃物物流。为此，应建立起废弃物的回收、分流、氧化、发酵、利用系统，以实现资源的再利用。在这个过程中，应因地制宜使养殖业与种植业、林业、渔业、特种养殖业等部门结合，实现绿色物流，走生态畜牧业之路。

三、畜产品物流的作用与特点

(一)畜产品物流的作用

畜产品物流是畜产品从供应者向消费者转移过程中的运输、包装、保管、装卸、搬运、流通加工、配送以及信息传递，是企业经营活动的重要内容。高效的物流对于企业及时满足市场需求，提高企业竞争力和经济效益具有十分重要的意义，从企业经营的角度看，畜产品物流的作用有以下几点。

1. 缩短生产者、供应者与消费者之间的距离，及时满足市场需求

高效发达的物流可以克服时间间隔、距离间隔、人的间隔，将畜产品迅速地从生产者、供应者手中转移到消费者手中，使消费者的需求得到及时满足。

2. 节约资源和费用，降低经营成本

良好的物流，能够节约自然资源、人力资源、能源和时间，同时也能够节约费用。比如，集装箱化运输，可以节约包装材料；机械化装卸作业，仓库保管自动化，可节省人力，从而降低开支；科学规划运输路线可节约能源等。资源的节约带来费用的节约，从而降低企业经营成本。

3. 保值、增值、创造效益

畜产品从生产到最终消费的过程中，都要经过运输、保管、包装、装卸、搬运等多个环节、多次数的物流活动。这些活动防止产品可能的受潮、水浸、破损、丢失等现象的发生，保证了产品的质量和数量，保护了产品的使用价值。同时，通过包装、流通加工、保管，运输等物流环节还增加了产品的附加值、时间价值和空间价值，从而使产品得到了增值。搞好畜产品物流既增加了企业的经济效益，又给消费者带来了安全、优质、满意的消费，进而带来了良好的社会效益。

4. 提高服务水平，增强企业竞争力

畜产品物流可以为服务对象提供良好的服务，这种服务有利于企业和品牌的形象，有利于与服务对象建立长期、稳定、良好的合作关系，从而有利于企业长远的发展，增强企业的竞争力。

(二)畜产品物流的特点

由于畜牧业生产及畜禽产品本身的特点，决定了畜产品物流具有以下特点。

1. 畜产品物流涉及的产品品种多、数量大、物流工作复杂

畜产品涵盖肉、蛋、奶、皮毛等多种产品和猪、牛、羊、禽等多个品种，不同的畜禽产品的物流需要不同的载体，具有不同的理化要求，由此引发出许多不同种类的畜产品的物流及其独特的仓储、运输、配送等物流方式。

2. 畜产品物流难度大

畜产品具有鲜活性、易变质、脆弱性、不耐储存、不便远途运输等特点，因此在物流过程中，包装、装卸、运输、仓储等难度都比较大。

3. 畜产品物流要求高

主要要求有：一是生产的季节性要求物流的及时性；二是为保证产品及环境安全必须实施畜产品绿色物流；三是要满足畜产品的特殊物流方式的要求，比如分割肉的冷藏运输，牛奶等制品的恒低温运输等，即采用冷链物流方式。

4. 畜产品物流涉及从源头到消费的多环节过程

畜产品物流包括从良种培育到畜禽饲养、屠宰、产品加工、流通、消费的全过程。畜产品物流链条的形成，有利于建立畜产品可追溯体系，加强食品安全控制。

四、我国畜产品物流现状

(一)加工产品比例小,活畜所占比例大

发达国家的禽畜产品加工量约占生产总量的70%,而我国长期形成的饮食习惯,导致肉类加工比例目前还不到5%,畜产品的保管难度,提高了物流成本。

(二)冷链体系不健全

我国冷藏保温汽车、火车数量少。禽畜产品的销售环节,部分产品不是直接进入超市销售,而是流入集贸市场拆零散卖,使禽畜产品冷链存在中断现象。禽畜产品冷链体系不健全,影响了产品的质量安全,增加了产品在物流过程中的损耗,提高了禽畜产品的物流成本。目前,我国禽畜产品的物流费用占总成本的70%,而按照国际标准,此类费用最高不超过50%。

(三)法律法规不完善

发达国家和地区对禽畜产品的生产、加工、物流、销售等都制定有严格的法律法规,如德国规定,猪、羊等从出生开始就要挂上相当于其身份证的耳标,由半官方的监督协会按官方的要求填写条形码,屠宰场对要屠宰动物的耳标和条形码进行核对,不相符的不准进入屠宰场。加拿大对禽畜产品经营企业有非常严格的注册程序,申请企业必须在申请书中详细说明生产经营环境。欧盟对运输活畜使用的车辆、司机培训、动物是否有足够的空间及饮用水等都有相应的规定。我国目前有关禽畜产品的相关法律只有《动物防疫法》《食品卫生法》《生猪屠宰管理条例》《兽药管理条例》等,而针对禽畜产品物流方面的法律法规尚没有一部。

(四)管理水平低,管理体系不健全

由于缺乏规范的管理体系,管理人员的素质参差不齐。如双汇、雨润等名牌企业产品在进入异地市场的过程中,都不同程度地遭遇过地方保护主义的困扰。另外,由于管理体制等方面的原因,禽畜产品的生产、加工、流通、国内市场检疫、进出口检疫等环节分属五六个不同的主管部门,政出多门,管理漏洞很多。另外,行业协会的作用没有得到充分发挥。在国外,政府把许多管理的工作交由行业协会去做,行业协会在管理方面发挥了很大作用。如日本九州地区,就有多达50个以上与畜牧业生产有关的协会。这些协会为禽畜主提供各种服务,既维护了禽畜产品稳定的市场价格,又保证了禽畜产品质量。

任务二　畜产品的运输

运输是畜产品物流活动的中心环节之一,也是构成畜产品物流系统要素之一,随着全球经济一体化,不同国家和地区间的商品交易越来越频繁,使得运输在国民经济中的地位日趋显著,从物流的角度看,物品通过运输手段实现不同地域范围间(如两个城市、两个工厂之间或两个物流节点之间)运动,把空间上相隔的供应商和需求者联系起来。

一、运输概述

(一)运输的概念

运输是指“用设备和工具将物品从一地点向另一地点运送的物流活动。其中包括集货、分配、搬运、中转、装入、卸下及分散等一系列操作。”(《中华人民共和国国家标准物流术语》)

运输是物流的主要功能之一。按物流的概念,物流是货物实体的物理性运动,这种运动不仅改变了货物的时间状态,也改变了货物的空间状态。运输承担了改变货物空间状态的主要任务,是改变货物空间状态的主要手段。运输再配以搬运、配送等活动,就能圆满地完成改变空间状态的全部任务。

(二)运输的功能

在物流中,运输主要有以下两个功能:其一,实现畜产品的移动。这是运输的基本职能,无论物品处于什么形式,不管是在加工过程中,还是接近最终的客户,运输都是必不可少的。其二,运输还对畜产品进行短期储存,创造了时间“效用”,畜产品在运输途中时,运输工具则成为畜产品短期存储的场所,这种临时储存场所是移动的。

二、运输方式

畜产品的运输方式有多种,它们分别是公路运输、铁路运输、水路运输、航空运输和邮政运输。这些运输方式各有特点,它们相互协调、相互配合,同时也展开竞争,共同构成畜产品的运输系统。

(一)公路运输

公路运输是使用公路设备、设施运送货物的一种运输方式,在整个运输领域中尤其是在国内运输领域中占有非常重要的地位。

公路货物运输可分为自用卡车运输和营业用卡车运输,主要承担近距离、小批量的货运和水运、铁路运输难以到达地区的长途、大批量货运,以及铁路、水运优势难以发挥的短途运输。

1. 公路运输的优点

(1)灵活性强,实现“门到门”运输。汽车不仅是其他运输方式的接运工具,还可以直达运输,不需转运或反复装卸搬运。

(2)投资少,资金周转快。公路建设期短,汽车车辆购置费较低,原始投资回收期短。

(3)受自然条件限制小。由于汽车运输的灵活方便、送达速度快,且对不同的自然条件适应性较强,有利于保持货物运输质量。

2. 公路运输的缺点

(1)如载重量小,不适宜装载重件、大件货物、不适宜走长途运输。

(2)车辆运行中震动较大,易造成货损货差事故。

(3)运输成本费用较水运和铁路高。一般认为,公路运输的经济半径一般在 200 km 以内。

(二)铁路运输

铁路运输是使用铁路设备、设施运送货物的一种运输方式。铁路货物运输可分为车皮运输和集装箱运输。主要承担长距离、大数量的原材料和价值低的制成品的运输,在没有水运条件的地区,几乎所有大批量货物都是依靠铁路,在干线运输中起主力军作用。

1.铁路运输的优点

(1)适应性强。铁路运输是在自己的专用轨道上行驶,受自然条件限制少,具有较高的连续性和可靠性。

(2)运载量大。铁路运输依靠大动力机车牵引,可以运送大批量物品。

(3)速度快。在长距离运输中送达速度仅次于航空运输(但在过短距离,则又不及公路运输)。

(4)安全程度高。在不同运输方式中,按所完成的货物吨计算的事故率,铁路运输是最低的。

(5)能耗小、污染少。铁路运输在轨道上行驶,接触面积较小,行驶阻力较小,能耗较少。

2.铁路运输的缺点

由于铁路轨道的建设是固定的,运输只能在固定线路上实现运输,需要以其他运输手段配合和衔接。但在衔接的过程中会带来很多不便,如运输速度减缓、装卸时货物损失等。一般认为,铁路运输的经济里程在200 km以上。

(三)水路运输

水路运输简称水运,是使用船舶在通航水运进行货物运输的一种运输方式。水路货物运输可分为内河运输、沿海运输、近海运输和远洋运输,主要承担大数量、长距离的运输,是在干线运输中起主力作用的运输形式。在内河及沿海,水运也常作为小型运输工具使用,担任补充及衔接大批量干线运输的任务。

1.水路运输的优点

(1)运载量大、运输成本低。船舶的运载量大,运输里程远,路途运行费用低。

(2)投资少。水路运输利用天然航道,投资少。

(3)劳动生产率高。水路运输因运输能力大,劳动生产率较高。

2.水路运输的缺点

水运适用性低,受港口、水位、季节、气候影响较大,一年中中断运输的时间较长,必须靠其他运输手段加以配合和衔接;船舶在水中行驶,水流阻力大,水运速度较慢。

(四)航空运输

航空运输简称空运,是使用飞机运送货物的一种运输方式。航空货物运输的单位成本很高,因而适合运载的主要物品有两类:①价值高、运费承担能力强的物品,如种用畜禽、高档皮毛产品等;②紧急需要的物品,如救灾抢险物品等。

1.航空运输的优点

(1)速度快。航空运输是速度最快的运输方式。

(2)灵活性强。航空运输不受地形、地貌、山川、河流的障碍,对于交通不发达地区或自然灾害的紧急救援,均可采用飞机空投方式。

(3)安全程度较高。航空运输平稳、安全,货物在运输中受到的层动、撞击等均小于其他运输力方式。

(4)航空运输建设周期较短,回收快。航空运输建设主要包括飞机、机场和其他辅助保证设施。一般来说,修建机场比修建铁路周期短,投资回收快。

2.航空运输的缺点

运输成本高、运费高、载运量小。

(五)邮政运输

邮政运输即付清邮资,把货物交给邮局,取得邮政包裹收据。收件人可凭邮局到件通知向邮局提取货物。手续简便,费用不高,适用重量轻、体积小的货物的传递。

三、畜产品运输合理化

畜产品运输合理化,就是在实现畜产品实体从生产地至消费地转移的过程中,充分有效地运用各种运输工具的运输能力,以最少的人、财、物消耗,及时、迅速、按质、按量和安全地完成运送任务。其标志是:运输距离最短、运输环节最少、运输时间最短和运输费用最省。运输合理化是实现物流系统优化的关键问题。在进行畜产品物流系统设计和管理时,实现运输合理化是一项最基本的任务。

(一)影响运输的因素

1.运输距离

运输过程中,运输时间、运输运费等若干技术经济指标都与运输距离有一定的关系,运距长短是运输是否合理的一个最基本的因素。

2.运输环节

每增加一个运输环节,都要增加运输的附属活动,如装卸,包装等,各项技术经济指标也会因此发生变化,因此减少运输环节有一定的促进作用。

3.运输工具

各种运输工具都有其优势领域,对运输工具进行优化选择,最大限度的发挥运输工具的特点和作用,是运输合理化的重要的一环。

4.运输时间

在全部物流时间中运输时间占绝大部分,尤其是远距离运输,因此,运输时间的缩短对整个流通时间的缩短,起决定性的作用。此外,运输时间缩短,还可加速运输工具的周转,充分发挥运力效能,提高运输线路通过能力,不同程度地改善运输不合理。

5.运输费用

运费在全部物流费用中占很大的比例,运费高低在很大程度上决定整个物流系统的竞争能力。实际上,运费的相对高低,无论对货主还是对物流企业都是运输合理化的一个重要的标志。运费的高低也是各种合理化措施是否行之有效的最终判断依据之一。

(二)运输不合理的表现

不合理运输是在现有条件下可以达到的运输水平而未达到,从而造成了运力浪费、运输时间增加、运费超支等问题的运输形式。目前我国存在主要不合理运输形式有:

1.返程或起程空驶

空车无货载行驶,可以说是不合理运输的最严重形式。在实际运输组织中,有时候必须调运空车,从管理上不能将其看成不合理运输。但是,因调运不当,货源计划不周,不采用运输社会化而形成的空驶，是不合理运输的表现。造成空驶的不合理运输主要有以下几种原因。

(1)能利用社会化的运输体系而不利用，却依靠自备车送货提货，出现单程重车，单程空驶的不合理运输。

(2)由于工作失误或计划不周，造成货源不实，车辆空去空回，形成双程空驶。

(3)由于车辆过分专用，无法搭运回程货，只能单程实车，单程回空周转。

2. 对流运输

亦称“相向运输”、“交错运输”，指同一种货物，或彼此间可以互相代用而又不影响管理、技术及效益的货物，在同一线路上或平行线路上作相对方向的运送，而与对方运程的全部或一部分发生重叠交错的运输称对流运输。已经制定了合理流向图的产品，一般必须按合理流向的方向运输，如果与合理流向图指定的方向相反，也属对流运输。

在判断对流运输时需注意的是，有的对流运输是不很明显的隐蔽对流，例如不同时间的相向运输，从发生运输的那个时间看，并无出现对流，可能做出错误的判断，所以要注意隐蔽的对流运输。

3. 迂回运输

迂回运输是舍近取远的一种运输。可以选取短距离进行运输而不办，却选择路程较长路线进行运输的一种不合理形式。迂回运输有一定复杂性，不能简单处之，只有当计划不周、地理不熟、组织不当而发生的迂回，才属于不合理运输，如果最短距离有交通阻塞、道路情况不好或有对噪声、排气等特殊限制而不能使用时发生的迂回，不能称不合理运输。

4. 重复运输

本来可以直接将货物运到目的地，但是在未达目的地之处，或目的地之外的其他场所将货卸下，再重复装运送达目的地，这是重复运输的一种形式。另一种形式是，同品种货物在同一地点一面运进，同时又向外运出。重复运输的最大毛病是增加了非必要的中间环节，这就延缓了流通速度，增加了费用，增大了货损。

5. 倒流运输

倒流运输是指货物从销地或中转地向产地或起运地回流的一种运输现象。其不合理程度要甚于对流运输，其原因在于，往返两程的运输都是不必要的，形成了双程的浪费。倒流运输也可以看成是隐蔽对流的一种特殊形式。

6. 过远运输

过远运输是指调运物资舍近求远，近处有资源不调而从远处调，这就造成可采取近程运输而未采取，拉长了货物运距的浪费现象。过远运输占用运力时间长、运输工具周转慢、物资，占压资金时间长，远距离自然条件相差大。又易出现货损，增加了费用支出。

7. 运力选择不当

未选择各种运输工具优势而不正确地利用运输工具造成的不合理现象，常见有以下若干形式。

(1)弃水走陆。在同时可以利用水运及陆运时，不利用成本较低的水运或水陆联运，而选择成本较高的铁路运输或汽车运输，使水运优势不能发挥。

(2)铁路、大型船舶的过近运输。不是铁路及大型船舶的经济运行里程却利用这些运力进行运输的不合理做法。主要不合理之处在于火车及大型船舶起运及到达目的地的准备、装卸时间长，且机动灵活性不足，在过近距离中利用，发挥不了运速快的优势。相反，由于装卸时间长，反而会延长运输时间。另外，和小型运输设备比较，火车及大型船舶装卸难度大、费用也较高。

(3)运输工具承载能力选择不当。不根据承运货物数量及重量选择，而盲目决定运输工具，造成过分超载、损坏车辆及货物不满载、浪费运力的现象。尤其是“大马拉小车”现象发生较多。由于装货量小，单位货物运输成本必然增加。

8.托运方式选择不当

对于货主而言，在可以选择最好托运方式而未选择，造成运力浪费及费用支出加大的一种不合理运输。例如，应选择整车未选择，反而采取零散托运；应当直达而选择了中转运输；应当中转运输而选择了直达运输等都属于这一类型的不合理运输。

(三)提高畜产品运输合理化的措施

1.合理选择畜产品运输方式、运输路线和运输工具

合理选择畜产品运输方式、运输路线和运输工具，就是在组织畜产品运输时，按照畜产品运输的特点、要求及合理化原则，对所采用的运输路线和运输工具，就其运输的时间、里程、环节、费用等方面进行综合对比计算，消除增大运输时间、里程、环节、费用等各种不合理因素和现象，选择最经济、最合理的运输方式、运输路线和运输工具。

2.采用直达、直线、直拨运输

(1)直达运输。直达运输是指将畜产品从产地或供应地，直接运送到消费地区、销售单位或主要用户，中间不经过其他经营环节和转换运输工具的一种运输方式。采用这种运输方式运送畜产品，能大大缩短商品待运和在途时间，减少在途损耗，节约运输费用。新鲜畜产品，尤其是易腐易损畜产品的运输，应尽可能采用直达运输方式。有些畜产品，如毛、皮等，虽然耐储运，但由于供销关系比较固定，而且一般购销数量多、运量大、品种单一，采用直达运输方式。在组织畜产品直达运输中，应当和“四就直拨”(就地、就厂、就站、就库直接调拨)的发运形式结合起来，灵活运用，其经济效益会更好。

(2)直线运输。直线运输是指在畜产品运输过程中，从起运地至到达地有两条以上的运输路线时，应选择里程最短、运费最少的运输路线，以避免或减少迂回、绕道等不合理运输现象。直线运输和直达运输的主要区别在于：直线运输解决的主要是缩短运输里程问题，直达运输解决的主要是减少运输中间环节问题。在实际工作中，把二者结合在一起考虑，会收到双重效果。所以，通常合称直达直线运输。

(3)直拨运输。直拨运输是指调出畜产品直接在产地组织分拨各地，直拨运输一般适用于品种规格比较简单，挑选不大的大宗畜产品运输。

3.中转运输

通常是指畜产品集散地的批发机构，将畜产品集中收购起来，然后再分运出去。中转运输也是组织畜产品运输的一种必要方式，有许多功能：可以把分散收购的畜产品集中起来，再根据市场需要转运各地，有利于畜产品经营单位按计划组织调拨；可以根据畜产品的收购、储存情况和市场需求的缓急程度，正确编制运输计划，提高畜产品运输的计划性；便于选择合理的运输方式、运输路线和运输工具，开展直达、直线、直拨运输，使农产品运输更加合理化。

4. 大力开展联运

联运是指运用两种以上的运输工具的换装衔接，联合完成畜产品从发运地到收货地的运输全过程。联运的最大特点是，畜产品经营部门只办理一次手续即可完成全过程的托运。现阶段我国的联运主要是水陆、水水（江、河、湖、海）、陆陆（铁路、公路）联运和航空、铁路、公路三联运。开展畜产品联运，既适应我国交通运输的客观条件和运输能力，也综合畜产品产销遍布全国、点多面广的特点。只要联运衔接合理，就可缩短待运时间，加速运输过程。

5. 大力发展集装箱运输

集装箱是交通运输部门根据其运输工具的特点和要求，特制的装载商品的货箱。我国铁路运输集装箱有 1～30 t 的几种不同规格。选用时，要根据畜产品的重量和用以装载的车型来确定，以求装满载足，减少亏吨。

集装箱运输过程机械化、自动化操作程度高，是现代高效运输形式。采用集装箱运输，有利于保证商品安全，简化节约包装，节约装载、搬运费，加快运输速度，便于开展直运和联运。集装箱运输适应畜产品易腐易变的特点和运输要求，应大力发展这种运输方式。

6. 提高运输工具的使用效率和装载技术

运输工具的使用效率，是指实际装运重量与标记载重的比率。提高运输工具使用效率的要求是，既要装足吨位，又要装满容积。这就要求必须提高装载技术。

提高运输工具使用效率和装载技术可以挖掘运输工具潜力，运送更多的商品，降低运输成本，节约运费开支。

7. 推广"冷藏链"运输

"冷藏链"运输是指对鲜活畜产品从始发地运送到接受地，每一环节的转运或换装都保持在规定的低温条件下进行。比如鲜鱼的运输，就应用冷藏船运到冷藏汽车，再运到冷藏火车，下站后再用冷藏汽车运到冷库。

"冷藏链"运输能抑制微生物繁殖和细菌的活动，防止畜产品腐烂变质和减少在途损耗，同时，还能延长其储存期，有利于调节其市场供求。可见，"冷藏链"运输对于保证畜产品质量，减少畜产品运输损耗，改进畜产品经营很有好处，应该积极推广。

任务三　畜产品的仓储

在现代经济社会中，由于消费的多样化、个性化越来越普遍，使得畜产品的生产和物流活动也愈加复杂化，经济活动和人们生活中的不均衡和不同步现象普遍存在，致使许多动物产品都需要经过一定时间的储存，才能进入消费领域。因此，仓储作为克服产品生产和消费在时间上间隔的一种措施不可缺少。

一、仓储概述

（一）仓储的概念

《中华人民共和国国家标准物流术语》中指出，仓储是指通过仓库对物资进行储存和保管。储存是指保护、管理、储藏物品；保管是指对物品进行保存和数量、质量管理控制活动。

仓储是物流的重要基本功能，它和运输一起构成物流的核心基本功能。

畜产品仓储指畜产品离开生产过程，尚未进入流通领域之前，在流通过程中的停留。由于畜产品有产地集中和易腐烂等特点，在畜产品流通的各个环节上都有程度不同地要对畜产品进行仓储，仓储的时间不同，要求不同，可以在产地仓储也可以在销地仓储，可以是现代化的仓储条件，也可以是传统的仓储设施。

(二)仓储的功能

1.保管功能

仓库具有一定的空间，用于储存物品，并根据储存物品的特性配备相应的设备，以保持储存物品完好性。在仓库作业时，还有一个基本要求，就是防止搬运和堆放时碰坏、压坏物品。从而要求搬运器具和操作方法的不断改进和完善，使仓库真正起到储存和保管的作用。

2.调节功能

调节功能包括调节供需的功能和调节货物运输能力的功能。

(1)调节供需的功能。现代化大生产的形式多种多样，从生产和消费的连续来看，每种产品都有不同的特点，有些产品的生产是均衡的，而消费是不均衡的，还有一些产品生产是不均衡的，而消费却是均衡不断地进行的。要使生产和消费协调起来，这就需要仓库来起“蓄水池”的调节作用。

(2)调节货物运输能力。各种运输工具的运输能力是不一样的。船舶的运输能力很大，海运船一般是万吨级，内河船舶也有几百吨至几千吨的。火车的运输能力较小，每节车皮能装运 30～60 t，一列火车的运量最多达几千吨。汽车的运输能力很小，一般每辆车装 4～10 t。他们之间的运输衔接是很困难的，这种运输能力的差异，也是通过仓库进行调节和衔接的。

3.信息传递功能

现代仓库的功能已处在由保管型向流通型转变的过程之中，即仓库由储存、保管货物的中心向流通、销售的中心转变。仓库不仅要有储存、保管货物的设备，而且还要增加分拣、配套、捆绑、流通加工、信息处理等设置。这样，既扩大了仓库的经营范围，提高了物质的综合利用率，又方便了消费，提高了服务质量。伴随着以上功能的改变，导致了仓库对信息传递的要求。在处理仓库活动有关的各项事务时，需要依靠计算机和互联网，通过电子数据交换(EDI)和条形码技术来提高仓储物品信息的传输速度，及时而又准确地了解仓储信息，如仓库利用水平、进出库的频率、仓库的运输情况、顾客的需求以及仓库人员的配置等。

(三)仓储合理化

1.仓储合理化的概念

仓储合理化就是用最经济的办法实现仓储的功能。仓储的功能是对需要的满足，实现被储物的“时间价值”，这就必须有一定储量。商品储备必须有一定的量，才能在一定时期内满足需要，这是仓储合理化的前提或本质。所以，合理储存的实质是，在保证储存功能实现前提下尽量少的投入，也是一个投入产出的关系问题。

2.仓储不合理化的表现

不合理储存保管是在现有条件下可以达到的仓储水平而未达到，从而造成仓储资源浪费、储存时间增加、结构失衡等问题的储存保管形式。具体形式有：

(1)储存保管时间过长。从“时间效用”角度来考察，储存一定时间，效用可能增大，时间继续增加，效用增加就会减缓甚至出现效用降低。对绝大多数物品，过长的储存时间都会影响总效益。

(2)储存保管数量过大。储存数量的增加会引起储存损失增加，而管理能力却不能按比例增加，甚至还可能出现储存量增加到一定程度，损失陡增的现象。

(3)储存保管数量过低。储存数量过低，会严重降低储存对供应、生产、消费的保证能力，储存量低到一定程度，由储存带来的损失超过库损、利息支出损失等。

(4)储存保管条件不足或过剩。储存保管条件不足往往造成储存物品的损失；储存保管条件大大超过需求，使储存物品必须过高地负担储存成本，出现亏损。

(5)储备结构失调。储备结构失调包括以下几个方面：①储存物品的类型、品种、规格失调；②不同类型、品种、规格的物品的储存期失调、储存量失调；③储存物品的储存地域失调。

(四)仓储合理化的措施

仓储合理化的含义是用最经济的办法实现储存保管功能，一般来说，有以下六个标志。

1.质量标志

保管储存物品的质量，是完成储存保管功能的根本要求。在储存中增加了多少时间效用或者得到了多少利润，都是以保证质量为前提的。因此，储存保管合理化的主要标志中，为首的应当是反映使用价值的质量。

2.数量标志

在保证功能实现前提下，有一个合理的数量范围。目前管理科学的方法已能在各种约束条件下，对合理数量范围做出决策，但是较为实用的还是在消耗稳定、资源及运输可控的约束条件下，所形成的储存数量的控制方法。

3.时间标志

在保证功能实现前提下，寻求一个合理的储存时间。这是和数量有关的问题，储存量越大而消耗速率越慢，则储存的时间必然长，相反则必然短。在具体衡量时往往用周转速度指标来反映时间标志，如周转天数、周转次数等。

4.结构标志

结构标志是从储存物品不同类型、品种、规格等的储存数量比例关系对储存合理性的判断，尤其是相关性很强的各种物资之间的比例关系更能反映储存合理与否。

5.分布标志

分布标志是不同地区储存的数量比例关系，以此判断和当地需求比，对需求的保障程度，也可以此判断对整个物流的影响。

6.费用标志

仓租费、维护费、保管费、损失费、资金占用利息支出等，从实际费用上判断储存合理与否。

二、肉类的储藏与保鲜技术

(一)低温储藏技术

低温储藏是人们普遍采用的方法，此方法通常是将肉在2～4℃之间保存。低温不仅能抑制微生物生长繁殖，还可以降低酶的活性。肉制品中的大多数致病菌最低耐受温度为3～5℃，冷鲜肉在5℃下保存，可显著防止致病菌及腐败菌的生长。冷鲜肉低温保鲜时间长短与冷却的速度及冷藏条件有关。低温保鲜的原理即降低环境温度,使微生物新陈代谢降低出现部分休眠状态,降低酶的活性与杀死寄生虫从而使冷鲜肉的货架期延长。

(二)高压保鲜技术

高压对食品的加工和储藏不会产生不良的影响,有研究指出非加热条件下的高压处理可加速肉的成熟和嫩化,同时还能杀灭微生物,钝化酶的活性,达到延长冷鲜肉货架期的目的。经过高压保鲜的肉色泽、营养价值、鲜度和风味等品质指标基本不变。一般压强越高效果越好,储藏期越长。高压处理的原理即使蛋白质变性从而使酶失活,杀死微生物。

(三)辐照保鲜技术

辐照保鲜技术是利用放射物发出的电磁波辐照物体,损失冷鲜肉中微生物细胞中的遗传物质,影响微生物的正常生长和代谢,从而杀死或抑制肉制品表面和内部的微生物。辐照后的食品不会留下任何残留物,但是辐照处理后会加速冷鲜肉中脂肪的氧化,辐照剂量越高,脂肪氧化越严重,在辐照前添加抗氧化剂可显著减缓冷鲜肉的脂肪氧化。一般辐照使用的射线包括微波、紫外线、X射线、β射线、α射线和γ射线,但是常使用的为后面四种。

(四)保鲜剂保鲜技术

保鲜剂保鲜技术就是利用各种保鲜剂杀死或抑制冷鲜肉中微生物、减缓肉中脂肪氧化,从而达到延长肉的货架期。目前,许多安全高效的保鲜剂已在冷鲜肉中得到广泛的应用,常见的保鲜剂可分为化学保鲜剂(乳酸及其盐类,山梨酸及其钾盐类、丙酸及其盐类、柠檬酸、抗坏血酸、混合磷酸盐)和天然保鲜剂(壳聚糖、香辛料及中药提取物和乳酸链球菌素、溶菌酶)两种。

(五)气调保鲜技术

气调保鲜技术是利用调整环境其他成分来延长肉品储藏寿命和货架期的一种技术。其原理是在一定的封闭体系内,通过各种调节方式得到不同于正常大气组成的调节气体,以此来抑制肉制品本身的生理生化作用和抑制微生物的作用。不过一般气调保鲜技术的保鲜效果与环境的温度有关,所以气调保鲜技术通常与冷藏保鲜技术一起使用。

三、鲜蛋的储藏技术

因鲜蛋在储藏过程中会发生很多变化,鲜蛋储藏保鲜技术受到广泛关注。根据蛋的结构和特性,可让其闭塞气孔以防止微生物侵入,或降低温度抑制微生物及酶类作用,并保持适宜的温度和卫生条件从而达到储藏保鲜的作用,并保持适宜的温度和卫生条件从而达到储藏保鲜的目的。其方法主要有冷藏法、涂膜法、液浸渍法、消毒法和气调法等。

(一)冷藏法

冷藏法是利用低温来延缓蛋内的蛋白质分解,抑制微生物的生长繁殖,达到在较长时间内保存它的新鲜度。冷库冷藏法操作简单,管理方便,储藏效果好,一般储藏半年以上依然能够保持蛋的新鲜度。

1.冷藏前的准备工作

(1)冷库消毒。鲜蛋入库前,要先将冷库打扫干净,通风换气,消毒。消除库内残存的微生物。

(2)严格选蛋。入库前,我们要剔除已破碎,有裂纹,已被雨淋和异形等质量不好的。

(3)合理包装。入库前的包装要清洁，干燥，完整，结实，没有异味，防止鲜蛋受污染发霉，轻装轻卸。

(4)鲜蛋预冷。选好的鲜蛋入库前要经过预冷。若把温度较高的鸡蛋直接送入冷库，会使库温上升，导致水蒸气在蛋壳上凝成水珠，给霉菌生长创造了条件；另一方面，蛋的内容物是半流动液体，若遇骤冷，内容物很快收缩，外界微生物易随空气一同进入蛋内。预冷的方法有两种：一种是在冷库的穿堂，过道进行预冷，每隔1～2 h降温1℃，待蛋温降到1～2℃时入冷库；另一种是在冷库附近设预冷库，预冷库温度为0～2℃，相对湿度为75%～85%，预冷20～40 h，蛋温降至2～3℃时转入冷藏库。

2.鲜蛋冷藏的技术管理

(1)合理码垛。为了改善库内通风，均匀冷却库内温度，便于检查储藏效果，码垛应间隔适宜，保存较长时间的蛋品放在里面，短期保存时放在外面，以便出库。每批蛋进库后应挂上货牌，登记入库日期，数量，类别，产地和温度变化情况。

(2)恒定温度和湿度。控制冷库内温度和湿度是保证取得良好冷藏效果的关键。鲜蛋冷藏最适宜温度为−2～1℃，相对湿度为85%～90%，一般可冷藏6～8个月。在鲜蛋冷藏期内，库温应保持稳定均匀，不能有忽高忽低现象，24 h内温差不超过0.5℃。否则会影响蛋品质量。

(3)出库逐步升温。经过冷藏的鲜蛋出库前，需逐步升温，否则蛋品若突然遇热，蛋壳表面会凝结一层水珠，蛋壳外膜遭破坏，易感染微生物，从而加速蛋品库外变质。冷藏蛋的升温在专设的升温间进行，也可在冷库的穿堂，过道进行，每隔2～3 h室温升高1℃，当蛋温比外界温度低3～5℃时，升温工作即可结束。

(二)石灰水储藏法

石灰水储藏法的原理是生石灰加水后产生氢氧化钙，氢氧化钙吸收蛋内散发出来的二氧化碳，变成不溶性的碳酸钙微粒，凝集在蛋壳表面，封闭气孔，微生物不易侵入蛋内，蛋内水分也不易蒸发，蛋内积聚残余的二氧化碳，抑制浓厚蛋白变稀，蛋白pH下降，延缓鲜蛋的各种变化，达到较长时间储存鲜蛋的目的。用石灰水贮蛋，操作简便，费用省，适宜于大批量储存，也适用于农村乡镇企业、家庭等储存鲜蛋。但石灰水储存过的鲜蛋，蛋壳色泽较差(发暗)。由于有少部分水分渗入蛋内，长期储存，蛋白变稀，蛋黄扩大，颜色变绿。同时因蛋壳的气孔被封闭，蛋壳易破，煮时需在蛋的大头穿一小孔，以免煮时蛋壳破裂。

采用石灰水储藏鲜蛋，在技术管理上应注意以下几点：①蛋源要新鲜，严格剔去破损蛋和次劣蛋，否则，易使石灰水发混变臭，影响蛋的品质。②溶液应保持在10～15℃。根据多年经验，炎热夏季，库温最高不超过23℃，水温不超过21℃。如果超过此温度，应设法降温。冬季库温在3～4℃，水温以1～2℃为宜。③定期检查。储藏期间应该每日早、中、晚三次检查库温和水质情况。若发现溶液发浑、发绿、有臭味时应尽快处理。液面上有漂浮蛋、破壳蛋、臭蛋等，应及时捞出。液体表面的碳酸钙薄膜应保持完整，有助于防止微生物侵入。④经储存的蛋，蛋壳松脆，必须轻拿轻放。⑤当用其他容器储蛋时，不要剧烈震动，以免震破液面的碳酸钙薄膜。

(三)表面涂膜法

利用涂膜剂涂抹在蛋壳表面，以堵塞气孔，防止微生物进入，抑制酶的活性，减少蛋内水分蒸发，达到保鲜和降低干耗的目的。目前使用较多的是医用无毒的液体石蜡(或固体石蜡)、聚乙烯醇溶液和水玻璃溶液等。其技术要点主要有以下几点。

(1)选蛋。采用涂膜保鲜的蛋必须新鲜,并经光照检验,剔去次劣蛋。夏季最好是产后1周以内的蛋,春、秋季最好是产后10 d内的蛋。

(2)涂膜。先将少量液体石蜡放入碗或盆中,用右手蘸取少许于左手心中,双手相搓,黏满双手,然后把蛋在手心中两手相搓,快速旋转,使液蜡均匀微量涂满蛋壳。涂抹时,不必涂得太多,也不可涂得太少。

(3)入库管理。将涂膜后的蛋放入蛋箱或蛋篓内储存。放蛋装箱时,要放平放稳,以防储存时移位破损。把码好蛋的箱或篓放入库房内,保持库房内通风良好。库温控制在25℃以下,相对湿度70%~80%。如遇气温过高或阴雨潮湿的天气,可用塑料膜制成帐子覆盖,帐中的涂膜蛋箱(篓)可叠几层,但层间要有间隔,排列整齐,并留有人行通道,以便定期抽查。如果在最上一层蛋箱上放置吸潮剂更好。入库管理时注意温度、湿度,定期观察,不要轻易翻动蛋箱。一般20 d左右检查1次。

(4)注意事项。涂膜保存鲜蛋,除严格按以上环节操作外,还应注意以下几个问题:一是放置的吸潮剂,若发现有结块、潮湿现象,应搅拌碾碎后,烘干再用,或者更换吸潮剂;二是掌握气温在25℃以下时,夏季气温在32℃以上时,要密切注意蛋的变化,防止变质;三是鲜蛋涂膜前要进行杀菌消毒;四是注意及时出库,保证涂膜的效果。

(四)气调储藏法

气调储藏是指通过调整和控制蛋品储藏环境的气体成分和比例以及环境的温度和湿度来延长蛋品的储藏寿命和货架期的一种技术。在一定的封闭体系内,通过各种调节方式得到不同于正常大气组成的调节气体,以此来抑制蛋品本身引起蛋品劣变的生理生化过程或抑制作用于蛋品的微生物活动过程。

气调储藏技术的核心是使空气中的二氧化碳浓度上升,氧气的浓度下降,配合适当的低温条件,来延长食品的寿命。

气调储藏法的特点是操作简单、成本低、容易推广,特别适用于库房气密性好,储藏的蛋品为一次整进整出的情况。但是对气体成分的控制不精细;降氧速度慢;储存一段时间后,需补充新鲜空气,以冲淡CO_2和补充O_2。

任务四　畜产品的包装

一、包装的概念与功能

(一)包装的概念

从狭义的角度看,包装有静态与动态之分,静态的包装指为在流通过程中保护产品,方便储运,促进销售,按一定的技术方法所用的容器、材料和辅助物等的总体名称;动态的包装指为达到上述目的在采用容器,材料和辅助物的过程中施加一定技术方法等的操作活动。盛装没有进入流通领域物品的用品不能称之为包装,只能称为“包裹”“箱子”“盒子”“容器”等。

包装除了有包裹承装的功能外，对物品进行修饰，获得受众的青睐才是包装的重要作用。从广义的角度看，一切进入流通领域的拥有商业价值的事物的外部形式都是包装。在生产和流通过程中，包装一般处于生产过程的末尾和物流过程的开头，贯穿于整个物流过程。它是物流活动的基础。没有包装几乎不可能实现物流的其他活动(散货物流除外)。包装的材料、形式、方法以及外形设计对其他物流环节产生重要的影响。

(二)包装的功能

1.保护功能

即保护物品不受损伤的功能，它体现了包装的主要目的，包括四个方面：

(1)防止物品的破损变形。为了防止物品的破损变形，物品包装必须承受在运输配送、储存保管、装卸搬运等过程中的各种冲击、振动、颠簸、压缩、摩擦等外力的作用，形成对外力的保护。

(2)防止物品发生化学变化。为防止物品受潮、发霉、变质、生锈等化学变化，物品包装必须能在一定程度上起到阻隔水分、潮气、光线以及空气中各种有害气体的作用，避免外界不良因素的影响。

(3)防止有害生物对物品的影响。鼠、虫及其他有害生物对物品有很大的破坏性。包装封闭不严，会给细菌、虫类造成侵入之机，导致变质腐败，特别是对畜禽加工产品危害性更大。

(4)防止异物流入，污物污染，物品丢失、散失。

2.便利、效率功能

即具有便利流通方便消费的功能。主要表现在三个方面。

(1)便利配送运输。包装的规格、形状、重量与物品运输关系密切。包装尺寸与运输车辆、船舶、飞机等运输工具箱的仓容积相吻合，方便了运输，提高了运输效率。

(2)便利装卸搬运。物品经过适当的包装后为装卸搬运作业提供了方便，物品的包装便于各种装卸搬运机械的使用，有利于提高装卸搬运机械的生产效率。包装的规格尺寸标准化后为集合包装提供了条件，从而能极大地提高装载效率。

(3)储存保管。从装卸搬运角度上看，物品进、出库时，在包装规格尺寸、重量、形态上适合仓库内的作业，为仓库提供了装卸搬运的方便。从储存保管角度来看，物品的包装为储存保管作业提供了方便条件，便于维护物品本身原有使用价值；包装物的各种标志使仓库的管理者易于识别、易于存取、易于盘点，有特殊要求的物品易于引起注意。从物品验收角度上看，易于开包，便于重新打包，为验收提供了方便性。

3.定量功能

即单位定量或单元化。包装有将商品以某种单位集中的功能，以达到方便物流和方便商业交易等目的。从物流方面来考虑，包装单位的大小要和装卸、保管、运输条件的能力相适应；应当尽量做到便于集中输送以获得最佳的经济效果，同时又要求能分割及重新组合以适应多种装运条件及分货要求。从商业交易方面来考虑，包装单位大小应适合于进行交易的批量，零售商品应适合于消费者的一次购买。

4.商品功能

即创造商品形象。商品的包装就是企业的面孔，好的商品包装能够在一定程度上提高企业的市场形象。

5.促销功能

即具有广告效力,唤起购买欲望。合理的包装有利于促进商品的销售,包装的外部形态是商品很好的宣传品,对客户的购买有刺激作用。

二、包装合理化

(一)包装合理化的概念

包装合理化一方面包括包装总体的合理化。这种合理化往往用整体物流效益与微观物流效益的统一来衡量;另一方面也包括包装材料、包装技术、包装方式的合理组合及运用。

(二)包装不合理的表现

不合理包装是在现有的条件下可以达到的包装水平而未达到,从而造成了包装不足、包装过剩、包装污染等问题。目前一般存在的不合理包装形式有以下几种。

1.包装不足

包装不足可以造成在流通过程中的损失及降低物流效率。主要包括四个方面。

(1)包装强度不足,导致包装防护性不足,造成被包装物的损失。

(2)包装材料水平不足,由于包装材料选择不当,材料不能很好地承担运输防护及促进销售的作用。

(3)包装容器的层次及容积不足,缺少必要层次与所需体积不足造成损失。

(4)包装成本过低,不能保证有效的包装。

2.包装过剩

包装过剩主要包括四个方面。

(1)包装物强度设计过高,如包装材料过大,包装方式超过强度要求,使包装防护性过高。

(2)包装材料选择不当,选择过高,如可以用纸板却不用而采用镀锌、镀锡材料等。

(3)包装技术过高,如包装层次过多、包装体积过大。

(4)包装成本过高,大大超过减少损失可能获得的利益,同时包装成本在商品成本中比例过高,损害了消费者利益。

3.包装污染

包装污染主要包括两个方面。

(1)包装材料中大量使用的纸箱、木箱、塑料容器等,要消耗大量的自然资源。

(2)商品包装的一次性、豪华性,甚至采用不可降解的包装材料,严重污染环境。

三、合理包装

包装合理化是指适应和克服流通过程中的各种障碍,适应物流发展而不断优化,取得最佳经济社会效益,充分发挥包装实体有用功能。包装合理化具体表现在以下几个方面。

1.智能化

物流信息化发展和管理的一个基础是包装智能化,包装上的信息量不足或错误会直接影响物流各个活动的进行。随着物流信息化程度的提高,包装上除了表明内装物的数量、重量、品名、生产厂家、保质期及搬运储存所需条件等信息外，还应粘贴商品条形码、流通条码等，以实现包装智能化。

2. 标准化

包装标准是针对包装质量和有关包装质量的各个方面，由一定的权威机构所发布的统一的规定。包装标准化可以减少包装的规格型号，提高包装的生产效率，便于被包装物品的识别和计量，包括包装规格尺寸标准化、包装工业产品标准化和包装强度标准化等三个方面内容。

3. 绿色化

绿色包装是指无污染或少污染的符合环保要求的各类包装物品，主要包括纸包装、可降解塑料包装、生物包装和可食用性包装，是包装业发展的主流。

4. 单位大型化

随着交易单位的大量化和物流过程中的装卸机械化，包装大型化趋势也在增强。大型化包装有利于机械的使用，提高物流活动效率。

5. 作业机械化

包装作业机械化是提高包装作业效率、减轻人工包装作业强度，是实现省力的基础。包装作业机械化首先从单个包装开始，之后是装箱、封口、挂提手等与外装相关联的作业。

6. 包装轻薄化

由于包装只是起保护作用，对畜产品使用价值没有任何意义，因此，在强度、寿命、成本相同的条件下，更轻、更薄、更小的包装可以提高装卸搬运的效率。而且轻薄短小的包装一般价格比较便宜，如果是一次性包装还可以减少废弃材料的数量。

7. 成本低廉化

包装成本中占比例最大的是包装材料费用。因此，降低包装成本首先应该从降低包装材料费用开始，在保证功能的前提下，尽量降低材料成本。

四、肉制品的包装

(一)肉制品包装的形式

肉制品的包装主要是依据产品各自不同的形态，规格、种类的不同决定着各自不同的包装形式。同时，各个生产厂家由于文化内涵不同，设计人员的水平高低不同，各自设计的风格不同，也就出现了各自不同的包装设计风格与形式。从目前肉食品市场的情况看，主要品种有圆体形的火腿和火腿肠、方形块状的肉制品和罐头肉制品、软包罐头肉制品、腊肠肉制品等。在这些包装形式中，目前常见的有以下几种。

1. PVDC 肠衣膜

这是所有火腿肠使用的包装物，这种膜为双层加工工艺，阻氧，有红色、白色、黄色、棕色等多种颜色。

2. 人造植物蛋白肠衣膜

这种膜属于环保型，无污染无公害类肠衣，适宜很多中式灌肠肉制品用，和 PVDC 不同的是不适宜印刷图案，进入市场中还需外加塑料透明袋或其他的包装形式加以保护。

3. 动物肠衣膜

一般为猪肠衣或羊肠衣，属于无公害无污染的绿色包装。在进入市场中，仍然需要再增加外包装形式或贴上标签。

4. 彩印塑料膜

这种膜无毒阻氧，在透明的膜上可印有各种造型的图案，适宜于圆形的肉制品和方形的肉制品，少则 200 g，多则几千克，规格不同，花样繁多，超市和商场多见这种产品。

5. 罐头肉制品的包装

这种肉制品应分为铁盒型罐头、玻璃瓶罐头和软包装罐头三种。铁皮与玻璃型罐头有外印彩色图案的，也有以标签形式不干胶贴裹上的；软包装罐头一般分为多层共挤高阻隔复合膜包装和铝锡纸包装，它们直接与物体结合，真空阻氧，有些另外配有塑料彩印膜，有些是与塑料彩印膜合成在一起的，其设计印刷的图案都比较精美，在常温下保持期较长，一般在3～6 个月，也有些是透明单层的，不需要阻氧铝纸，而是直接在冷冻柜中对外销售，这些属于低温产品，保质期较短。如肉丸、肉饼、肉饺、肉排等。

6. 简易普通包装

这类产品用普通塑料膜、一次性塑料盒、塑料袋等，其设计不需要投入过多的成本，越简易越普通越好，主要用于短期或临时性的消费。

(二)肉制品包装设计的定位

在肉制品包装设计的定位方面，主要把握两个方面：一是肉制品消费对象的定位，二是肉制品自身状态的定位。只有这两个方面把握准了，设计的定位也就确立了。

1. 肉制品消费对象定位

(1)消费主体类型定位。主要是对肉类制品消费主体对象的区分，如火腿肠为普通大众消费或旅游消费，清真肠为伊斯兰民族消费，中式肉制品和低温肉制品适应餐厅酒店和家庭消费等。消费主体类型定位与产品包装设计定位相匹配，如清真产品，在设计过程中要通过文字与图案体现出“清真”的特点；中式肉制品、低温肉制品要在设计中考虑到家庭与酒店的消费方便，要考虑包装材料与造型设计问题。除此以外，还要考虑地方民俗、文化特点、消费习惯、差异性等。

(2)消费对象定位。主要针对肉制品市场不同消费者而言，如儿童肉制品体现儿童特色，如双汇神童以及适应妇女儿童的肉制品类的鸡肉火腿肠、牛奶火腿肠、AD 钙加锌加铁火腿肠等。在包装设计上，要把握好他们的特点来确定设计的图案定位；还要根据其不同的特点，设计出不同风格和不同花样的包装造型与图案，以满足不同层次消费者的心理需求。

2. 肉制品自身形态的定位

肉制品自身形态主要指以畜禽肉为主要原料而加工出来的各自不同形态的肉制品。这种肉制品随着人们生活水平的提高和生活习惯的不断变化，以及市场竞争的影响，将会向着高层次、高品质、高文化形态方面发展，不断创新，适应市场的需要，满足消费者的需求。

(三)肉制品包装设计的技巧

肉制品包装的设计和其他食品包装设计一样，要求在设计过程中要把握各种技巧。

1. 以刺激食欲为宗旨，把握好设计中的色彩

肉食品基本色多为肉红色，或在其基础上淡一些，重一些，但万变不离其“红”的本色。为配合这种本色在设计包装中，应考虑到淡雅的白、绿、蓝、黄或淡雅的粉红为底色，在陪衬

或烘托肉的颜色或在该底色的画面上用较重颜色图案与文字来表现，突出一点是：简捷与明快。

2.以刺激食欲为宗旨，把握好设计中的图案

肉制品包装设计的图案因受肉本色的影响，所以要求图案也应是越淡越雅，越集中越具有视觉吸引力和穿透力(即图案忌讳散点性结构，或平铺直叙的图案，而应以集中的图案点和几何型的图案为主)。所以，在包装和标签的图案上应力求删繁就简，重点突出"集中表现"点上。

3.根据民俗不同，把握好地域文化追求

中国人喜欢吉祥喜庆红火热闹，而西方追求自由浪漫，清新亮丽，在包装图案设计中，根据产品销售的不同地域和民俗特点，把握其设计的风格，要有针对性、指向性、地域性。

4.包装的画面以实物直达主题

肉制品本身的色彩具有刺激食欲的特点，在包装设计中，应力求以实物直达主题方式去展现肉制品的风貌。因此，在设计时，多选择能直接反映肉制品内容物的照片，使人们能直接通过包装感知到内在实物的诱惑性。

5.烘托与点缀

肉制品虽然自身就能引起人们的食欲，但如果看到的全是肉块或肉片，也会使人生腻，所以必要时须用绿色衬托，如水果、蔬菜以及香槟、白兰地、啤酒等，这些陪衬物一旦与肉同时出现在一个画面上，使人们在心理上产生一种驱动感。因此，烘托与点缀是极为重要的。

五、乳制品的包装

乳制品营养丰富，又易被人体消化吸收，是一种理想的食品。其种类多，性状不同，组成成分也不同，因此包装要求也不同。乳制品包装的目的就是选择合适的包装材料，延长乳制品的保藏期，保证乳制品的质量，同时又便于储运和销售。

(一)乳制品包装材料

1.对包装材料的要求

(1)无毒、无味、无臭、安全、卫生。

(2)外表美观，便于商标印刷。

(3)具有一定的强度、韧性和密封性能，便于运输存放。

(4)化学性能稳定，不与内容物反应。

(5)价格合理，原料丰富。

(6)废弃物容易处理，不污染环境。

2.包装材料的类型

(1)金属材料。①马口铁，马口铁是一种由厚度小于0.5 mm的软钢板制成的复层物质，以电镀法或热浸法将纯度在99.15%以上的锡镀在其表面，能防锈而且有足够的强度；②铝箔，铝箔是一种厚度在0.152 4 mm以下的铝的薄片产品，可与其他包装材料一起制成复合包装膜，广泛用于乳制品包装。

(2)塑胶薄膜。①聚乙烯(PE)，聚乙烯是目前世界上产量最大，应用最广的塑料。②聚丙烯(PP)，使用量仅次于PE。③聚氯乙烯(PVC)，在全世界塑料总产量中占第二位(仅次于

聚乙烯)，纯的 PVC 无毒，但由于合成 PVC 的单体——氯乙烯有致癌作用，故长期以来一直不允许用于食品包装。现在，PVC 中的氯乙烯单体含量已降到安全线之下，允许用于食品包装。④聚酯(PET)。有瓶类、薄膜等用途。⑤聚酰胺(PA)。俗称尼龙(nylons)，主要是作为复合材料的一层。⑥聚偏二氯乙烯(PVDC)。包装用的 PVDC 塑料俗称纱纶，是偏二氯乙烯、氯乙烯、醋酸乙烯和丙烯酸等单体的共聚物。

(3)玻璃纸。由天然纤维素制成。优点是透明、不透气、无毒、价廉、印刷性好、机械操作性好。缺点为吸水易膨胀，膨胀后透气性增大。

(4)泡沫塑料。聚苯乙烯和聚乙烯都可制作泡沫塑料，但聚苯乙烯性能好，故多用。泡沫塑料为一种半硬质的泡沫材料，表面有许多密闭式的泡沫粒状结构，它的外观为一种白色不透明的包装材料，可染成各种颜色。其成本低，防震。

(二)液态乳包装

1.液态乳的种类

目前，液态乳主要有鲜牛乳和酸乳两大类。液态乳的种类层出不穷，每一种都在口味、微量元素含量及营养等方面不同。其中口味上有草莓味的、菠萝味的、柠檬味的等；微量元素上有侧重补铁的、侧重补钙的、侧重补锌的等。

2.液态乳包装的发展

牛奶包装是从 20 世纪 40 年代开始的，当时，小量的牛奶是用玻璃瓶装好送给客户，这就是消费牛奶的最初包装；后来出现了用纸质和纸板经涂蜡后包装液体牛奶；20 世纪 60 年代，涂蜡纸被 LDPE(低密聚乙烯)取代，玻璃瓶装牛奶被淘汰，吹制模塑的 HDPE(高密聚乙烯)和 LDPE 广口瓶得到发展。

目前就牛奶的包装而言，不同地方有着不同的包装方式，在北美市场上液态牛奶瓶主要是 HDPE 和 LDPE 广口瓶或 PE 塑料瓶，而欧洲和非洲广泛使用纸箱盒(纸板双面涂布了 PE)为主的包装材料。在我国目前液体牛奶包装膜主要是无菌包装的多层共挤复合膜及纸、塑、铝各层复合材料生产的袋、盒式包装。

3.液态乳的包装形式

(1)无菌砖。包括变形的三角形、斧形、方柱形、圆柱形、多角形等，最典型的产品为利乐砖与康美包，为多层纸铝塑复合材料结构，鲜奶在超高温瞬间灭菌后进行灌装。产品能最大限度地保留营养和风味，安全性好，保质期长，常温储存，便于长途运输。

(2)屋顶盒。典型产品为国际纸业生产的新鲜屋，为纸塑结构。屋顶型纸盒包装有其独到的设计、材质及结构，可防止氧气、水分的进出，对外来光线有良好的阻隔性；可保持盒内牛奶的鲜度，有效保存牛奶中丰富的维生素 A 和 B 族维生素。

(3)无菌枕。典型产品为利乐枕、泉林无菌枕等，为纸铝塑多层复合结构，产品保质期长，安全卫生，成本相对较低，适合家庭消费，无须冷藏，分销过程节省运输成本。

(4)无菌杯。塑料杯无菌包装形式有塑料热成型杯和预制杯两种。热成型杯有法国的 Erca、美国的 Therform 和 Bosh 等公司生产的无菌包装系统。预制杯有 Metal Box 公司的 Fressh Fill 无菌包装系统。

(三)乳粉包装

乳粉制品富含蛋白质、脂肪等各种营养物质，易受日光等作用而变化。此外，由于乳粉颗粒的多孔性，其表面积很大，吸潮性强，一旦受潮就会结块引起细菌的繁殖，因此，乳粉必须包装后储存。

(1)金属罐包装。奶粉类的包装一般都采用真空充氮包装。充氮包装是使用半自动或全自动的真空充氮封罐机，在称量装填之后抽成真空以排除乳粉及罐内的空气，然后立即充以纯度为99%以上的氮气再进行密封。这是目前全脂乳粉密封包装最好的方法之一。

(2)塑料袋包装。采用500 g单层聚乙烯薄膜袋包装，要比瓶装成本低，劳动强度低，而且有一定的防潮作用，但对乳品的保藏性有一定的影响，隔热性能差，奶粉容易变质，只能满足短期储藏的需要，而且塑料薄膜脆而易折，容易造成破损。采用由一层聚乙烯薄膜夹一层铝箔的双层夹层纸或用三层复合薄膜袋包装，用高频电热焊接封口，基本上可以避免光线、水分和气体的渗入。复合薄膜包装材料正广泛地应用于乳粉包装，虽然目前成本较高，却是很有发展前途的包装材料之一。

(3)大包装。大包装产品一般供应特殊用户，如出口或食品工厂用于制作糖果、面包、冰淇淋等工业原料。罐装产品有12.5 kg的圆罐和方罐。袋装时可用聚乙烯薄膜作为内袋，外面用三层牛皮纸套袋，分为12.5 kg和25 kg两种。

【案例分析】

连云港外贸冷库

一、案例介绍

连云港外贸冷库于1973年由外经贸部投资兴建，是我国外贸系统的大型冷藏库之一，由12 000 t的低温库(−18℃)和5 000 t的保鲜库(0℃)组成，配备双回路电源。另有3 000 m^2的普通仓库、100多t运力的冷藏车队、年加工能力为1 500 t的冷冻品加工厂。其经营范围为物资储存，商品储存、加工；食用油及制品、副食品、饲料、建筑材料、金属材料的销售、代购、代销、公路运输服务等。

冷库所处区位优越，在连云港港区内，门前公路东接港口，西接宁连、徐连、汾灌高速公路，距离连云港民航机场只有50 km，库内有铁路专用线与亚欧大陆桥东桥头堡相连，毗邻公路、铁路客运站，交通十分便捷。

设备完善的主库和从日本引进的组装式冷库构成了一流的冷冻冷藏条件，保鲜库为国内外客户储存苹果、蒜头、洋葱等果品、蔬菜类保鲜食品。冷冻品加工厂设备完善，质保体系严格，采用恒温避光作业，拥有蔬菜、水产品两条加工生产线，可常年同时加工鲜、冻农副产品及水产品，其富庶仓库在存放商品方面条件优越。

问题：1.冷库的选址和设计中应注意哪些方面？

2.冷库管理在冷冻链管理中的地位和作用是什么？

二、案例分析

(一)冷库的选址和设计

冷库的选址和设计主要包括以下方面。

1.库址选择的基本条件

①经济分析；②交通条件；③周边环境；④地形地质；⑤水电供应。

2.平面设计的基本要求

①货品流通顺畅、不交叉；生产和进出库运输畅通，作业不干扰，路线短；②符合厂(库)

区总平面布局的要求，与其他生产环节和进库货品流向衔接协调；③高低温分区明确，尽可能各自分开；④在温度分区明确、内部间隔合理的前提下，缩小绝热围护层的面积；⑤库房立柱分布整齐，间距一致，结构简单；⑥库房维修方便，并留有库房扩建预留地。

连云港外贸冷库的选址充分考虑了冷库的交通条件和周边环境，所处区位优越，与港口、高速公路、机场、铁路等都很近，交通十分便捷。

(二)冷库管理在冷冻链中的作用

(1)冷库是冷冻链货品的储存和中转地点。

(2)冷库是冷冻链的控制和信息收集地。

(3)冷库包含冷冻链管理的大部分技术。

(4)冷库是冷冻链成本的重要组成部分。

【知识拓展】

我国与国外农产品物流产业分析比较

一、物流主体方面

发达国家农产品物流主体组织化程度较高，其物流主体主要是企业化经营的农场、农产品批发与零售企业以及农民合作组织，而非个人；同时农工商一体化经营的程度较高。例如美国的农场规模大，但农户仍组织起来进入市场，全国有150多万农场主参加了“全国农场主联盟”和“美国农业联合会”，还有众多农户参加了不同类型的农业生产与销售合作社。

我国农产品物流主体呈多元化格局，既有实力相对较强的农产品加工企业、各种类型的批发商、终端大型零售商、农民合作组织、农民经纪人、贩销大户、各类物流企业，也有力量单薄而分散的农户、个体运输户及个体摊贩。据商务部和中国农业大学调查，42%的农户自己销售农产品，45%的农户卖给个体商贩，其物流效率极其低下，成本高昂。

二、物流环节方面

美国农产品物流的一个显著特征是：渠道短、环节少、速度快、成本低、效率高。美国78.5%的农产品物流通道为“生产者—配送中心—各种零售商—消费者”，经由批发市场销售的农产品只占交易总量的20%。

我国农产品大宗物流仍是“商物合一”，农产品从农户或农户合作组织售出，经过产地批发商、销地批发商及其他各类中间商到达零售终端，再经过零售商送达消费者手中。这其中历经多道环节，使得农产品物流周期延长，农产品被多次装卸、仓储、运输，物流成本大大增加，同时也造成大量的损失和浪费。

三、物流技术方面

发达国家农产品加工技术、冷冻保鲜技术和包装技术先进。发达国家农产品加工率均在80%以上，农产品加工产值与农业产值之比约为4∶1，加工食品占食品消费总量的比例为80%。我国农产品加工率只有20%～30%，农产品加工产值与农业产值之比仅为0.8∶1，加工食品占食品消费总量的比例不到30%。由于经营链条短，我国大部分农民只获得农产品生产环节的利润。

欧美国家进入冷链系统的农产品比例为85%，其果蔬产品实现了冷链物流。果蔬在物流环节上的损耗率仅1%～2%。目前我国只有10%的肉类、20%的水产品、少量的牛奶和豆制品进入冷链系统，80％以上的农产品物流仍是常温物流或自然物流，造成水果蔬菜损失20％～30％、粮油15％、蛋15％、肉干耗3％。

发达国家的农产品上市之前通常进行严格分级、初加工、包装等处理。其包装实现了标准化、系列化，甚至礼品化，不仅有利于农产品的远程销售，而且可以最大限度地满足消费者的不同需求，实现价值增值。我国绝大多数上市农产品分级简单、粗糙，极不规范，包装简陋甚至没有包装。

四、物流管理方面

发达国家农产品物流的专业化和社会化程度较高，第三方物流服务商的规模和服务范围越来越大。其第三方物流企业经营理念新颖，技术装备和管理手段先进，服务网络和信息系统健全，能全面及时地了解客户的物流服务需求，能对物流过程实施合理的、有效的控制，能为客户提供综合性的物流服务。

我国农产品物流的社会化和现代化程度不高，自营物流仍占相当比例。与农产品物流有关的部门、行业和企业各自为政，各自投资建设自己的物流系统，如货场、仓库、运输车队、装卸搬运队伍、包装厂、铁路专用线和码头等，它们自成体系，独立运作，相互之间缺乏联系和协作，造成社会物流资源的重复配置和闲置。

五、物流设施、设备方面

美国的交通运输设施十分完备，公路、铁路、水运四通八达。高速公路遍布城乡，公路呈网状结构，能够直接通往乡村的每家每户，铁路运输也十分方便。且装卸输送机械化水平高。

我国农产品物流设施、设备落后。尚有部分行政村未通公路，一些地方道路等级低，路况差，关卡多，收费重，有的地方交通经常拥堵，尚未形成多式联运交通网络。农产品物流体系中专用性资产严重不足，标准化程度不高，电子信息、冷藏等设备设施不完善，服务功能单一，大部分批发市场缺乏信息服务、质量检测、交易结算、安全监控、垃圾处理等配套服务设施。

六、物流信息方面

(1)发达国家农产品物流信息化建设比较完善，表现在：①农民文化水平和科技素质较高，能较好地运用物流信息；②农业信息服务体系健全；③批发市场发挥了信息中心的功能；④物流企业信息化程度高。

(2)我国农产品物流信息化建设滞后表现在：①农民文化科技素质较低，信息意识淡薄，信息运用水平低下；②农业信息网络不健全，信息时效性差、质量低，农民获取信息难度大；③批发市场本应是农产品物流信息枢纽，然而大部分农产品批发市场不能提供供求信息和价格信息，更不用说发挥物流信息的处理和传递作用；④物流企业信息管理水平和技术手段比较落后。

七、物流人才方面

发达国家物流从业人员都接受了系统的教育和严格的考核。据美国俄亥俄州大学2003年统计资料显示，美国物流从业人员中的95％拥有学士学位，45％拥有硕士学位，22％的人获得了各种从业资格证书。

我国物流人才的教育和培训与发达国家相比还有较大的差距。我国高校物流教师普遍缺乏物流实际操作的经验，物流教学过程中理论和实践联系不够密切，直接造成学生毕业后的实际操作能力不强。物流从业人员大多数没有受过系统的物流教育，也没有获得职业资格证书，农产品物流从业人员尤其如此。

【考核评价】

一、考核题目

现场走访并调查周边某一个畜产品物流（运输或仓储）企业的运营状况，通过对走访调查所收集的第一手资料进行整理和分析，回答如下。

（1）总结物流企业在运输或仓储方面取得的经验。

（2）找出畜产品物流企业不合理运输或仓储的具体表现。

（3）分析加强畜产品运输或仓储合理化的有效措施。

二、评价标准

（1）畜产品物流企业必须了解和掌握并尊重畜产品物流所具有的客观属性和基本特点。

（2）畜产品运输的方式或仓储的功能。

（3）畜产品运输不合理的具体表现；结合畜产品运输方面的成功案例，分析加强畜产品运输合理化的有效措施。

（4）畜产品仓储不合理的具体表现；结合畜产品仓储方面的成功案例，分析加强畜产品仓储合理化的有效措施。

【知识链接】

1. http://www.saic.gov.cn/zcfg/xzfggfxwj/200406/t20040602_45933.html 中华人民共和国道路运输条例

2. http://www.xmys.moa.gov.cn/biaozhun/201006/t20100606_1535158.htm《生鲜乳收购站标准化管理技术规范》

3. GB/T 21735—2008 肉与肉制品物流规范

4. GB/T 21071—2007 仓储服务质量要求

5. GB/T 16830—2008 商品条码 储运包装商品编码与条码表示

Project 9

养殖企业经济核算与经营效果分析

学习目标

了解养殖企业经济核算和经营效果分析的作用；理解资产、成本、利润的概念；熟悉经济核算和经营效果分析的内容；掌握企业资产核算的方法、畜产品成本核算的方法、企业利润核算的方法、经营效果分析的方法。

【学习内容】

任务一　养殖企业经济核算概述

一、经济核算的含义

养殖企业经济核算是指对生产过程中物化劳动和活劳动的消耗进行的记录、计算、控制和监督，对经营成果进行考核、对比、分析、评价，提出增收节支和改进经营管理的措施等工作的总称。也就是对畜牧业企业生产经营中的投入产出、所费所得进行计算、比较、分析、控制和监督等全部工作的总称。简单地说，经济核算工作就是记账、算账、分析、考核等工作。

经济核算的实质是对企业经济活动进行的定量分析，通常以货币作为统一的计量单位，主要借助于会计核算方法，对企业的经济活动经常、连续、全面和系统地进行计算、记录并加以分析，从而能比较准确地向有关各方提供所需要的信息。

经济核算是社会化大生产的客观要求，也是节约劳动时间规律和价值规律的要求，更是贯彻物质利益原则和按劳分配原则不可缺少的手段。经济核算是企业经营管理的一种重要方法。

二、经济核算的作用

1.有利于企业员工树立降低成本、提高盈利的理念，努力提高企业经济效益

经济核算通过价格、成本、盈利等指标反映生产经营中的商品货币关系，有利于企业员工树立降低成本、提高盈利的理念，调动员工的生产积极性，使他们从自己切身利益上关心企业，努力降低生产消耗，提高经济效益。

2.有利于正确而及时地反映和监督企业各项经济活动的情况，改善经营管理

经济核算为经营者正确而及时地掌握企业各项经济活动情况，提供可靠的经济信息，有利于检查监督企业各项经济活动的运行，找到企业经营管理的薄弱环节，从而改善经营管理状况。

3.有利于推动企业先进科学技术和设备的应用

通过经济核算可以发现生产技术与设备中存在的问题，从而有利于推动企业采用先进科学技术和设备，提高生产效率和产品质量，降低各项消耗、达到高产、高效、优质、低耗之目的。

4.有利于企业财产物资的安全、完整和合理利用

通过核算，真实地反映和监督各项财产物资的管理及使用情况，减少闲置，防止流失，打击经济领域中的不法行为，维护财经纪律和财务制度，保证经济工作的正常运行。

三、经济核算的内容

养殖企业的主要任务是生产经营，因此其经济核算的内容主要包括资产核算、成本费用核算、盈利核算。

1. 资产核算

主要是对流动资产、长期投资、固定资产、无形资产、递延资产和其他资产的核算。

2. 成本核算

主要是对生产费用的发生和产品成本形成的核算。

3. 利润核算

主要是对产品销售利润、营业利润、利润总额等进行核算。

养殖企业经济核算采用一定的实物指标与价值指标，通过会计、统计、业务核算方法，以资产核算和负债核算为基础，以成本核算为中心，以盈利核算为最终结果，共同组成畜牧业企业经济核算体系。

任务二　企业资产核算

一、资产的概念

资产是指企业拥有或控制的能以货币计量的经济资源，包括各种财产、债权和其他权利。它具备三个特点：一是能给企业带来一定的经济利益；二是能以货币计量；三是为企业所拥有或控制。

二、资产的分类

企业的资产一般可分为以下几类（图 9-1）。

企业资产
- 流动资产
  - 现金及各种存款
  - 短期投资
  - 应收及预付款
  - 存货——原材料、在产品、产成品、低值易耗品
- 长期投资——股票投资、债券投资、其他投资
- 固定资产——房屋及建筑物、机械设备、运输工具、产役畜等
- 无形资产——专利权、商标权等
- 递延资产——开办费、土地开发费等
- 其他资产——冻结款、物等

图 9-1　资产分类示意图

三、资产核算的内容

(一)流动资产的核算

1.流动资产的概念及特点

流动资产是指可以在一年内或长于一年的一个营业周期内变现或者耗用的资产。流动资产是企业资产的重要组成部分。其价值的货币表现就是流动资金,即垫支在生产领域和流通领域的周转资金。流动资产主要有3个特点:第一,占有形态具有变动性;第二,占有数量具有流动性;第三,循环与营业周期具有一致性。流动资产要完成一个从“货币资金→生产资金→产品资金→货币资金”的循环过程,流动资产要通过货币阶段、储备阶段、在产品阶段和产成品阶段(图9-2)。

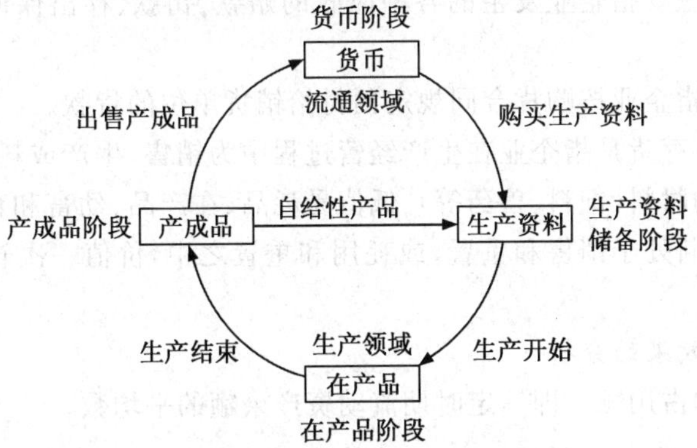

图9-2 流动资产周转示意图

2.流动资产核算内容

流动资产核算是指对企业流动资产进行记录、计算、对比、分析、检查等工作的总称。主要内容包括:各类流动资产的分类计价,反映流动资产的数额,确定企业合理的流动资产定额,编制、执行流动资产使用计划以及现金与银行存款的管理和结算;材料物资的采购、验收、领发、保管、使用、清查等制度的建立、执行;对产品正确分类、验质检量、销售和资金回笼;考核流动资产的使用效果等。按照流动资产的构成,流动资产的核算可概括:货币资产核算、短期投资核算、往来款项核算、存货核算。

3.流动资产核算方法

(1)货币资产的核算。货币资产,常称货币资金。货币资金是指企业在生产经营活动中,处于货币形态的那部分资金,按其存放的地点和用途的不同,可分为库存现金、银行存款和其他货币资金。

①库存现金是指存放在企业的现钞,包括库存的人民币和各种外币。现金是流动性最大的一种货币资金,企业应加强现金管理,遵守国家关于库存现金核定限额的规定,超过限额应及时送存银行。

②银行存款是指企业存在银行和其他金融机构的货币资金。企业必须按照规定,在当地银行开立结算账户,进行银行存款的存、取核算和转账结算,银行转账结算的方式有七种:

银行本票结算、银行汇票结算、商业汇票结算、支票结算、汇兑结算、委托收款结算、异地托收承付结算。

③其他货币资金，主要包括外埠存款、银行汇票存款、银行本票存款、信用卡存款和在途货币资金等。

(2)短期投资的核算。短期投资是指企业购入的各种能够随时变现，持有期不超过一年的有价证券及不超过一年的其他投资，包括各种股票、债券投资等。

(3)往来款项的核算。主要包括应收票据、应收账款、其他应收款和预付货款等。

①应收票据。企业因赊销商品或劳务而形成的票据，一般是指商业汇票。商业汇票是由收款人和付款人(或承兑申请人)签发，承兑人承兑，并于到期日向收款人或被背书人支付款项的票据。其按承兑人的不同，分为商业承兑汇票和银行承兑汇票。

②应收账款。是指企业因销售商品或劳务应向购买单位收回而未收回的账款。

③其他应收款。主要指企业发生的各种应收的赔款、罚款、存出保证金、应向职工收取的各种垫付款项。

④预付货款。是指企业按购货合同规定预付给销货单位的货款。

(4)存货的核算。存货是指企业在生产经营过程中为销售、生产或耗用而储存的各种物资，包括原材料及辅助材料(饲料、兽药等)、低值易耗品、在产品、幼畜和育肥畜、产成品等存货资产。其特点是不断处于销售和重置，或耗用和重置之中，价值一次转移，随着销售的实现一次得到补偿。

4.流动资产使用效果的分析

(1)流动资产平均占用额。即一定时期流动资产余额的平均数。

$$月度流动资产平均占用额=\frac{月初占用额+月末占用额}{2}$$

$$年度流动资产平均占用额=\frac{全年各月平均占用额之和}{12}$$

流动资产平均占用额越少，流动资产的使用效益越好。

(2)流动资产周转速度。这一指标的含义是指在一定时间内流动资产的周转次数和周转一次所需要的天数(即周转周期)。其计算公式如下。

①流动资产的周转次数：

$$周转次数=\frac{计算期销售收入总额}{计算期流动资产平均占用额}$$

②流动资产的周转周期：

$$周转周期(天数)=\frac{计算期天数}{周转次数}$$

$$=\frac{流动资产平均占用额\times计算期天数}{计算期销售收入总额}$$

在一定时期内，周转速度越快，周转次数越多，周转周期越短，流动资产使用效果越好，因此，加快流动资产周转，是合理节约流动资产的关键环节。

(3)流动资产产值率。它是指畜牧业企业全年总产值与年流动资产平均占用额之比率。

$$流动资产产值率=\frac{年总产值}{年流动资产平均占用额}\times 100\%$$

流动资产产值率表示了资产占用同生产成果的关系。说明在年流动资产平均占用额不变的情况下，流动资产提供的产值越多，其利用效果越好。

(4)流动资产利润率。这一指标是指年利润总额同年流动资产平均占用额的比率关系。

$$流动资产利润率=\frac{年利润额}{年流动资产平均占用额}\times 100\%$$

流动资产利润率是反映流动资产使用经济效果的综合性指标。当利润额一定的情况下，流动资产周转越快，占用量越少，利润率就越高。

5.提高流动资产使用经济效果的途径

(1)在采购阶段，根据企业生产规模和生产计划，编制饲料采购计划。做到计划采购，合理储备，防止饲料和生产物资的积压，避免浪费。

(2)在生产阶段。推广和应用先进的科学技术，改良畜禽品种，改善生产条件，缩短畜禽饲养周期，加快畜群周转，提高饲料利用率和劳动生产率。

(3)在销售阶段，坚持以市场为导向，以销定产，促进产品销售。树立品牌意识，提高产品质量，合理运用营销组合策略，及时组织畜禽产品销售，缩短畜禽产品的销售时间。

(4)在结算阶段，坚持"钱货两清"的原则，把应收、暂付款迅速收回，加快资金的回收速度。按计划贷款，既要避免因借入资金的积压而增加贷款费用，又要防止因资金短缺而影响企业正常的生产经营活动，从而影响企业的经济效益。

(二)固定资产的核算

1.固定资产的概念和特点

固定资产是指使用年限超过一年，单位价值在规定标准以上，并在使用过程中保持原有物质形态的资产。包括房屋及建筑物、机械设备、运输设备、工具器具等。固定资产的货币表现称为固定资金。固定资金是货币形态(或表现)的固定资产，固定资产是实物形态的固定资金。

固定资产是企业的主要劳动资料，是企业生产经营的基本物质手段，其通常占企业全部资产的最大份额，因此，搞好固定资产的核算与管理对企业的生产经营具有重要意义。

固定资产具有如下特点：①使用期限在一年以上；②使用寿命是有限的(草场、耕地除外)；③能够多次参加生产过程，不改变其实物形态；④用于生产经营活动而不是为了出售；⑤其价值随着使用的磨损程度，逐步地、部分地转移到成本费用中去，随着产品销售的实现，逐步转化为货币资金。

按现行的会计制度规定，企业拥有的各种劳动资料，必须同时具备以下两个条件(或标准)，才能列入固定资产。①使用年限1年以上；②单位价值在规定的标准(1 000元、1 500元、2 000元)以上。不同时具备这两个条件的一般应列为低值易耗品。但有时不属于生产经营主要设备的物品，单位价值在2 000元以上，使用期限超过二年的，也应当作固定资产。

2.固定资产的分类

在实际工作中，通常是结合固定资产的经济用途、使用情况和产权关系等因素对固定资产综合分为以下七类。

(1)生产用固定资产。是指直接参加生产经营过程或直接服务于生产经营过程的在用固定资产。包括房屋、建筑物、动力设备、传导设备、工作机器及设备、工具、仪器及生产用具、运输设备、管理用具及其他生产经营用固定资产。

(2)非生产用固定资产。是指用于生产经营活动以外的各种在用固定资产。包括用于住宅、公用事业、文化生活、卫生保健以及其他非生产经营场所使用的房屋、建筑物,设备和用具等。

(3)租出固定资产。是指按规定出租给其他单位使用的固定资产。

(4)未使用固定资产。是指尚未使用的新增固定资产,调入尚待安装的固定资产,正在改建扩建中的固定资产,经批准停止使用的固定资产。

(5)不需用固定资产。是指本单位不需用,经批准处理的固定资产。

(6)融资租入固定资产。是指企业以融资租赁方式租入的固定资产。

(7)土地。是指过去已经单独入账的土地。

3.固定资产的计价

正确确定固定资产的价值,是进行固定资产核算和管理的需要。固定资产价值转移的特点决定了固定资产必须采用原始价值、折余价值和重置价值三种计价方式。

(1)原始价值。固定资产的原始价值简称原值或原价。是指企业建造或购置某项固定资产所发生的全部实际支出。它是固定资产的主要计价方式,企业已经计价入账的固定资产,除发生特殊情况外,不得随意变更其原值。

(2)折余价值。固定资产的折余价值又称净值。是固定资产的原值减去磨损价值以后的现有价值,即固定资产的原值减去固定资产累计折旧后的净额。

(3)重置价值。固定资产的重置价值又称重置完全价值。是指在当前生产和市场条件下重新购置某项固定资产所需要的全部支出。企业发生固定资产盘盈和按国家规定对固定资产重新估价时,应按重置价值计价。

固定资产按原价和重置价值计价,可以反映企业的生产规模和生产能力,并为计提固定资产折旧提供依据;固定资产按净值计价,可以反映固定资产的现有价值;固定资产的原值和净值相比较,又可以反映固定资产的新旧程度。

4.固定资产的折旧

固定资产折旧是指固定资产在使用过程中损耗的价值。引起固定资产损耗的原因有两种:一是由于固定资产在生产经营中使用和受自然力影响而引起的使用价值和价值的损失,称之为有形损耗;二是由于劳动生产率提高或科学技术的进步引起原有固定资产提前淘汰而造成的损失,称之为无形损耗。

目前科学技术的发展缩短了固定资产更新换代的周期,为了加速固定资金的周转,本着多提取快收回的原则,计提固定资产的折旧采取下面几种方法。

(1)平均年限法。它是按固定资产预计使用年限平均计算折旧的方法。

$$\text{固定资产年折旧率}=\frac{1-\text{预计净残值率}}{\text{预计使用年限}}\times 100\%$$

$$\text{固定资产月折旧率}=\frac{\text{固定资产年折旧率}}{12}$$

$$固定资产月折旧额=固定资产原值\times月折旧率$$

$$预计净残值率=\frac{预计净残值}{固定资产原值}\times100\%$$

$$预计净残值=预计残值-预计清理费用$$

固定资产的净残值率按照固定资产原值的3%～5%确定。

例:某商品猪场修建一栋猪舍,其原值为50 000元,确定净残值率为4%,预计使用10年,试计算其年折旧率、年折旧额、月折旧率和月折旧额。

解:

$$年折旧率=\frac{1-预计净残值率}{预计使用年限}\times100\%=\frac{1-4\%}{10}\times100\%=9.6\%$$

$$年折旧额=原值\times年折旧额=50\ 000\times9.6\%=4\ 800(元)$$

$$月折旧率=年折旧率\div12=9.6\%\div12=0.8\%$$

$$月折旧额=原值\times月折旧率=50\ 000\times0.8\%=400(元)$$

(2)工作量法。是按固定资产的预计全部工作量来计算折旧的方法。

①按行驶里程计算折旧。

$$单位里程折旧额=\frac{固定资产原值\times(1-预计净残值率)}{规定总行驶里程}$$

$$月折旧额=单位里程折旧额\times本月实际行驶的里程数$$

此方法适用于运输工具计提折旧。

②按工作时间计算折旧。

$$单位工作小时折旧额=\frac{固定资产原值\times(1-预计净残值率)}{规定的总工作小时}$$

$$月折旧额=单位工作小时折旧额\times本月实际工作小时$$

此方法一般适用于某些价值较大、又不经常使用的大型专用设备计提折旧。

③按产量计算折旧。

$$单位产量折旧额=\frac{固定资产原值\times(1-预计净残值率)}{预计总产量}$$

$$月折旧额=单位产量折旧额\times本月实际产量$$

此方法一般适用于价值比较大的种畜、产畜和役畜计提折旧。

例:某畜禽养殖场自筹资金购置一套配合饲料加工机械,该机械原值50万元,预计净残值率4%,预计工作32 000 h报废,该机械本月实际工作60 h,试计算每小时应计提折旧额和本月应计提的折旧额。

解:

$$每小时折旧额=\frac{原值\times(1-确定净残值率)}{总工作小时}=\frac{500\ 000\times(1-4\%)}{32\ 000}=15(元)$$

$$月折旧额=单位工作小时折旧额\times本月实际工作小时=15\times60=900(元)$$

(3)双倍余额递减法。这是一种加速折旧的方法。不考虑固定资产净残值，用双倍直线折旧率乘以固定资产期初账面净值，来计算各期固定资产折旧额。

$$双倍直线年折旧率=2\times\frac{1}{折旧年限}\times100\%$$

年折旧额＝年初固定资产账面净值×双倍直线年折旧率

为简便起见，现行会计制度规定，固定资产计提折旧采用双倍余额递减法时，应当在其固定资产折旧年限到期前两年，将固定资产账面净值扣除预计净残值后的净额平均摊销。

例：某畜禽企业购置一套自动化电子设备原值 46 000 元，预计净残值 1 000 元，预计使用 5 年报废更新，试用双倍余额递减法计算各年折旧额。见表 9-1。

解：

$$年折旧率=\frac{2}{折旧年限}\times100\%=\frac{2}{5}\times100\%=40\%$$

表 9-1　折旧计算表　　元

年次	期初账面价值	双倍折旧率	年折旧额	累计折旧额	期末账面价值
1	46 000	40%	46 000×40%＝18 400	18 400	27 600
2	27 600	40%	27 600×40%＝11 040	29 440	16 560
3	16 560	40%	16 560×40%＝6 624	36 064	9 936
4	9 936	—	(9 936－1 000)÷2＝4 468	40 532	5 468
5	5 468	—	(9 936－1 000)÷2＝4 468	45 000	1 000

(4)年数总和法。这也是一种加速折旧的方法。它是根据固定资产的原值减去净残值(残值——清理费用)以后的“应计提折旧额”和一个逐期递减的折旧率计算固定资产折旧的方法。这个折旧率是根据固定资产使用年限计算出来的一个递减分数，分数的分子表示固定资产尚可使用的年数，分母表示使用年数的逐年数字的总和。年数总和法由此得名。其计算公式为：

$$年折旧率=\frac{预计使用的年限-已使用年限}{预计使用年限\times(预计使用年限+1)\div2}\times100\%$$

年折旧额＝(固定资产原值－预计净残值)×年折旧率

例：以前例资料为例，采用年数总和法计算各年折旧率和折旧额。

解：各年折旧率、折旧额，见表 9-2。

表 9-2　各年折旧率、折旧额表　　元

年份	原值－净残值	尚可使用年限	年折旧率	年折旧额	累计折旧额
1	45 000	5	5/15	15 000	15 000
2	45 000	4	4/15	12 000	27 000
3	45 000	3	3/15	9 000	36 000
4	45 000	2	2/15	6 000	42 000
5	45 000	1	1/15	3 000	45 000

其中：折旧率的分母为 5＋4＋3＋2＋1＝15；分子第一年为 5，第二年为 4，第三年为 3，第四年为 2，第五年为 1。

双倍余额递减法和年数总和法主要适用于升级换代快的固定资产。

5.固定资产使用效果的分析

(1)固定资产利用率。是表明固定资产实际利用程度的指标。

$$固定资产利用率=\frac{企业在用全部固定资产原值}{企业拥有全部固定资产原值}\times 100\%$$

(2)固定资产产值率。指企业在一定时期内(一般以年计算)实现的总产值与固定资产平均原值的比例，也可用百元固定资产提供的产值来表示。

$$年固定资产产值率=\frac{全年总产值}{全年固定资产平均原值}\times 100\%$$

$$百元年固定资产产值率=\frac{全年总产值}{全年固定资产平均原值}\times 100\%$$

固定资产产值率越大，固定资产的利用效果就越好；反之则差。

(3)固定资产利润率。指企业一定时期(一般以年计算)内所获得的利润总额与拥有的固定资产平均原值的比例，也可用百元固定资产提供的利润来表示。

$$年固定资产利润率=\frac{全年利润总额}{全年固定资产平均原值}\times 100\%$$

$$百元年固定资产利润率=\frac{全年利润总额}{全年固定资产平均原值}\times 100\%$$

固定资产利润率越大，固定资产利用效果越好。利润的多少直接反映企业经营管理水平的高低。

6.提高固定资产利用效果的途径

这是一项综合性的管理工作，提高固定资产利用效果的途径可归纳以下几个主要方面：①根据需要合理购置，不要积压浪费。②搞好日常维修保养工作，使其经常保持良好的技术状态。③科学使用、综合利用，扩大作业项目，一机多用，均衡利用。④定期盘查，及时处理无用的固定资产，尽量减少占用。⑤随着科技的发展和生产的需要，不断更新固定资产，以提高产品产出率，降低生产成本。

(三)无形资产、递延资产和其他资产的核算

1.无形资产

无形资产是指那些不具备实物形态，能够在企业的生产经营中长期发挥作用的权利、技术等特殊资产。包括专利权、商标权、著作权、土地使用权、非专利技术、商誉等。

无形资产具有以下特点：①无实体性；②独占性；③长期受益性；④价值的不稳定性。

无形资产一般采用以下四种方法计价：①投资者投入的无形资产，按评估确认或合同、协议约定的金额计价；②购入的无形资产，按实际支付价款计价；③自行开发并按照法律程序申请取得的无形资产，按开发过程中实际支出计价；④接受捐赠的无形资产，按照所附单据或同类无形资产市价计价。

企业设置“无形资产”账户，对无形资产的增减变动和摊销情况进行核算。无形资产从使用之日起，其成本在有效使用期限内平均摊入管理费用。

2.递延资产

递延资产是指不能全部计入当年损益，应在以后年度内分期摊销的各项费用。包括开办费、土地开发费、固定资产修理支出、租入固定资产改良支出以及摊销期限在一年以上的其他待摊费用。

企业设置“递延资产”账户，对递延资产的发生和摊销情况进行核算。递延资产是一种长期待摊费用，在以后年度分期摊入管理费用或制造费用。

3.其他资产

其他资产是指不能参加企业生产经营活动的长期资产。包括特准储备物资、银行冻结存款、冻结物资、涉及诉讼中的财产等。

其他资产对大部分企业来说很少发生，在会计核算上，没有设置专门的账户进行核算。其他资产应在资产负债表中分项列示，单独反映。

任务三　畜产品生产成本与利润的核算

一、畜产品生产成本的核算

(一)畜产品成本核算的有关概念

1.畜产品成本

畜产品成本是指畜牧企业或其他生产经营单位为生产一定种类和数量的畜产品所发生的直接材料费、直接人工费、直接其他费用和制造费用的总和，也叫畜产品制造成本。

2.生产费用

生产费用是指企业在一定时间内发生于生产中的各项耗费和支出的总和。包括生产中所消耗的原材料、燃料、动力、支付的工资、提取的福利费、折旧费、修理费和其他支出。

要正确核算产品成本，必须分清产品成本和生产费用之间的关系。二者既有联系又有区别。其主要联系是：产品成本和生产费用都是在生产经营中为生产一定的畜产品而发生的耗费和支出，它们在经济内容上是一致的。但是它们又有一定的区别，表现在：①包括的内容不同。畜产品成本只包括畜产品生产过程中所发生的费用，不包括与产品生产过程无关的费用；费用则是企业在生产经营过程中所发生的全部耗费和支出，既包括形成畜产品成本的费用，又包括不形成畜产品成本的费用，可见，一定时期的产品成本，并不等于该时期的费用发生额。②归集的方法和原则不同。产品成本是以“对象”(即成本核算的对象)为基础，按权责发生制的原则归集该对象所发生的各项费用，即凡是应由本期产品负担的费用，不论是否在本期发生，都应计入本期产品成本，如预提费用；凡是不应由本期产品负担的费用，虽然在本期发生，也不应计入本期产品成本，如待摊费用。费用的归集，则是以“时期”为基础，归集企业在一定时期内所发生的各项费用。归集的原则是本期是否已支付或发生，凡是本期实际已经支付或发生的，都应计入本期费用总额。

3. 期间费用

期间费用是指不能直接归属于特定产品成本的费用，主要包括：管理费用、财务费用、销售费用。这些费用容易确定其发生的期间，而不能直接判断其应归属的产品，与生产无直接联系，因而在发生的当期从当期的损益中扣除，都不计入产品成本。

4. 产品成本核算

以一定的产品或劳务为对象，对所发生的生产费用进行归集和分配，以确定产品实际总成本和单位成本的程序和方法。

产品成本核算是成本管理的基础。正确地组织产品成本核算对提供真实的成本信息，为产品定价、存货计价、计算盈亏、加强成本管理、提高经济效益具有重要意义。搞好畜产品成本的经济核算，是加强畜牧业经济核算的中心环节。

(二)成本核算的原则

1. 分期性原则

企业生产经营活动在时间上是持续不断的，为了取得一定期间内的成本信息，必须把持续不断的生产经营活动人为地划分为若干个期间。在实际工作中成本核算的分期与会计报告期一致，但不一定与成本计算期一致。

2. 配比原则

配比原则是企业在确定本期收入时，还得确认应由本期成本负担的费用，以便将收入和费用相配比，正确确定某一会计期间的盈亏。

3. 适应性原则

适应性是指产品成本计算必须适应企业的生产特点。构成企业成本计算方法的因素有成本计算对象、成本计算期、费用归集的程序和方法、产成品和在产品的成本划分，这些因素与企业生产特点决定的生产类型有密切关系，从企业生产实际出发，选择与其相适应的成本计算方法，是正确组织企业成本核算的重要原则。

4. 一贯性原则

一贯性是指企业成本核算方法前后各期保持一致。在成本核算中保持一贯性原则，能够保证各期成本信息的口径一致，相互可比，并可避免弄虚作假，人为调节各期成本水平，以保证成本核算的正确性。

5. 重要性原则

重要性是指组织成本核算时，应按其重要程度，确定核算重点，对重点力求精确。

6. 实际成本计价原则

按实际成本计价是指耗用资产按其取得时的实际成本计算，或享受服务按应负担的实际支出计算。

7. 效益性原则

成本核算中，坚持效益性原则就是要讲求效益分析。即成本核算工作所花的劳动，要为管理提供有用的信息，并提高经济效益。

(三)成本核算的基本要求

1. 正确划分应计入产品成本和不应计入产品成本的费用界限

凡是构成产品实体的费用应按实际发生额直接计入成本计算对象，如直接材料、直接人工等。凡是有助于产品的制造完成而共同发生的费用，须按一定标准分配计入各成本计算对象，如制造费用等。在一个会计期间发生的管理费用、财务费用和销售费用，应单独核算转入利润，不计入产品成本。与本企业生产经营活动无关的各项支出，均不得计入企业产品成本。哪些费用应计入产品成本，哪些费用不应计入产品成本，国家都有明确规定，企业必须严格遵守。把不应该计入产品成本的费用计入产品成本，是破坏国家财经纪律的非法行为。

2. 正确划分各个月份的费用界限

企业必须按月结算费用并据以计算产品成本。对于应计入产品成本的费用，必须分清由本期产品负担，还是由以后各期产品成本负担，凡应由本期产品成本负担的费用，都应全部计入本期产品成本；不由本期产品成本负担的费用，应根据权责发生制原则，在以后各期分配计入。

3. 正确划分各种产品的费用界限

为了正确地计算各种产品的成本，应由本期产品成本负担的费用还必须在各种产品之间划分。凡能分清应由某种产品成本负担的费用，直接计入该种产品的成本；不能分清由哪种产品负担的费用，应采用适当方法加以分配计入各种产品成本。

4. 正确划分完工产品与在产品的费用界限

月末将各项费用计入各种产品成本之后，还应当采用适当的分配方法在完工产品与月末在产品之间进行分配，以便正确计算完工产品成本和月末在产品成本。

5. 正确确定财产物资的计价和价值的结转方法

为了正确的计算产品成本，对于各种财产物资的计价和价值的结转，以及各项费用的分配，应规定科学、合理、简便、易行的方法。

(四)成本核算的项目

据现行财务制度的规定，企业采用制造成本法计算产品成本。在制造成本法下，成本核算的项目如下。

1. 直接材料

指企业生产过程中直接用于产品生产实际消耗的各种原材料，如饲料费、辅助材料如兽药疫苗、外购半成品购入的仔畜雏禽、燃料、动力等。

2. 直接人工

企业生产过程中直接从事产品生产人员的工资、奖金、各项补贴以及按国家规定提取的职工福利费。

3. 制造费用

企业各个生产单位(分厂、车间)为组织和管理生产所发生的各种间接费用，包括管理人员工资及福利费、固定资产的折旧费、修理费、办公费、水电费、差旅费、机物料消耗、劳动保护费等。

在实际计算产品成本时，直接材料费和直接人工费直接计入产品成本，制造费用采用一定的标准分配计入产品成本。制造费用的分配可采用的标准：生产工时、定额工时、机器工时、直接人工费、实际产量等。

(五)成本核算的程序

(1)正确确定产品成本核算的对象。

(2)严格审查和控制发生的各项费用，分清产品成本费用和非产品费用的界限，确定应计入产品成本的费用。

(3)正确归集和分配成本费用，将计入本期产品成本的各种费用，在各种产品之间按照成本项目进行归集和分配，计算出各种产品成本。

(4)将计入各种产品的成本，在本期完工产品和期末在产品之间进行分配和归集，计算出完工产品总成本和单位成本。

产品成本计算的过程实际上是在生产中发生的各项费用的归集和分配，再归集和分配的过程。

(六)成本核算的方法

畜产品成本核算的方法有分群核算和混群核算两种。随着畜牧业生产的商品化、自动化、专业化程度的日益提高，目前主要采用分群核算的方法计算畜产品成本。分群核算时将不同的群别作为成本计算的对象。具体的计算方法如下。

1.养猪业产品成本的计算

主要是基本猪群、2～4个月幼猪、4个月以上的幼猪、育肥猪的产品成本计算。

(1)基本猪群的产品成本计算。基本猪群包括种公猪、基本母猪、检定母猪和2个月以内的仔猪。基本猪群的主产品为母猪繁殖的仔猪，副产品为厩肥和2个月以内仔猪死亡后所得的残值。基本猪群需要计算的成本指标包括：2个月以内仔猪增重单位成本、2个月以内仔猪活重单位成本和基本猪群饲养日成本。其计算公式如下：

$$\text{2个月以内仔猪增重单位成本}=\frac{\text{基本猪群饲养费用}-\text{副产品的价值}+\text{死亡产畜价值}}{\text{出生活重量}+\text{出生后2个月内增重量}}$$

$$\text{2月内仔猪活重单位成本}=\frac{\text{期初存栏2月内仔猪价值}+\text{基本猪群饲养费用}-\text{副产品价值}+\text{死亡产畜价值}}{\text{期末存栏活重}+\text{期内离群活重（不包括死畜重）}}$$

$$\text{基本猪群饲养日成本}=\frac{\text{基本猪群饲养费用}}{\text{基本猪群饲养头日数}}$$

(2)2～4个月幼猪、4个月以上幼猪和育肥猪的产品成本计算。它们的主产品是增重，副产品有厩肥、猪鬃和死畜的价值，需要分别计算这两个猪群的增重成本、活重成本和饲养日成本。其计算公式如下：

$$\text{幼猪和育肥猪增重单位成本}=\frac{\text{该群饲养费用}-\text{副产品价值}}{\text{该群增重量}}$$

$$\text{该群的增重量}=\text{该群期末存栏活重}+\text{本期离群活重（包括死畜重）}-\text{期初存栏、期内转入和购入活重}$$

$$\text{幼猪和育肥猪活重单位成本}=\frac{\text{期初存栏价值（期初活重总成本）}+\text{该群饲养费用（本期增重总成本）}+\text{购入转入的总成本}-\text{副产品的价值}}{\text{该群期末存栏活重}+\text{期内离群活重（不包括死畜重）}}$$

$$\text{某猪群饲养日成本}=\frac{\text{该猪群饲养费用}}{\text{该猪群饲养头日数}}$$

2.养牛业产品成本的计算

养牛业包括养奶牛和养肉用牛。现以养奶牛为例。

基本牛群的主产品是牛奶和繁殖的牛犊，副产品是厩肥和脱落的牛毛。基本牛群的全部饲养费用减去副产品价值，即为主产品成本。由于基本牛群的主产品有牛奶和牛犊两种，因此还需要把主产品的全部成本在两种主产品之间进行分配。根据测算，母牛在生产牛犊前 100 d 内消耗在牛犊发育上的饲料单位，相当于母牛正常生长状况下生产 100 kg 牛奶消耗的饲料单位，所以通常将一头牛犊折合为 100 kg 牛奶。其单位成本的计算公式如下：

$$\text{牛奶单位(kg)成本}=\frac{\text{基本牛群饲养费用}-\text{副产品价值}}{\text{牛奶总产量}+\text{出生牛犊头数}\times 100}$$

$$\text{每头牛犊成本}=100\times\text{每千克牛奶成本}$$

$$\text{牛奶总成本}=\text{牛奶总产量}\times\text{每千克牛奶成本}$$

$$\text{牛犊总成本}=\text{出生牛犊头数}\times\text{每千克牛奶成本}$$

犊牛群和幼牛群的主产品是增重(或生长量)、副产品是厩肥及死畜的皮毛等。计算这两个牛群的成本，要分别计算增重成本、活重成本和饲养日成本，其计算方法与幼猪和育肥猪基本相同。

3.养羊业产品成本的计算

羊业包括养绵羊、山羊、奶山羊等。奶山羊的产品成本计算与奶牛基本相同。山羊的产品成本计算与绵羊相似。现以绵羊为例来说明养羊业的产品成本计算。

基本羊群的主产品是羊毛和羊羔，副产品是羊奶、羊粪和对外配种收入，本年生幼羊和往年生幼羊的主产品是增重和羊毛，副产品是死亡幼羊的皮张等；去势羊和非种用公羊的主产品是羊毛，副产品是羊粪。各羊群的饲养费用减去副产品价值，就是各羊群的主产品总成本，总成本除以主产品总产量即为主产品的单位成本。

4.养禽业产品成本的计算

养禽业包括养鸡、养鸭、养鹅等。进行养禽业的生产成本计算，应按家禽类别和群别分别计算各类和各群家禽的主产品成本。

(1)基本禽群的成本计算。基本禽群的主产品是禽蛋，副产品是羽毛和禽粪。从基本禽群的全部饲养费用中减去副产品价值，即为主产品总成本，除以禽蛋产量，即为主产品的单位成本。其计算公式如下：

$$\text{禽蛋单位(kg)成本}=\frac{\text{基本禽群饲养费用}-\text{副产品价值}}{\text{禽蛋总产量}}$$

(2)幼禽和育肥禽的成本计算。幼禽和育肥禽的主产品是增重，副产品是育肥禽所产的蛋、羽毛及禽粪。从幼禽和育肥禽的全部饲养费用中减去副产品价值后，再除以增重，即为增重单位成本。由于幼禽和育肥禽数量大，增重称量比较麻烦。为了简化手续，一般只计算每只幼禽和育肥禽的成本。其计算公式如下：

$$\text{每只幼禽或育肥禽成本}=\frac{\text{该禽群期初的全部价值}+\text{购入和转入的价值}+\text{本期饲养费用}-\text{副产品的价值}}{\text{期末存栏只数}+\text{期内离群只数(不包括死禽)}}$$

(3)人工孵化成本计算。人工孵化生产过程是从种蛋入孵至雏禽孵出一昼夜为止。其主产品是孵出一昼夜成活的雏禽,副产品是废蛋。从全部孵化的费用中减去副产品价值后,再除以成活一昼夜的雏禽只数,即为每只雏禽的成本。其计算公式如下:

$$\text{每只雏禽成本}=\frac{\text{全部孵化费用}-\text{副产品价值}}{\text{成活一昼夜的雏禽只数}}$$

二、企业利润的核算

(一)利润的概念

利润是企业在一定时期的经营成果,是企业一定时期从事生产经营活动、投资活动及其他非经营活动取得的收益,在数量上等于企业全部收入抵补全部支出后的余额。如果企业在一定时期的全部收入不足以抵补全部支出,就表现为亏损。通常所说的利润是指利润总额。

(二)利润核算的内容及其方法

利润的核算一般包括利润形成的核算和利润分配的核算两个方面。

1. 利润总额及其构成

利润总额是企业在一定时期内实现盈亏的总额,集中反映企业生产经营活动各方面的效益,是企业最终的财务成果,是衡量企业生产经营管理的重要综合指标。企业的利润总额主要由营业利润、投资净收益和营业外收支净额三部分组成。其计算公式为:

利润总额=营业利润+投资净收益+营业外收支净额

在实际核算时应注意:①企业发生的年度亏损,可以用下一年度的税前利润弥补。下一年度利润不足弥补的,可以在5年内延续弥补。5年不足弥补的,用税后利润弥补。②企业利润总额按照国家规定作相应调整后,依法缴纳所得税。③利润指标是衡量和评估企业生产经营活动的一个重要财务指标。④企业要树立正确的盈利观点。⑤企业应增加产量、提高质量、扩大品种、降低成本、节约资金、扩大销售、提高劳动生产率,从而实现更多的利润。

(1)营业利润。营业利润是企业在一定时期从事生产经营活动所取得的利润,是营业收入扣除成本、费用和各种流转税及附加税费后的数额。其计算公式为:

营业利润=产品销售利润+其他业务利润-管理费用-财务费用

其中:

产品销售利润=产品销售净收入-产品销售成本-产品销售费用-产品销售税金及附加

产品销售净收入=产品销售收入-产品销售退回-产品销售折让-产品销售折扣

其他业务利润=其他业务收入-其他业务支出-其他业务税金及附加

管理费用：是指企业行政管理部门为组织和管理生产经营活动而发生的各项费用，包括公司经费、职工教育经费、劳动保险费、待业保险费、董事会费、咨询费、审计费、诉讼费、排污费、绿化费、税金、业务招待费以及其他管理费用等。

财务费用：是指企业为筹集资金而发生的各项费用，包括企业生产经营期间发生的利息支出（减利息收入）、汇兑净损失、调剂外汇手续费、金融机构手续费以及筹资发生的其他财务费用。

产品销售费用：是指企业在销售产品的过程中发生的费用，包括运输费、装卸费、包装费、保险费、展览费、广告费以及为销售本企业产品而专设的销售机构的职工工资、福利费、业务费等费用。

在企业财务核算中，把管理费用、财务费用、产品销售费用统称为期间费用。

在实际核算时应注意：①要分清与销售收入有关的销售成本，哪些与本期收入有关，哪些无关。②要分清与本期收入有关的销售成本中，哪些属于产品销售成本，哪些属于其他销售成本。③企业确定实际销售成本时，可以根据具体情况，采用不同的计价方法，如先进先出法、加权平均法、移动平均法、后进先出法、个别计价法等，方法一经确定，不能随意改变。④本期销售退回的产品，可以直接从本期的销售数量中减去，也可以单独计算本期销售退回产品的成本。⑤企业取得的营业收入与产生收入过程相联系的成本、费用、税金及附加必须在收入确定的同一会计期间内确定，以便正确确定净利润额。

(2)投资净收益。投资净收益是指投资收益扣除投资损失后的数额。投资收益包括对外投资分得的利润、股份、债券利息、投资到期收回或者中途转让取得款项高于账面价值的差额、按权益法核算的股权投资在被投资单位增加的净资产中所拥有的数额等。投资损失包括投资到期收回或者中途转让取得款项低于账面价值的差额、按权益法核算的股权投资在被投资单位减少的净资产中所分担的数额等。其计算公式为：

投资净收益＝投资收益－投资损失

在实际核算时应注意：①企业的对外投资，按投资收回时间和投资目的，可分为短期投资和长期投资。②企业投资净收益是一种非营业性质的损益，列为利润总额的组成部分，计征所得税。

(3)营业外收支净额。营业外收支是指与企业生产经营无直接关系的各项收入和支出的差额。其计算公式为：

营业外收支净额＝营业外收入－营业外支出

在实际核算时应注意：①企业出售固定资产的净收益之所以作为营业外收入，因为企业的固定资产是企业的劳动手段，是为用而买，而不是为卖而买，因此不能作为销售收入，而应作为营业外收入。②停工损失中季节性和大修理期间的停工损失，列作制造费用；只有非季节性和非大修理期间的停工损失，计入营业外支出。③根据现行资本金制度的要求，将固定资产盘亏、转让以及报废、毁损等在营业外收支中列示。④各种赔偿金、违约金在营业外支出中列示，但被没收的财产损失、支付各项税收的滞纳金和罚款仍在税后利润中列示。⑤营业外收支对利润总额的形成具有重要影响，在某种程度上也决定着企业经济效益的高低，因此，企业应正确确认和区分营业外收入，严格控制营业外收支，不得擅自扩大营业外支出范围。⑥企业应将营业外收入与产品销售收入、其他业务收入区分开来，单独管理，要及时入账，不允许收款后挂账，更不允许截留营业外收入。

2. 利润分配及其核算

利润分配就是利用价值形式对生产者剩余劳动创造的一部分产品的分配，它关系到投资者、企业、政府部门和职工的经济利益，也是调节国民收入和促进经济发展的重要杠杆。我国的利润分配实行“税利分流”的分配制度。“税利分流”是指企业实现的利润分别以所得税和利润形式上交国家一部分，其余部分留给企业。即将所得税的两种税率改为一种，并将所得税税率逐步降低，取消调节税税种，进行税后承包、税后还贷。按照税利分流的思路，企业统一依法交纳所得税，税后利润在弥补以前年度亏损，提取公积金和公益金后，按协议、合同或法律规定在投资者之间分配。

企业实现利润的分配顺序如下。

第一步：将企业实现的利润总额按国家规定做相应的调整，调整后的利润为应纳税所得额，即计征所得税的依据。

第二步：按国家税法规定计算缴纳所得税。

应交所得税＝应纳税所得额×所得税税率（25％）

税后利润（净利润）＝利润总额－应交所得税

第三步：企业缴纳所得税后的利润即净利润，加上上一年度未分配的利润，即为税后可供分配的利润。除国家另有规定外，应当按下列顺序分配。

（1）支付由于违反某些规定而被没收的财务损失以及违反税法规定产生的滞纳金和罚款。

（2）弥补连续5年用税前利润还不能弥补的经营性亏损。

（3）提取法定盈余公积金，即按税后利润扣除前两项后的10％提取法定盈余公积金。

（4）提取公益金。

（5）向投资者分配利润。

（6）未分配利润。

在实际核算时应注意：①企业利润总额按照国家规定作相应调整的项目主要是：所得税前弥补亏损；投资收益中已纳税的项目或按照规定需要补交所得税的项目。②企业以前年度亏损未弥补完，不得提取法定盈余公积金和公益金。③在提取法定盈余公积金和公益金以前，不得向投资者分配利润。④法定盈余公积金已达到注册资本50％时可不再提取；提取后可用于弥补亏损或者用于转增资本金，但转增资本金后，企业的法定盈余公积金一般不得低于注册资本的25％。⑤公益金主要用于企业职工集体福利设施支出。⑥企业出于经营管理的需要，向投资者分配利润前按照公司章程或者股东会议决议提取任意公积金，是为了控制向投资者分配利润的水平以及调整各年利润分配的波动。⑦企业以前年度的未分配利润，可以并入本年度的利润分配。

（三）衡量盈利效果的经济指标

在经济核算分析和考核企业盈利效果时，如果只用利润的绝对数额进行比较，往往会因为没有考虑投入而不能得出真正准确的结论。而利润率与利润额不同，它是相对指标，不仅有较大的适应性，而且有较大的综合性，能够更好地反映企业生产经营活动的盈利状况和盈利能力。

企业运用的利润率指标，一般有以下 5 种。

1. 销售收入利润率

又称收入利润率，是一定时期内获得的产品销售利润，与同一时期所取得的产品销售收入的比率。

$$\text{销售收入利润率}=\frac{\text{产品销售利润}}{\text{产品销售收入}}\times 100\%$$

销售收入利润率反映了每取得一定的产品销售收入，可得到多少利润，是考察企业经营管理质量的一个综合性指标。

2. 销售成本利润率

又称成本利润率，是指一定时期内产品销售利润与同一时期内发生的产品销售成本的比率。

$$\text{销售成本利润率}=\frac{\text{产品销售利润}}{\text{产品销售成本}}\times 100\%$$

销售成本利润率反映了每消耗一元成本，可以获得多少利润。产品成本愈低，销售成本利润率就愈高，经济效果就愈大。

3. 产值利润率

是指一定时期内利润总额与同一时期内所实现的总产值的比率。

$$\text{产值利润率}=\frac{\text{利润总额}}{\text{总产值}}\times 100\%$$

这一指标有时用百元产值可获得利润多少来表示，用以分析生产增长和利润增长之间的比例关系。

4. 资金利润率

指一定时期内利润总额与同一时期内资金平均占用额之比。有总资金利润率、固定资产利用率、流动资产利润率。

$$\text{(1)总资金利润率}=\frac{\text{利润总额}}{\text{固定资产原值平均总额}+\text{流动资产平均占有额}}\times 100\%$$

$$\text{(2)固定资产利润率}=\frac{\text{利润总额}}{\text{固定资产原值平均总额}}\times 100\%$$

$$\text{(3)流动资产利润率}=\frac{\text{利润总额}}{\text{流动资产平均占用额}}\times 100\%$$

资金利润率把利润与占用的资金联系起来，反映了资金占用的利用效果，既反映了占有百元资金可提供多少元利润，也可用来计算企业投资的回收年限，具有极大的综合性。

5. 人均利润率

指企业的利润总额与职工人数的比率。

$$人均利润率=\frac{利润总额}{平均职工人数}\times 100\%$$

人均利润率反映了企业职工人均实现利润的情况，是反映企业劳动力资源利用状况的一个指标。

三、财务报表及其分析

(一)财务报表的含义及编制的意义

财务报表是反映企业资产、负债和所有者权益的构成和变动结果、财务成果的形成和分配、流动资金的变动及其原因等财务状况的报表。

正确而及时地编制财务报表，对于各方面财务信息的使用者都有重要的意义。具体体现在：①企业的领导和员工通过财务报表可以了解企业资金的筹集、动用以及企业总的财务状况，正确评价取得的成绩和存在的问题，不断改善经营管理，提高经济效益；②财税部门利用企业的财务报表可以检查、分析企业各项税费上交完成的情况，也可以检查企业注册资金的到位情况及投资人出资构成情况；③债权人可利用企业的财务报表分析企业的盈利能力和偿债能力，检查企业各项贷款的使用情况及资产保证程度，监督企业按期归还借款；④企业投资人出于自身利益的需要，必然关心财务报表中予以披露的各项财务信息，如企业的盈利情况，利润分配情况，偿债能力等。

为了充分发挥财务报表的作用，保证财务报表的质量，编制财务报表必须做到：数字真实、计算准确、内容完整、报送及时。

(二)财务报表的种类

1.资产负债表

资产负债表是反映企业在某一会计期末(月末、季末和年末)全部资产、负债和所有者权益的基本情况，进而反映企业某一时日财务状况的主要会计报表。资产负债表通过资产、负债和所有者权益等项目的结构及前后期的变化反映企业在特定时日的财务状况，如企业产权的归属关系；企业的偿债能力等。

资产负债表可以向不同的使用者按各自的需要提供有关企业财务资料。报表的资产项目及其构成，表明了企业所拥有的各种物质资源的分布，可以了解企业偿还债务的能力；报表的负债项目，显示了企业所负担的各种债务的数量和偿债期的长短；报表的所有者权益项目，表明企业投资者权益的大小，通过资产负债表的不同时期或不同项目的比较，可以分析企业财务状况的变动趋势。

资产负债表按月编制，并在年末编制年度报表。

资产负债表编制的原理是：资产＝负债＋所有者权益

资产负债表的“年初数”栏内的各项数字，应根据上年末资产负债表“期末数”栏内所列数字填列；资产负债表的期末数应根据编表时各有关账户的期末余额直接填列或分析计算后填列。表 9-3 是某猪场已编制成的资产负债表。

表 9-3　资产负债表

（2015 年 6 月 30 日）　　　　元

资产	年初数	期末数	负债及所有者权益	年初数	期末数
流动资产			流动负债		
货币资金	20 400	256 316	短期借款	50 000	
应收账款	15 000	14 000	应付账款	3 500	51 400
存货	31 900	64 508	应付工资		
待摊费用	600	800	应付福利费		
流动资产合计	67 900	335 624	未交税金	6 000	16 460
长期投资			未付利润		12 000
长期投资			预提费用	1 000	2 400
固定资产			流动负债合计	60 500	82 260
固定资产原价	179 600	313 000	长期负债		
减：累计折旧	8 000	20 000	长期借款		
固定资产净值	171 600	293 000	负债合计	60 500	82 260
固定资产合计	171 600	293 000	所有者权益		
无形资产及递延资产		500 000	实收资本	180 000	1 033 000
无形资产			资本公积		
递延资产	1 000		盈余公积		2 536
无形资产及递延资产合计	1 000		未分配利润		
			所有者权益合计	180 000	
资产合计	240 500	1 128 624	负债及所有者权益合计	240 500	1 128 624

2. 损益表

损益表是反映企业在一定期间内的经营成果情况的财务报表。损益表列示企业在某一会计期间内的全部收入、费用和利润的基本情况，损益表通过收入、成本费用和利润等项目的结构及后期的变化反映企业在某一期间的经营成果。

通过损益表，有关各方可以从总体上了解企业的各项收入、成本费用及最终财务成果的组成情况，以用于分析利润增减变化的原因，检查利润计划的完成情况，对企业的经营情况和盈利能力做出判断。

损益表应按月、按年编制。月度损益表有两个栏目，即"本月数"和"本年累计数"。"本月数"栏填列各项目本月实际发生数，"本年累计数"栏填列各项目自年初起至本月末止的累计实际发生数。编制年报表时应将"本月数"改为"上年数"，按上年损益表内容填列；"本年累计数"改为"本年数"，按本年实际发生数填列。

表 9-4 是根据上例对某猪场 2015 年 6 月实现盈利进行核算的结果，编制成的该企业 6 月份损益表。

表 9-4　某猪场损益表

（2015 年 6 月）　　元

项目	本月数	本年累计数
一、产品销售收入	130 000	（略）
减：产品销售成本	73 862	
产品销售费用	4 000	
产品销售税金及附加	9 200	
二、产品销售利润	42 938	
加：其他业务利润	3 608	
减：管理费用	9 012	
财务费用	500	
三、营业利润	37 034	
加：投资收益		
营业外收入	1 000	
减：营业外支出	178	
四、利润总额	37 856	
减：所得税	12 492	
五、税后净利润	25 364	

（三）财务报表的分析

编制财务报表不是财务工作的最终目标，财务人员应对财务报表上的数据加以分析研究，借以评价企业经营管理的业绩和财务状况的好坏的程度，同时根据分析的结果预测发展趋势，为制订下一年度财务管理计划和经营决策提供依据。所以财务报表的分析是财务信息使用者不可缺少的重要环节。

财务报表分析的方法主要有趋势分析法和比率分析法。趋势分析法是指对不同时期财务报表反映的指标进行比较分析，揭示变动的趋势；比率分析法是指在同一时期财务报表反映的指标中，取两个或两个以上的相互关联的指标进行对比，并求出比值，用以分析企业某一方面的情况。

财务报表分析应注意的问题：财务报表的各种分析方法，可以为各方面的财务信息使用者提供企业各个侧面的信息。要正确理解这些信息的经济意义是比较复杂的。在运用这些分析结果的时候，要注意到社会的经济状况、本行业的经营特点以及该企业在同行业中所处地位；还要注意到企业的历史、现状和发展趋势。要注意到企业采用的会计方法对会计资料的影响，注意到企业规模对会计资料的影响，总之，各种比较和比率的计算得到的结果不能作为唯一用来判断企业经营情况的依据，分析者必须综合地考虑多方面的因果关系，才能做出正确的判断。

任务四　养殖企业经营效果分析

一、企业经营效果分析的概述

(一)企业经营效果分析的概念

企业经营效果分析是依据各种经济资料，运用经济指标和科学方法，对生产经营活动及其成果进行的分析、研究和评价，以使企业更进一步改善生产经营水平，提高经济效益的一种管理活动。

(二)企业经营效果分析的作用

1.通过经营效果分析改善企业经营管理

通过经济活动分析判别企业的生产经营活动是否符合经济规律，取得的效果如何，从中总结经验，找到不足，提出改进措施，不断提高企业经营管理水平。

2.通过经营效果分析可以实行有效的计划管理

通过经济活动分析可以检查计划的执行情况，检验和评价计划的先进性，为调整和编制下期计划提供科学依据，并对企业经济活动做出全面评价。

3.通过经营效果分析促进企业挖掘内部潜力

通过经济活动分析，寻找差距，努力降低各种消耗，促进人、财、物等资源的有效利用，取得更大的经济效益。

4.通过经营效果分析增加企业市场竞争力

通过经济活动分析，可使职工更加关心企业的生产经营，积极参与企业管理，增强产品市场竞争力，不断提高经济效益。

(三)企业经营效果分析的种类

(1)按分析的内容划分，可分为全面分析、部门分析和专题分析。

(2)按分析的时间划分，可分为事前分析和事后分析(包括日常分析、定期分析和不定期分析)。

(3)按分析的人员划分，可分为专业分析和群众分析。

(四)企业经营效果分析的程序

1.确定分析对象

根据企业的现状、分析的目的、要求和范围，正确选择经济指标作为具体分析的对象。

2.收集有关资料

根据分析的对象和要求收集资料，包括各种计划、会计、统计和业务核算资料，各种经济指标的历史资料和国内先进水平的经济资料，有关生产技术方面的资料，各种报表、工作总结和会议记录资料以及市场调查、专题调查资料等。

3.资料的整理和分析

根据分析的目的和要求，对搜集到的资料进行审核、归类分组和计算，并编成分析表，然后进行分析、比较，经过对比，揭露矛盾，深入分析各项因素对经济活动的影响。

4. 评定分析结果，提出改进措施

根据分析结果，对经济活动做出评价，对存在的问题提出改进措施，经过群众讨论落实，组织各方面的力量贯彻执行，这是经济活动分析的积极结果，也是进行分析的目的。

二、经营效果分析的基本方法

(一)对比分析法

对比分析法又称比较法，这是分析养殖企业经营活动时最常用的一种方法，也是最基本的一种方法。它是通过两个或两个以上相互关联的经济指标进行对比，包括实际与计划对比，本期与前期对比，本期与上年同期对比，本期与历史最好水平对比，本单位与同行业先进单位对比等，借以找出差距，分析原因，提出措施，改善经营管理，提高经济效益。

采用对比分析时必须注意经济指标在内容、计量、时间和计算方法等方面具有可比性。对比指标在形式上，一般表现为相减或相除的关系，当两个指标相减时，其差额以绝对数表示；当两个指标相除时，其比值以相对数表示。

(二)结构分析法

结构分析法又称比例分析法。它的特点是将分析对象的总体作为100%，借以分析这一总体中的各个构成部分在总体中所占的比例，使分析的问题更加明确。其计算公式如下：

$$结构相对数=\frac{部分}{总体}\times 100\%$$

结构分析法是反映经济现象的一种分析方法，在企业经济活动中，为了区分总体中主要的和一般的问题，便于抓住主要矛盾，采取对策，常用结构分析法。

(三)因素分析法

因素分析法，又称连环替代法，它是通过对组成某一经济指标的各个因素所进行的分析，以确定其对该指标的影响程度。进行因素分析，首先要将各因素进行排序，在给定其他因素不变的情况下，逐一分析每一因素变化对总体的影响程度，接着采用逐个替代方法，直至将各因素都分析完毕，最后分析、比较各个因素，从中找出影响总体的主要因素、次要因素，为经济活动提供决策依据。

例：牛奶的总产量受饲养头数和平均单产的影响，试分析表9-5两个因素对总产量的影响情况。

表9-5 某奶牛场牛奶产量计划完成情况表

产品	年平均头数		平均每头年产奶量/kg		总产量/kg	
	计划	实际	计划	实际	计划	实际
牛奶	124	128	5 800	6 328	719 200	809 984

根据资料表明，该奶牛场牛奶产量超额完成90 784(kg)。具体分析饲养头数和平均单产对超额产量的影响程度如下。

计划产奶量：124×5 800=719 200(kg)

第一次替代：128×5 800=742 400 (kg)

$128\times5\ 800-124\times5\ 800=23\ 200$(kg)

(因饲养头数的增加使实际比计划增加的产奶量)

第二次替代:$128\times6\ 328=809\ 984$(kg)

$128\times6\ 328-128\times5\ 800=67\ 584$(kg)

(因平均单产的增加使实际比计划增加的产奶量)

由此可以看出,饲养头数增加对超产的影响程度为:23 200/90 784×100%≈25.6%;平均单产提高对超产的影响程度为:67 584/90 784≈74.4%。因此,该牛场产奶量超额完成90 784 kg,其中:67 584 kg(占74.4%)是由于平均单产提高带来的,是主要因素;23 200 kg(占25.6%)是由于饲养头数增加带来的,是次要因素。

(四)动态分析法

动态分析法是采用动态数列对经济活动进行比较分析,以反映企业经济发展水平和速度的方法。动态分析法常用的分析指标有增长量、发展速度、增长速度、平均发展速度和平均增长速度等指标。

$$增长量=报告期水平-基期水平$$

$$发展速度=\frac{报告期水平}{基期水平}\times100\%$$

$$增长速度=\frac{增长量}{基期水平}\times100\%=\frac{报告期水平-基期水平}{基期水平}\times100\%$$

或

$$增长速度=发展速度(\%)-100\%$$

$$平均发展速度=\sqrt[期数]{\frac{期末指标数值}{期初指标数值}}$$

$$平均增长速度=平均发展速度(\%)-100\%$$

动态指标在使用时必须划分经济发展的不同阶段,按各个阶段的起止期限说明经济发展的递增和递减变化情况。

(五)平衡分析法

平衡分析法是将企业中人、财、物等具有平衡关系的经济指标,进行平衡比较,以便及时发现不平衡状况,采取措施,组织新的平衡,保证生产持续稳定发展。如分析设备能力和生产任务之间的平衡关系,可以挖掘设备能力,有利于提高设备利用率;分析饲料的采购供应YUA,避免积压浪费,保证生产正常进行;分析劳动力配备与生产任务之间的平衡关系,可以及时合理地调配和使用劳动力,节约活劳动消耗;分析产品销售量和生产量之间的平衡关系,有利于实现以销定产。所以平衡分析法,是企业经济活动分析中常用的方法。

三、企业经营效果分析的内容

养殖企业经营涉及的方面很多,因此,经营效果分析的内容也很多,现介绍主要的经营效果分析内容。

(一)资源利用的分析

1. 饲料消耗分析

应从饲料消耗定额、饲料利用率和饲料日粮三方面分析。首先统计各生理阶段畜禽的饲料消耗量，然后与各自的饲料定额对比，分析饲料运输、加工、储存、保管和饲喂等环节上的浪费情况。

考核饲料消耗的指标很多，主要有：

$$料肉比=\frac{饲养期间的饲料消耗}{饲养期间的总产肉量}$$

$$料蛋比=\frac{饲养期间的饲料消耗}{饲养期间的总产蛋量}$$

$$料奶比=\frac{饲养期间的饲料消耗}{饲养期间的总产奶量}$$

$$单位产品的饲料成本=\frac{该饲养阶段的总饲料费用}{生产肉(蛋、奶)总量}$$

2. 草原利用分析

包括草原利用率分析和草原生产力分析。常用的指标如下。

$$每公顷草原载畜量=\frac{家畜总头数(头)}{草原面积(hm^2)}$$

$$单位面积草原的畜产品产量=\frac{畜产品总产量(kg)}{草原面积(hm^2)}$$

3. 劳动力利用分析

包括劳动力结构分析、劳动力分配情况分析、劳动力利用率分析、劳动生产率分析。常用的指标参见项目六任务 1。

4. 资产利用情况分析

包括资产结构分析、固定资产利用的分析、流动资产利用的分析。常用的指标参见本项目任务 1。

(二)质量的分析

质量的分析包括饲养管理质量和畜产品质量。

(1)饲养管理质量指标。受胎率、产仔率、死亡率、成活率、育成率、产蛋率、断奶重、育肥期等。

(2)产品质量。畜产品的质量主要是指外在的色泽、新鲜度、清洁度及其化学组成、肉质结构、卫生指标、药物残留等。如瘦肉率、乳脂率、正品率等。

(三)生产经营成果的分析

生产经营成果分析的内容包括如下。

(1)经营成果数量的分析，主要是计算产品销售收入、利润总额等。

(2)用本期的经营成果量与上期(基期)经营成果量对比，分析其增减额和升降率。

(3)用生产经营成果与资产、劳力、草原、成本等占用量进行对比，计算其比率，分析经济效果。

（4）对影响经营成果的因素进行分析。经营成果的大小，既受产量因素的影响，又受价格因素的影响。当产量和单位成本不变时，其盈利增减幅度就是其价格升降幅度。

$$价格对盈利的影响程度=实际产量\times价格升降幅度$$

（5）产品成本与盈利之间的关系分析。它们的关系是：在产量和价格不变条件下，产品成本提高，则盈利下降；反之，则盈利提高。

$$成本对盈利的影响程度=实际产量\times(单位产品价格-单位成本)$$

（四）投资效果的分析

投资效果可用下列经济指标分析评价。

1. 资金占用量

每头基础母畜占用投资额越少，投资效果越好。

2. 单位投资所得产品或产值

单位投资所得产品越多，表明资金利用越充分，发挥的效用越大。

3. 投资对提高劳动生产率的程度

一些设备的投资，可以改善人的劳动条件，降低活劳动消耗。

4. 投资回收期

一般情况下，投资回收期越短，投资效果越好。其计算公式：

$$投资回收期(年)=\frac{投资总额}{年平均盈利额}$$

5. 投资比较值

投资总额与定额回收期内回收资金的差额称投资比较值。

$$投资比较值=投资总额-年平均盈利额\times定额回收期$$

当投资比较值小于0时，则表明在定额回收期内，不仅能全部收回投资，还能取得盈利。如比较值小于0，并趋向越来越小，其投资效果更佳。

当投资比较值大于0时，则表明在定额回收期内不能收回投资。

当投资比较值等于0时，则表明在定额回收期内全部回收投资。

（五）市场营销效果的分析

在市场经济条件下，经济活动分析应延伸至市场。主要有以下几个方面。

1. 产品销售量分析

（1）实际销售量与计划销售量的对比分析，一是分析其增减额；二是分析其增减率。

（2）本期实际销售量与上期（基期）销售量的对比分析，从而分析销售的发展变化情况。

2. 产品市场占有率分析

企业将产品推销至市场，在市场同类产品中所占的比例，能表明其适销对路的程度、产品的质量以及营销能力等。其计算公式：

$$某产品市场占有率=\frac{某企业该产品销售量}{该行业同类产品销售量}\times100\%$$

3. 产品价值实现情况的分析

产品价值的实现,涉及如下问题。

(1)生产的产品能否全部销售?通过计算产品销售率和仓库积压率来衡量。

$$产品销售率=\frac{产品销售量}{产品总产量}\times 100\%$$

产品销售率越高,表明产品价值实现程度越高。

$$产品仓库积压率=\frac{产品积压量}{产品总产量}\times 100\%$$

产品仓库积压率越高,表明产品价值实现程度越低。

(2)产品销售价格能否如数补偿生产和流通中的耗费?在产品数量既定条件下,有三个因素影响效益的升降:①产品质量,市场营销中实行优质优价原则。②产品价格,价格升降,销售收入随之增减。③产品销售成本,成本增,效益降;成本降,效益增。

【案例分析】

某猪场某年生产成本核算和利润核算

一、案例介绍

表 9-6 是某猪场猪群变动报告表,表 9-7 是饲养费用及期初存栏价值表。

表 9-6 某猪场某年 4~6 月份猪群变动报告表　　头、kg

项目	基本猪群		2 个月以内仔猪		2~4 个月幼猪		4 个月以上的幼猪和育肥猪	
	头数	重量	头数	重量	头数	重量	头数	重量
期初存栏	60		36	180	300	4 500	375	22 500
本期增加:								
繁殖			750	750				
转入					645	6 450	450	13 500
购入								
增重				6 240		13 800		21 000
小计			750	6 990	645	20 250	450	34 500
本期减少:								
转出			645	6 450	450	13 500		
出售					315	7 500	525	48 000
淘汰								
死亡	2		75	225	30	450		
小计	2		720	6 675	795	21 450	525	48 000
期末存栏	58		66	495	150	3 300	300	9 000

表 9-7　某猪场某年 4～6 月份饲养费用及期初存栏价值表　　元、头、kg

组别	饲养费用	期初存栏			副产品价值	备注
		头数	活重	价值		
基本猪群	34 680	60		150 000	1 350	基本猪群死亡 2 头，原价共计 5 000 元
2 个月以内仔猪	46 800	36	180	2 880		
2～4 个月幼猪	112 680	300	4 500	54 000	3 300	
4 个月以上的幼猪和育肥猪	135 900	375	22 500	270 000	3 750	

该猪场 6 月份出售 2～4 个月的幼猪 150 头，总活重 3 600 kg，每千克售价为 16 元；出售 4 个月以上的育肥猪 225 头，总活重 20 480 kg，每千克售价为 14 元。另外，销售饲料取得收入 12 660 元，饲料成本 7 200 元。据有关账户记载本月发生产品销售费用 6 200 元，产品销售税金及附加 13 800 元，管理费用 13 528 元，财务费用 750 元，营业外收入 1 800 元，营业外支出 320 元。

问题：1. 试计算该猪场某年各猪群的增重单位成本、活重单位成本。

2. 试计算该猪场本月实现的营业利润、利润总额以及税后利润（企业所得税税率为 25%）。

二、案例分析

（一）根据表 9-6 和表 9-7 资料计算该养猪场各群猪的增重单位成本和活重单位成本

1. 计算 2 个月以内仔猪增重单位成本和活重单位成本。

2 个月以内仔猪增重单位成本表示 2 个月以内仔猪每千克增重所花费的全部饲养费用。

$$增重单位成本=\frac{34\ 680+46\ 800+5\ 000-1\ 350}{750+6\ 990}=10.99(元/kg)$$

2 个月以内仔猪活重单位成本表示 2 个月以内仔猪每千克活重所花费的全部饲养费用。

$$活重单位成本=\frac{2\ 880+34\ 680+46\ 800+5\ 000-1\ 350}{495+6\ 450}=12.67(元/kg)$$

2. 计算 2～4 个月幼猪的增重单位成本和活重单位成本。

2～4 个月幼猪的增重单位成本表示 2～4 个月幼猪每千克增重所花费的全部饲养费用。

$$增重单位成本=\frac{112\ 680-3\ 300}{3\ 300+21\ 450-4\ 500-6\ 450}=7.93(元/kg)$$

2～4 个月幼猪的活重单位成本表示 2～4 个月幼猪每千克增重所花费的全部饲养费用。

$$活重单位成本=\frac{54\ 000+112\ 680-3\ 300}{3\ 300+13\ 500+7\ 500}=10.09(元/kg)$$

其中，由 2 个月以内仔猪转入成本＝转入仔猪活重×仔猪活重单位成本

＝6 450×12.67

＝81 722（元）

3. 计算4个月幼猪及育肥猪的增重单位成本和活重单位成本。

4个月幼猪及育肥猪的增重单位成本和活重单位成本，对于生产育肥猪的养猪场来说，是衡量养猪场饲养管理水平高低的重要指标。

$$增重单位成本=\frac{135\ 900-3\ 750}{9\ 000+48\ 000-22\ 500-13\ 500}=6.29(元/kg)$$

$$活重单位成本=\frac{270\ 000+135\ 900+136\ 215-3\ 750}{9\ 000+48\ 000}=9.45(元/kg)$$

其中，由2～4个月幼猪转入成本＝转入幼猪活重×仔猪活重单位成本

＝13 500×10.09

＝136 215(元)

(二)计算该猪场本月实现的营业利润、利润总额以及税后利润

①产品销售收入＝3 600×16＋20 480×14＝344 320(元)

②产品销售成本＝3 600×10.09＋20 480×9.45＝229 860(元)

③产品销售利润＝344 320－229 860－6 200－13 800＝94 460(元)

④其他业务利润＝12 600－7 200＝5 460(元)

⑤营业利润＝94 460＋5 460－13 528－750＝85 642(元)

⑥营业外收支净额＝1 800－320＝1 480(元)

⑦利润总额＝85 642＋1 480＝87 122(元)

⑧应缴企业所得税＝87 122×25%＝21 780.5(元)

⑨税后利润(净利润)＝87 122－21 780.5＝65 341.5(元)

【知识拓展】

如何做好养殖企业的成本核算管理

近年来，随着生活水平的不断提高，对于肉类食品的需求也日渐提高，养殖业也呈现出强劲的发展势头，养殖业的成本核算管理工作也随之改变，加上国家政策、资金的大力支持，都对养殖业的成本核算提出了新的要求。

一、存在的问题

1. 成本的不确定性

养殖业受自然规律和经济规律的影响，在产品质量和价格上存在不确定性；劳动时间和生产时间存在明显的不一致性；管理体制错综复杂，生产经营中具有商品性和自给性结合的特点。因而在产品成品核算上存在主动不确定性。

2. 生产周期长，资金回收慢

养殖业具有明显的周期较长的特点，一般来说，生猪需要半年左右；鸡蛋需要近2年，如果需要留作种用，则会更长；奶牛的生产周期则在7～9年以上。生产周期长决定了投入的长期性，资金占用的长期性，因而导致资金回收较慢。

3. 产品销售具有季节性，资金占用量较大

相当比例的养殖业产品都具有明显的季节性，因而在生产销售的旺季通常会呈现出资

金占用量大的特点。比如公牛冻精在春秋季节达到旺季,那么全年产出的产品就必须进行储存,由此导致设备比如液氮和液氧罐大量费用的支出。

4. 动物疫病影响较大,造成生产和销售的不稳定

我国养殖业在发展中,由于饲料、天气、种苗上存在的问题,都可能造成动物疫病的发生和大范围传播,从而导致成本的大幅度提升。尤其是中小规模、管理不善的养殖场最容易受到波及。目前,各种疫苗的滥用,各类种苗的杂交等都加剧了疫情的严重性,部分疫情情况复杂、治疗缓慢,缺乏有效的治疗措施,对养殖业影响深远。

5. 养殖业规模不均衡,缺乏统一、规范的核算方式

我国养殖业经过多年的发展,大多数地区在规模上仍然呈现出明显的不平衡性,因而在实际管理中,集约程度高的大、中等规模的养殖企业管理规范,成本核算各项收支情况明细;而小规模的养殖场多呈现出粗放式管理,多数没有建立规范的核算方式,不能严格执行国家颁布的相关核算法则和规定。

二、改进成本核算管理

1. 确定成本核算对象

养殖业在成本核算管理中依据实际生产情况选用核算方式,比如是分群核算还是混群核算。参照会计核算中的相关规定,在条件允许的情况下,应尽可能采用分群饲养管理以及分群核算成本,对于畜禽按照种类和年龄等分成相应的群类,然后分群归集生产成本,最终计算出产品的成本。

2. 准确核算

养殖业在实际核算中应该根据计算对象来设置尽可能明细化的项目,根据项目设置相应的专栏,然后计入相关的产品费用中,如人工费、材料费以及制造费等。

3. 收支的相互配比

养殖企业在核算成本时,应该把一定的会计期间产生的费用成本和相关的受益进行有机结合。举例来说,水电费用和药品费用等都不能直接成为品种归集的费用,因而可以依据相关的分配方法,分配到相应的养殖品种。这种配比方法能够对养殖业每一阶段每个品种的成本进行准确计算。

4. 收益性以及资本性支出的合理划分

所谓收益性支出也即是和养殖生产有关系的那部分支出。而资本性支出则不同,是指一次购置并能够长期使用的耐用性较强的资产消耗,比如设备、建筑物等。在成本核算中,对于收益性和资本性支出进行准确划分,最主要的目的是能够确定费用是否应该归入到当期成本中,从而有利于真实的计算出各种品种的养殖成本。

【考核评价】

一、考核题目

(1)某乳品加工厂购置一台小型消毒奶生产线,原值为 80 万,预计净残值率为 4%,预计使用 8 年,试用平均年限法计算其年折旧率、年折旧额、月折旧率、月折旧额。

(2)假设某养猪场 2015 年 4 月份至 6 月份各猪群的变动情况如表 9-8 所示。

表 9-8　某猪场猪群变动报告表

（2015 年 4～6 月份）　　头、kg

	基本猪群		2 个月以内仔猪		2～4 个月幼猪		4 个月以上的幼猪和育肥猪	
	头数	重量	头数	重量	头数	重量	头数	重量
期初存栏	40		24	120	200	3 000	250	15 000
本期增加：								
繁殖			500	500				
转入					430	4 300	300	9 000
购入								
增重				4 160		9 200		14 000
小计			500	4 660	430	13 500	300	23 000
本期减少：								
转出			430	4 300	300	9 000		
出售					210	5 000	350	32 000
淘汰								
死亡	2		50	150	20	300		
小计	2		480	4 450	530	14 300	350	32 000
期末存栏	38		44	330	100	2 200	200	6 000

假设该养猪场同期内有关明细账上登记的饲养费用、期初存栏价值、副产品价值等资料如表 9-9 所示。

表 9-9　饲养费用及期初存栏价值表

（2015 年 4～6 月份）　　元、头、kg

组别	饲养费用	期初存栏			副产品价值	备注
		头数	活重	价值		
基本猪群	18 000	40		80 000	900	基本猪群死亡 2 头原价共计 4 000 元
2 个月以内仔猪		24	120	1 680		
2～4 个月幼猪	50 080	200	3 000	15 280	2 200	
4 个月以上幼猪和育肥猪	60 400	250	15 000	67 500	2 500	

根据表 9-8 和表 9-9 资料，计算该养猪场各猪群的增重单位成本、活重单位成本。

二、评价标准

资料 1：

1. 固定资产的概念和特点
2. 作为固定资产入账管理时必须同时具备的两个条件
3. 固定资产计价的三种方式
4. 固定资产折旧的含义以及引起固定资产折旧的两种原因
5. 计提固定资产折旧的四种方法

6. 计提固定资产折旧的平均年限法及其计算公式

资料 2：

1. 畜产品成本及成本核算的概念

2. 畜产品成本核算的原则和基本要求

3. 构成畜产品成本项目

4. 畜产品成本＝直接材料费＋直接人工费＋分配来的制造费用

5. 畜产品成本核算的程序(四步)

6. 畜产品成本核算的方法有分群核算和混群核算，目前主要采用分群核算的方法计算畜产品成本

7. 养猪场产品成本的计算主要计算基本猪群、2～4 个幼猪、4 个月以上的幼猪、育肥猪的产品成本

8. 2 个月以内仔猪、2～4 个幼猪、4 个月以上的幼猪和育肥猪的构成总成本的项目

9. 2 个月以内仔猪、2～4 个幼猪、4 个月以上的幼猪和育肥猪单位增重成本和单位活重成本计算公式和计算过程

【知识链接】

1. http://kjs.mof.gov.cn/zhengwuxinxi/zhengcefabu/201309/t20130906_986492.html 财政部企业产品成本核算制度(试行)

2. http://wenku.baidu.com/view/23eb6004de80d4d8d15a4fc7.html 养殖业会计制度

3. http://wenku.baidu.com/view/78f17e0090c69ec3d5bb7557.html 养殖场财务管理制度

4. http://www.doc88.com/p-2854739854724.html 浅议畜产品成本核算

Project 10

养殖企业客户关系管理

学习目标

了解客户关系管理产生的原因、客户关系管理的内涵和意义；熟悉客户关系管理的内容，掌握客户关系管理的策略。

【学习内容】

任务一　客户关系管理概述

随着经济全球一体化和互联网技术的发展，客户资源成为企业发展的生命线。信息技术的发展，使企业从“以产品为中心”的经营理念向“以客户为中心”的经营理念转变得以实现。

市场的激烈竞争，使得如何吸引客户、保留客户、提高客户的满意度和忠诚度已经成为企业生存的关键。因此，养殖企业也应该与时俱进，改变传统的商业模式，树立“以客户为中心”的管理理念，深入了解客户需求，及时将客户意见反馈到产品、服务设计中，为客户提供更加个性化、专业化的服务，加强与客户之间的互动关系，以增强企业的市场竞争力。

一、客户关系管理的产生

客户关系管理是营销管理的自然演变，它的产生主要归因于以下三个因素。

(一)需求的拉动

很多企业在信息化方面虽已做了大量工作，收到了很好的经济效益，但是销售、营销和服务部门的信息化程度却越来越不适应业务发展的需要。主要表现在：其一，企业的销售、营销和客户服务部门都很难获得所需要的客户互动信息；其二，来自销售、客户服务、市场、生产、库存等部门的信息各自分散在企业内部，这些零散的信息使他们无法对客户全面了解，各部门难以在统一的信息基础上面对客户。越来越多的企业要求提高销售、营销和服务等各种日常业务的自动化和科学化，需要各部门将全面的各项信息和活动进行集成，建立一个以客户为中心的企业，实现对面向客户活动的全面管理，这是客户关系管理应运而生的需求基础。

(二)技术的推动

20 世纪 90 年代末期，互联网的应用越来越普及，CTI、客户信息处理技术（如数据仓库、商业智能、知识发现等技术）得到了长足的发展，结合新经济的需求和新技术的发展，1999 年，Gartner Group Inc 公司提出了 CRM 概念（customer relationship management，客户关系管理），CRM 市场一直处于一种爆炸性增长的状态。

(三)管理理念的更新

经过二十多年的发展，现在是一个变革和创新的时代，比竞争对手领先一步，而且仅仅一步，就可能意味着成功。一些先进企业的管理理念正经历着从以产品为中心向以客户为中心的转移和更新，在引入客户关系管理的理念和技术时，不可避免地要对企业原来的管理模式进行进一步的改变，变革、创新的思想将有利于企业员工接受变革，而客户关系管理的内容为这种变革提供了具体的思路和方法。

二、客户关系管理的含义及核心思想

(一)客户

1. 客户的概念和类型

客户又称顾客,是指与企业进行交易的个人或组织。按照企业与客户之间所处的状态,可以将养殖企业的客户分为如下四类。

(1)潜在客户。潜在客户是指对企业的产品或服务有需求和购买动机,有可能但还没有产生购买的人群。例如,已经怀孕的母亲很可能就是婴幼儿奶粉的潜在客户。

(2)目标客户。目标客户是企业经过挑选后确定的力图开发为现实客户的人群。潜在客户与目标客户的区别在于,潜在客户是指有可能购买但还没有购买的客户,目标客户则是企业主动"瞄上"的尚未有购买行动的客户,属于企业"单相思"的对象。有时潜在客户和目标客户是可以重叠或者部分重叠的。

(3)现实客户。现实客户是指已经购买了企业的产品或者服务的人群。按照客户与企业之间关系的疏密,可以将"现实客户"分为初次购买客户、重复购买客户和忠诚客户三类。初次购买客户(新客户)是对企业的产品或者服务进行第一次尝试性购买的客户。重复购买客户是对企业的产品或者服务进行了第二次及第二次以上购买的客户。忠诚客户是对企业的产品或者服务持续地、指向性地重复购买的客户。

(4)流失客户。流失客户是指曾经是企业的客户,但由于种种原因,现在不再购买企业的产品或服务的客户。

2. 客户的重要性

客户是企业生存和发展的基础,现代企业之间的竞争归根结底是对客户资源的竞争。一个企业无论有多好的设备、多好的技术、多好的品牌、多好的机制、多好的团队,如果没有客户及客户的忠诚,那么一切都将为零。客户为企业创造的价值体现在以下五个方面。

(1)客户是企业利润的源泉。只有客户购买了企业的产品或者服务,才能使企业的利润得以实现。

(2)良好的客户关系能够给企业带来一定的聚客效应。由于人们的从众心理,是否已经拥有大量的客户会成为人们选择企业的重要考虑因素。尤其是满意和忠诚的客户会给企业带来其他新的客户。

(3)客户的信息价值。企业是为客户服务的,检验服务优劣好坏的标准就是客户评价。客户的意见、建议为企业的正确经营指明了方向,也为企业节省了收集信息的费用,而且为企业制定经营策略提供了真实、准确的一手资料,因此客户给企业提供的信息是一笔巨大的财富。

(4)口碑价值。客户的口碑价值是指由于满意的客户向他人宣传本企业的产品或者服务,从而吸引更多新客户的加盟,从而使销售增长、效益增加所创造的价值。客户主动的推荐和口碑传播会使企业的知名度和美誉度迅速提升,充分发挥和利用客户的口碑价值,还可以降低企业的广告和宣传费用。

(5)对付竞争的利器。企业拥有的客户越多,其规模效应越大,则企业的成本就可能越低,这样企业就能以等量的费用比竞争对手更好地为客户提供更高价值的产品和服务,提高客户满意度，从而在激烈的竞争中处于领先地位，有效地战胜竞争对手。

(二)客户关系

客户关系是指客户与企业之间的相互影响与作用，或客户与企业之间的某种性质的联系，或客户与企业之间的关联。企业的客户群体由许多不同的客户关系构成，不同客户要求不同的关系策略，每一个客户关系在其生命周期内都能给企业带来一定价值，而企业与所有客户的关系价值总和就形成了企业的利润。

企业的客户关系从对应的主体来讲，涉及企业的外延客户和内涵客户。所谓外延客户，是指市场中广泛存在的、对企业产品或服务有不同需求的个体或群体消费者；内涵客户，是指企业的供应商、分销商等合作伙伴。从对应的内容来讲，则涉及客户的接触、联络、交流、反馈、合作、评估和调整等直接方面，以及新的测量统计、需求挖掘、联动客户等间接方面。

(三)客户关系管理

1.客户关系管理的定义

客户关系管理简称CRM(customer relationship management)，是企业利用相应的信息技术以及互联网技术来协调企业与客户间在销售、营销和服务上的交互，从而提升其管理方式，向客户提供创新式的个性化的客户交互和服务的过程。其最终目标是吸引新客户、保留老客户以及将已有客户转为忠实客户。

2.客户关系管理的实质

(1)客户关系管理是一种管理理念。其核心思想是将企业的客户(包括最终客户，分销商和合作伙伴)作为最重要的企业资源，通过完善的售后服务和深入的客户分析来满足客户的需求，力求实现客户的终生价值。

(2)客户关系管理是一种旨在改善企业与客户之间关系的新型管理机制。它实施于企业的产品开发、市场营销、销售、服务和技术支持等与客户相关的领域。通过向企业的销售、市场和客户服务的专业人员提供全面、个性化的客户资料，并强化跟踪服务、信息分析的能力，使他们能够协同建立和维护一系列与客户和生意伙伴之间卓有成效的“一对一”关系，从而使企业得以提供更快捷和周到的服务，提高客户满意度，吸引和保持更多的客户，从而增加营业额；并通过信息共享和优化商业流程，有效降低企业的经营成本。

(3)客户关系管理是一种企业发展的整体战略。它的核心价值在于对客户的识别、保留和发展的整个生命周期里，对价值的评判始终是贯穿其中的核心问题。这种价值评判包括两个方面，一是企业为客户提供价值的评判；二是客户对企业的价值贡献的评价。客户关系管理的实施过程实质是对企业的客户资产(无形资产)的增值管理。

三、养殖企业加强客户关系管理的意义

研究表明：客户满意度提高5%，企业的利润将加倍；一个非常满意的客户的购买意愿是一个满意客户的6倍；2/3的客户离开其供应商是因为客户关怀不够；93%的CEO认为客户管理是企业成功和更富竞争力的最重要因素。根据对那些成功地实现客户关系管理的企业调查表明：忠诚客户增加一成，企业的利润就可能增加25%～85%；意大利经济和社会学家帕累托的20/80的营销法则也表明，企业经营利润额的最大来源是20%的客户重复购买。

以上数据表明，客户关系管理的实施给客户和企业带来的好处是十分令人激动的，主要

表现在如下几个方面。

(一)可以降低企业维系老客户和开发新客户的成本

客户关系管理使企业与客户保持良好、稳定的关系,客户对企业的产品和服务比较了解、信任,一方面,可以节省向老客户进行宣传、促销等活动的费用。另一方面,好的客户关系会使老客户主动为企业进行有利的宣传,通过老客户的口碑效应企业能更有效的吸引新客户加盟,同时减少企业为吸引新客户所需支出的费用,从而降低了开发新客户的成本。

(二)可以降低企业的交易成本

客户关系管理还使企业和客户之间较易形成稳定的伙伴关系和信用关系,能够大大降低搜寻成本、谈判成本和履约成本,从而降低企业与客户的整体交易成本。

(三)可以促进增量购买和交叉购买

客户关系管理可以增加客户对企业的信任度,因而客户增量购买(即客户增加购买产品的金额)的可能性就增大,反之,客户可能缩减其购买量。客户关系管理还可以使客户交叉购买(即客户购买该企业生产的其他产品或拓展与企业的业务范围)的可能性增大。

(四)可以给企业带来源源不断的利润

客户关系管理使企业拥有相对稳定的客户群体和客户关系,因而能够稳定销售、降低企业的经营风险,并且提高效率、促进销售、扩大市场占有率,给企业带来源源不断的利润。此外,好的客户关系,使客户对企业抱有好感,那么客户就会降低对产品价格或服务价格的敏感度,使企业能够获得较高的利润。

(五)可以通过个性化的服务来提高客户的满意度与忠诚度

通过数据挖掘、数据库、电话集成技术完成客户信息分类及客户偏好信息的收集与分析,企业可以发现和更好地了解客户的类型和状况,从而为客户提供个性化的服务;客户关系管理还可以提高为客户创新服务的效率,为客户提供最合适的服务,从而提高客户满意度减少客户的流失;从客户的抱怨中发现自己的不足,及时调整或改进经营策略,从而提高客户的忠诚度。

(六)可以整合企业对客户服务的各种资源

企业进行客户关系管理可以整合企业的所有资源,使以往各自为战的销售人员、市场推广人员、电话服务人员和售后维修人员等协调合作,成为围绕着"满足客户需求"这一核心宗旨的强大团队,从而为增强企业利润提供了坚实的基础和可靠的保证。

综上,CRM 的实施给客户和企业带来的好处是令人十分激动的,即可以提高工作效率,又可以开拓市场,还可以更充分利用客户资源创造更高的效益。

任务二　客户关系管理的内容

一、客户关系管理的目标

(一)提高效率

通过采用信息技术,可以提高业务处理流程的自动化程度,实现企业范围内的信息共享,提高企业员工的工作能力,并有效减少培训需求,使企业内部更高效地运转。

(二)拓展市场

通过新的业务模式(电话,网络,Internet)扩大企业经营活动范围,及时把握新的市场机会,占有更多的市场份额。

(三)保留并发展客户

客户可以选择自己喜欢的方式同企业进行交流,方便地获取信息并得到更好的服务。客户的满意度得到提高,可帮助企业保留更多的老客户,吸引新客户。调查表明:当客户与一家企业建立业务关系时,他们期望获得特定的价值回报。只有当这些期望获得满足时,他们才会保持并发展这种关系。企业不但要提供足够的价值来吸引客户,而且为了能留住客户,他们就必须比竞争对手更彻底地满足客户的期望。

二、客户关系管理的内容

客户关系管理的内容有多个方面,基础性的工作包括顾客分析、企业对顾客的承诺、客户信息交流等;主体工作则包括建立和保持客户关系、客户档案管理、客户反馈管理、客户服务与教育及企业与顾客的合作等。

(一)客户分析

客户分析的目的是为了具体了解企业的客户。要满足客户需求,首先必须了解客户的真正需求,所以说客户分析是进行客户关系管理的基础。在客户分析中主要回答谁是企业的客户、客户的基本类型及个人购买者、中间商和制造商等客户的不同需求特征和购买行为,并在此基础上分析客户差异对企业利润的影响等问题。

(二)企业对客户的承诺

对客户承诺的目的在于明确企业提供什么样的产品和服务。在购买任何产品和服务时,客户总会面临各种各样的风险,包括经济利益、产品功能和质量以及社会和心理方面的风险等。因此,要求企业做出某种承诺,以尽可能地降低客户的购物风险,获得最好的购买效果。企业对客户承诺的宗旨是使客户满意,所以首先要根据客户需要提出承诺。同时,企业对客户的承诺还必须考虑竞争等其他因素,特别是成本和企业的能力,盲目地追求高承诺会产生适得其反的效果。企业不但要善于提出承诺,向目标客户传达承诺,更重要的是做到言行一致,兑现承诺。从一定意义上说,客户关系管理的过程就是实现企业承诺的过程。

(三)客户信息交流

客户信息交流指企业与客户之间交换信息的各种形式,不仅仅是单纯地输出企业信息以影响消费者行为。客户信息交流是一种双向的信息交流,其主要功能是实现双方的互相联系、互相影响。从实质上说,客户管理过程就是与客户交流信息的过程,实现有效的信息交流是建立和保持企业与客户良好关系的基本途径。例如,在客户关系管理中进行客户反馈管理,对于衡量企业预期目标的实现和正确处理客户的意见等都具有重要作用。为了实现有效的信息交流,需要明确信息交流的基本原理、交流的作用与对象、交流的过程与交流手段等。

(四)以良好的关系留住客户

面对日益激烈的市场竞争,为了保证企业的长期稳定发展,越来越多的企业开始重视客户关系，并且把良好的客户关系看作企业最宝贵的资产。为了获得和不断增值这种资源，建立与保持客户的长期稳定关系，首先需要良好的基础，即取得客户的信任；其次要区别不同类型的客户关系及其特征，并经常进行客户关系情况分析；第三通过建立客户管理制度和客户组织等途径，保持企业与客户的长期友好关系。

（五）客户档案管理

客户档案管理是客户关系管理中的一项经常性工作，很多企业的客户关系管理都是从建立客户档案入手的。在客户档案管理中，首先需要明确客户档案的基本内容，并根据档案管理对象的具体情况采用科学的方法进行档案分类；其次是选择建立档案的形式。国内外企业建立的档案形式主要有三种类型：客户名录、客户资料卡和客户数据库。无论选择哪一种档案形式，都需要解决如何收集信息以建立档案及不断丰富更新档案的问题。

（六）客户反馈管理

对于企业所做出的一切营销努力，客户总会做出有意识或无意识、主动或被动的反应，这就是客户反馈。客户反馈对于衡量企业承诺目标实现的程度、测试企业各种营销策略的有效性、及时发现在为客户服务中的问题等方面具有重要作用。因此，客户反馈管理是客户管理中的一项必不可少的工作。对于任何企业来说，要真正做到客户满意，都必须充分认识客户反馈对企业决策的重要意义。掌握和利用客户反馈的具体途径，及时收集客户反馈，以作为制定各种企业决策的重要依据。投诉是客户反馈的主要途径，如何正确处理客户的意见和投诉，对于消除客户不满、维护客户利益、赢得客户信任都是十分重要的。

（七）客户服务与教育

现代营销已经进入客户服务的时代，是否能够提供满意的客户服务，已成为企业竞争成败的关键。为了提供高质量的客户服务，需要全面了解客户服务的层次和多种形式，并制订完整的客户服务计划；为客户提供系列化的、具有竞争力的服务；建立服务品质的评价标准和控制系统，并不断改进和完善服务。开展客户教育是为客户服务的最新发展，并以其在客户服务中的特殊作用引起企业界的关注。通过多种形式的客户教育，可以使客户更好地了解企业的承诺，掌握本企业产品和服务涉及的有关知识和使用技能等，降低客户购买和使用产品中的各种风险，为建立企业与客户的良好关系打下良好基础。

（八）开展与客户合作

从为客户服务发展到开展与客户合作是一种新的观念和尝试。合作的基础是实现双方利益的最大化。企业与客户的合作方式可以是多方面的，包括在生产、营销以及在消费领域的合作等。合作对客户的益处是得到更好的满足个性化的服务；企业则可以通过合作充分开发和利用客户资源，提供适应客户需要的产品和优质服务，并在合作中加强与客户的联系，巩固企业与客户的良好关系。良好的客户关系是建立在客户的信任基础上的。所以，建立良好的客户关系的过程就是逐步加强客户对企业的信任程度，并使这种信任发展为忠诚的过程。在建立企业与客户的良好关系过程中，可采取以下措施。

1. 提供客户满意的产品和服务

优质适用的产品和良好的服务是建立客户关系的基本条件。为此，企业营销人员要通过具体了解每个客户的需求特征，使企业提供的产品和服务具有针对性，更好地满足客户个性化的需求，赢得客户在认识上的信任，以逐渐成为企业忠实的客户。

2.提供附加利益

在向客户提供某种产品的基础上，企业还应注意提供客户需要的各种附加利益，以使客户的购买投资得到预期回报，实现利益最大化。在产品特征相近的情况下，提供附加利益还可以使企业形成区别于竞争者的优势，使客户感到企业时刻在为他们的利益着想，逐步赢得客户的好感并加深信任。目前，企业为客户提供的各种附加利益越来越多，如对所购产品进行定期检查、维修以及使用培训、选购咨询、产品更新改造、用途开发等。通过这些附加利益，不仅客户感到满意，也使企业产品和服务的效能得到最好发挥，实际使双方共同受益。

3.建立有效、畅通的联系纽带

在产品和服务赢得客户信任、偏好的同时，良好关系的形成还取决于企业与客户之间联系的方便性和有效性，因此要建立某种双方得以互相联系的纽带。一方面是企业销售人员要能够找到客户和潜在客户，并具有一定联系手段和技巧，需要建立客户档案，提供客户、潜在客户名单和通讯、负责人等方面的信息，同时针对客户特点选用访问、电话、信函等多种方式与客户取得联系，引起客户注意。另一方面，企业要为客户提供找到企业、提出各种要求的渠道，并保持渠道畅通，使其感到随时可以得到来自企业的帮助，可以依靠供应商解决问题。

4.抓住时机、吸引客户的注意

通过客户分析发现不同客户目前最需要得到什么，及时进行联系，才能引起客户的注意和好感。例如，对于企业的潜在客户提供技术、实用性咨询，对于刚刚购买企业产品的客户，提供使用便利的指导，对于老客户提供重复购买的便利、优惠和定期送货等。

5.激发客户建立关系的愿望

建立客户关系不能只靠企业一厢情愿，而是要有双方的共同愿望。实际调查结果表明，有时客户也会乐于与企业建立关系，其主要原因是希望从关系中得到优惠和特殊关照。所以，企业可以通过奖励购买行为建立双方良好关系。如再购买折扣、为老客户提供额外服务和奖品、实行产品以旧换新折价，都是建立客户关系的有效方法。

此外，客户建立关系的愿望还来自于希望减少购买风险。客户购买产品时总会面临一些未知数，如产品退换问题、按时供货问题等。因此，企业销售人员要重视了解不同客户意识到的风险有哪些，有针对性地提出承诺，并切实履行，尽量减少他们的顾虑。与企业交易的安全感是客户与企业建立关系的最主要动力之一。

6.制订合理的价格

企业制订合理价格的一个有效方法是实行动态报价。这主要有两种形式，一是列出包括一个或一套产品和各种服务的系列价，由客户根据需要进行选择，他们要求的服务越少，则价格越低，这不仅使客户根据需要得到必要的产品和服务，也使企业的服务成本得到合理补偿；另一种动态报价是付款时间、方式折扣系列价格，如 10 d 之内付款折扣 20%，10～20 d 之内付款折扣 10%，20 d 以上付全价。

三、客户关系管理的实施

客户关系管理的实施，要求以“客户为中心”来构建企业，完善对客户需求的快速反应组织形式。具体步骤如下。

(一)转变企业的观念

当今我们正处在电子商务时代,企业的传统资源,如产品的质量和价格,在激烈的市场竞争中已无法再为企业带来新的竞争力,客户才是企业最为重要的资源。树立以客户为中心的经营理念是实施 CRM 的关键。

(二)构建客户智能平台

客户智能平台,也称客户支持平台,是客户关系管理体系的核心部分,着重于客户数据的采集和分析,通过对各个渠道的客户历史数据以及在线数据的采集和分析,协助企业更好地了解客户,并将获得的客户知识运用到客户服务、市场营销、生产计划等各个方面。这一过程主要包括客户研究与客户挖掘、客户响应与交易记录、客户追踪与客户评价等内容。在这一过程中,要站在客户角度进行观察,从而发现他们想要获得什么,甚至预测他们现在不想获得什么,但将来却想要获得什么,同时对客户进行差异分析。

(三)构建客户交互平台

客户交互平台是为企业运用客户知识提供个性化服务、提高客户满意度、增加市场营销机会、提高管理水平的平台。具体包括:销售自动化、市场营销自动化、智能电话服务中心、呼叫中心、个性化服务等。

(四)构建企业生产平台

企业生产平台是实现以客户为中心的客户关系管理体系的物质基础,具体包括:研发、采购、库存、生产、分销、财务以及人力资源。这些环节均以满足客户为中心,其体制与内容以对市场和客户变化快速反应为核心和出发点。

(五)绩效的分析与衡量

建立一套标准化的衡量模式,衡量实施成效。目前 CRM 的技术,已经可以在出差错时,顺着活动资料的模式分析,找出问题出在哪个部门,甚至哪个人员。企业在 CRM 上的人力与财力投资通常是非常大的。因此,企业在进行这样的投资前,必须要衡量成本与效益。更重要的是现阶段的客户关系是否需要改变。

四、实施客户关系管理的思路

(一)必须以营销思想与信息技术为两翼

1.客户关系管理必须以营销思想为支撑

不论时代怎么发展、科学技术如何进步,客户关系管理都必须以客户为中心,以营销思想为支撑,优化企业组织体系和业务流程,通过了解和掌握客户需求,为客户提供个性化的优质服务以满足客户需要,并且不断提高客户的满意度和忠诚度,从而提高企业的经营效率,实现销售收入的增长、市场份额的增加,以及企业赢利能力和竞争能力的提升。

2.客户关系管理必须以信息技术为支撑

虽然过去传统的客户关系管理可以不依赖信息技术,但在信息技术如此发达和重要的今天,客户关系管理必须以信息技术等现代科技为支撑,充分利用数据库、数据挖掘、商业智能技术、应用集成技术、移动与互联网技术等现代技术手段,不断改进和优化与客户相关的全部业务流程,实现电子化、自动化运营。无论采用什么样的信息技术,客户关系管理目标在于建立并保持与客户之间的关系,挖掘市场机会,规避经营风险,获得稳定的利润。

3. 客户关系管理是一种企业文化

企业不能把客户关系管理变成“个别人”的事情，只有所有部门和所有员工都认识到自己与客户之间的利益关系、利害关系，他们才能更好地贯彻客户关系管理的思想。

（二）主动地、有选择地建立客户关系

首先，当没有客户关系时，企业就要主动地、努力地去建立关系。客户关系的建立就是要让潜在客户和目标客户产生购买欲望并付诸行动，促使他们尽快成为企业的现实客户。其次，为了使建立客户关系不太难，也为了使日后的维护客户关系不太难，企业在建立客户关系之前必须有选择地建立关系。有选择地建立客户关系是指企业不能盲目地建立客户关系，而是要对目标客户加以选择。

（三）积极地维护客户关系

虽说建立客户关系也不易，但维护客户关系更难。这是因为，随着科学技术的发展，企业生产技术和生产效率得到了很大的提高，一方面产品或者服务极大丰富，另一方面产品或服务之间的差别越来越小，市场已开始由卖方市场向买方市场发展，客户的选择余地越来越大，流失的风险越来越小也变得越来越容易，而留住客户却是越来越难。

客户关系的维护是企业通过努力来巩固和发展与客户长期、稳定关系的动态过程。客户关系维护的目标，就是要实现客户的忠诚，特别是要实现优质客户的忠诚，避免优质客户的流失。

（四）及时、努力地挽救客户关系

通常客户关系的建立阶段、提升阶段、维护阶段随时都可能发生客户关系的破裂，也就是说出现客户关系的夭折或终止。如果企业没有尽快及时地恢复客户关系，就可能造成客户的永远流失。相反，如果企业能够及时地采取有效措施，就有可能使破裂的关系得到恢复，挽回已经流失的客户，促使他们重新购买企业的产品或服务，这样才能使他们继续为企业创造价值。

五、实施客户关系管理应注意的问题

一些企业对客户关系管理认识的狭隘性影响了它的有效实施。这些认识误区可以概括为以下几点。

（一）客户关系管理能取代一切

这种观点认为，企业只要关注客户关系管理就行了，无须在生产、研发上花费力气，将客户关系管理体系深化。其实，客户关系管理体系的精神是企业供应链以客户关系为核心和出发点，并非其他环节不重要。

（二）客户关系管理只是销售部门的事

实践证明只靠销售部门是难以建立企业的客户关系管理体系的，CRM 实质是一种整合营销，它要求各部门的支持和配合。

（三）将客户关系管理等同于“客户第一”、“服务第一”

客户关系管理是企业新的经营理念，新的运营模式，它不同于“客户第一”和“服务第一”。后者是“点”式经营，专注于销售的某个具体环节；前者是“面”式经营，专注于企业供应链的整合过程。企业引入客户关系管理将改造原有流程，一切以客户需求为出发点，客户关系管理将拉动整个企业运营模式和流程的变革，规划、研发、生产、财务等所有部门必须变革原有的运作模式和思维，一切围绕客户做决策。

任务三　客户关系管理的策略

一、加强客户关系管理信息化建设

（一）客户信息的重要性

1. 客户信息是企业决策的基础

信息是决策的基础，如果企业想要做"事前诸葛亮"，想要维护好不容易与客户建立起来的关系，就必须充分掌握客户的信息，就必须像了解自己的产品或服务一样了解客户，像了解库存变化那样了解客户的变化。

任何一个企业总是在特定的客户环境中经营发展的，有什么样的客户环境，就应有与之相适应的经营战略和策略。所以，企业必须全面、准确、及时地掌握客户的信息。

例如，惠氏奶粉从医院收集已经怀孕 6～8 个月的孕妇数据，然后一面为孕妇提供育儿教育服务，一面进行产品促销活动。

2. 客户信息是客户分级的基础

企业只有收集全面的客户信息，特别是客户与企业的交易信息，才能够知道自己有哪些客户，才能知道他们分别有多少价值，才能识别哪些是优质客户，哪些是劣质客户，才能识别哪些是贡献大的客户，哪些是贡献小的客户，从而能根据客户带给企业价值的大小和贡献的不同，对客户进行分级管理。

例如美国联邦快递公司根据客户的信息和历史交易信息来判断每位客户的盈利能力，把客户分为"好"、"不好"和"坏"三种，并且为三种不同价值的客户提供不同的服务。

3. 客户信息是客户沟通的基础

随着市场竞争的日趋激烈，客户情报越显珍贵，拥有准确、完整的客户信息，既有利于了解客户、接近客户、说服客户，也有利于客户沟通。如果企业能够掌握详尽的客户信息，就可以做到"因人而异"地进行"一对一"的沟通，就可以根据每个客户的不同特点，有针对性地实施营销活动，如发函、打电话或者上门拜访，从而避免大规模的高额广告投入，使企业的营销成本降到最低点，而成功率却达到最高点。

4. 客户信息是客户满意的基础

在激烈竞争的市场上，企业要满足现有客户和潜在客户及目标客户的要求、期待和偏好，就必须掌握客户的需求特征、交易习惯、行为偏好和经营状况等信息，从而制订和调整营销策略。

如果企业能够掌握详尽的客户信息，就可以在把握客户需求特征和行为偏好的基础上，有针对性地为客户提供个性化的产品或者服务，满足客户的特殊需要，从而提高他们的满意度，这对于保持良好的客户关系，实现客户忠诚将起到十分重要的作用。

如果企业能够及时发现客户的订货持续减少的信息，就可以赶在竞争对手之前去拜访客户同时采取必要的措施进行补救，从而防止客户的流失。

如果企业能够及时掌握客户对企业的产品或服务的抱怨信息，就可以立即派出得力的人员妥善处理和解决，从而消除他们的不满。

如果企业知道客户的某个纪念日，就可以在这个日子送上适当的礼物、折扣券、贺卡或电影票等小礼物，会给客户带来意外的惊喜，从而使客户对企业产生依赖感。

例如，日本花王公司就随时将收集到的数据、意见或问题输入客户数据库，已经建立了8 000多页的客户资料，每年公司凭借这些资料开展回报忠诚客户的活动，以此来巩固与老客户的关系，并且吸引新客户。

(二)客户信息的内容

1.个人客户信息

个人客户的信息应当包括如下内容。

(1)基本信息：姓名、户籍、籍贯、血型、身高、体重、出生日期、性格特征，身份证号码、家庭住址、电话、传真、电子邮箱，所在单位的名称、职务，单位地址、电话、传真等。

(2)消费情况：消费的金额、频率、每次消费的规模、消费的档次、偏好等。

(3)职业和教育状况。

(4)家庭和个性特征等。

2.企业客户信息

企业客户的信息内容应当有以下几个方面组成。

(1)基本信息：企业的名称、地址、电话、创立时间、组织方式、业种、资产等。

(2)客户特征：规模、服务区域、经营观念、经营方向、经营特点、企业形象、声誉等。

(3)业务状况：销售能力、销售业绩、发展潜力与优势、存在的问题及未来的对策等。

(4)交易状况：订单记录、交易条件、信用状况及出现过的信用问题、与客户的关系及合作态度、客户对企业及竞争对手的产品服务评价、客户建议与意见等。

(5)负责人信息：所有者、经营管理者、法人代表，及其姓名、年龄、学历、个性、兴趣、爱好、家庭、能力、素质等。

(三)收集客户信息的渠道

收集客户的信息只能从点点滴滴做起，可通过直接渠道和间接渠道来完成。

1.直接渠道

直接收集客户信息的渠道，主要是指客户与企业的各种接触机会。如客户从购买前的咨询到售后服务，包括处理投诉或退换产品，这些都是直接收集客户信息的渠道。具体包括五个方面。

(1)在调查中获取客户信息。即调查人员通过面谈、问卷调查、电话调查等方法得到第一手的客户资料，也可以通过仪器观察被调查客户的行为并加以记录而获取信息。

(2)在营销活动中获取客户信息。如通过发布广告、与客户的业务往来函电、实行会员制度、成立客户联谊会或俱乐部，或通过博览、展销会、洽谈会等活动中直接获取客户信息，达成购买意向。

(3)在服务过程中获取客户信息。对客户的服务过程也是企业深入了解客户、联系客户、收集客户信息的最佳时机。在服务过程中，客户通常能够直接并且毫不避讳地讲述自己对产品的看法和期望，对服务的评价和要求，对竞争对手的认识，以及其他客户的意愿和销售机会,其信息量之大、准确性之高是在其他条件下难以实现的。服务记录、客户服务部的热线电话记录以及其他客户服务系统能够收集到的客户信息。

此外,客户投诉也是企业了解客户信息的重要渠道,企业可将客户的投诉意见进行分析整理,同时建立客户投诉的档案资料,从而为改进服务、开发新产品提供基础数据资料。

(4)在终端收集客户信息。终端是直接接触最终客户的前沿阵地,通过面对面的接触可以收集到客户的第一手资料。目前零售终端普遍都设置了结账扫描仪,并且利用前端收款机收集、存储大量的销售数据,而会员卡的发放也可以帮助企业记录单个客户的购买历史。

(5)网站和呼叫中心是收集客户信息的新渠道。随着电子商务的开展,客户越来越多地向网站去了解企业的产品或者服务,即时完成订单等操作,因此,企业可以通过客户访问网站进行注册的方式,建立客户档案资料。

此外,客户拨打客服电话,呼叫中心可以自动将客户的来电记录在计算机数据库内。另外,在客户订货时,通过询问客户的一些基本送货信息,也可以初步建立起客户信息数据库,然后逐步补充。

2.间接渠道

间接收集客户信息的渠道,是指企业从公开的信息中或者通过购买获得客户信息,一般可以通过以下渠道获得。

(1)各种媒体。国内外各种权威性报纸、杂志、图书和国内外各大通讯社、互联网、电视台发布的有关信息,这些往往都会涉及客户的信息。

(2)工商行政管理部门及驻外机构。工商行政管理部门一般掌握客户的注册情况、资金情况、经营范围、经营历史等,是可靠的信息来源。

(3)国内外金融机构及其分支机构。一般来说,客户均与各种金融机构有业务往来,通过金融机构调查客户的信息,尤其是资金状况是比较准确的。

(4)国内外咨询公司及市场研究公司。国内外咨询公司及市场研究公司具有业务范围广、速度较快、信息准确的优势,可以充分利用这个渠道对指定的客户进行全面调查,从而获取客户的相关信息。

(5)从已建立客户数据库的公司租用或购买。小公司由于实力有限或其他因素的限制,自己无力去收集客户信息,对此可通过向已经建立客户数据库的公司租用或者购买来获取客户信息,比自己去收集客户信息的费用要低得多。

(6)其他渠道。如从战略合作伙伴或者老客户,以及行业协会、商会等获取相关的客户信息。另外,还可以与同行业不具有竞争威胁的企业交换客户信息。

总之,客户信息的收集有许多途径,在具体运用时要根据实际情况灵活选择,有时也可以将不同的途径结合在一起综合使用。应当强调的是,企业必须对客户负责,严格保密客户的信息。

(四)运用数据库管理客户信息

数据库是信息的中心存储库,是由一条条记录所构成,记载着有相互联系的一组信息,许多条记录连在一起就是一个基本的数据库。

客户数据库是企业运用数据库技术,收集现有客户、目标客户的综合数据资料,追踪掌握他们的情况、需求和偏好,并且进行深入的统计、分析和数据挖掘,而使企业的营销工作更有针对性的一项技术措施,是企业维护客户关系、获取竞争优势的重要手段和有效工具。

客户数据库能反映出每个客户的购买频率、购买量等重要信息，并保存每次交易的记录及客户的反馈情况，通过对客户进行定期跟踪，可使企业对客户的资料有详细全面的了解，利用数据挖掘技术和智能分析可以发现盈利机会，继而采取相应的营销策略。具体来说，运用数据库管理客户信息可以实现如下几个方面的功能：①运用数据库可以深入分析客户的消费行为。②运用数据库可以对客户开展一对一的营销。③运用数据库可以实现客户服务及管理的自动化。④运用数据库可以实现对客户的动态管理。

二、开发新客户

开发新客户可以丰富企业的客户层次，增强企业的应变能力，因此企业应该结合自己的产品特点和优势，仔细选择资料中的客户，挑选出可能适合自己的客户群。

(一)客户的选择

客户的选择是指企业对服务对象的选择，即究竟选择什么样的对象与之建立客户关系。

1.选择关系客户的原因

在买方占主导地位的市场条件下，一般来说，客户可以自由选择企业，而企业是不能够选择客户的，大多数时候企业只能将客户当上帝来看待，祈求客户的光顾与购买。但是，从另一个角度来看，即使在买方市场条件下，作为卖方的企业还是应当主动去选择自己的客户，原因包括以下几点。

(1)不是所有的购买者都会是企业的客户。一方面，每个客户都有不同的需求，需求的个性化决定不同的客户购买不同的产品；另一方面，企业的资源是有限的，无法提供市场上需要的所有产品或者服务；此外，竞争者的客观存在，也决定了任何一家企业不可能“通吃”所有的购买者，不可能为所有的购买者提供产品或服务。因此，企业如果准确选择客户，就可以避免花费在非客户上的成本，从而减少企业资源的浪费。

(2)不是所有客户都能够给企业带来收益。客户天生就存在差异，有优劣之分，不是每个客户都能够带来同样的收益，都能给企业带来正价值，有些客户反而是“麻烦的制造者”，可能会给企业带来负面的风险，该风险甚至会超过其为企业带来的价值。总之，客户数量已经不再是衡量企业获利能力的唯一指标，客户质量的重要性已经在一定程度上高过了客户数量的重要性，客户质量在很大程度上决定着企业盈利的大小。

(3)没有选择好客户可能造成企业定位的模糊。客户之间的需求也是有差异的，企业如果没有选择好自己的客户，就不能为确定的关系客户开发恰当的产品或者提供恰当的服务。另外，形形色色的客户共存于同一企业，可能会造成企业定位的模糊，导致客户对企业印象产生混乱。相反，如果企业主动选择特定的客户，明确客户定位，就能够树立鲜明的企业形象。

(4)选择正确的客户是成功开发、实现客户忠诚的前提。实践证明，客户忠诚度高的企业更关注对新客户的选择。仔细挑选特定的客户是企业在处理客户关系上争取主动的一种策略，是成功建立、提升和维护客户关系的基础，是企业对客户关系进行有效管理的前提条件，同时也能增加企业的赢利能力。

2.选择什么样的关系客户

关系客户的选择是指企业在客户细分的基础上，对各细分客户群的赢利水平、需求潜力、发展趋势等情况进行分析、研究和预测，最后根据企业状况、市场状况以及竞争状况，选择和确定一个或几个细分客户群作为自己的服务对象。

通常，企业应选择以下几种客户作为关系客户。

(1)购买欲望强烈、购买数量大的客户。

(2)能够保证企业赢利，对价格敏感度低，付款及时，有良好信誉的客户。

(3)服务成本较低的客户；经营风险小，有良好发展前景的客户。

(4)愿意与企业建立长期的伙伴关系的客户。

3. 选择关系客户的指导思想

企业选择关系客户的指导思想包括：选择与企业定位一致的客户；选择“好客户”；选择有潜力的客户；选择“门当户对”的客户；选择与“忠诚客户”相似的客户。

(二)客户的开发

1. 营销导向的开发策略

所谓营销导向的开发策略，就是企业通过适当的产品、适当的价格、适当的分销渠道和适当的促销手段，吸引目标客户和潜在客户产生购买欲望并付诸行动的过程。

营销导向的开发策略特点是“不求人”，是企业靠自身的产品、价格、分销、促销的特色来吸引客户，其效果是由客户自己完成开发、主动和自愿地被开发，并且具有较高的客户满意度，所以该策略是客户开发策略的最高境界，也是获得客户的理想途径。具体通过有吸引力的产品或服务、有吸引力的价格或收费、有吸引力的购买渠道和有吸引力的促销方案来实现。

2. 推销导向的开发策略

所谓推销导向的开发策略，就是企业在自己的产品、价格、分销渠道和促销手段没有明显特色或者缺乏吸引力的情况下，通过人员推销的形式，引导或者劝说客户购买，从而将目标客户开发为现实客户的过程。

推销导向的开发策略，首先要能够寻找到目标客户，其次是要想办法说服目标客户采取购买行动。

寻找客户是推销的起点，常用的寻找客户的方法包括：逐户访问法、会议寻找法、到俱乐部寻找法、在亲朋故友中寻找、资料查询法、咨询寻找法、“猎犬”法、介绍法、“中心开花法”、电话寻找法、信函寻找法、短信微信寻找法、网络(博客、微博、微信)寻找法以及挖竞争对手的客户等。

三、强化企业与客户的互利关系

强化企业与客户的互利关系，企业可以从两方面着手，一方面企业要切实为客户着想、提高客户的满意度和忠诚度；另一方面以战略规划推动企业的客户管理工作。企业应该制订详细的发展战略计划书，列明推进的时间，正式提交给大客户管理层，使客户方能够对公司的整年发展计划有全盘了解。

(一)客户分级管理

所谓客户分级管理，就是根据客户的信用度和客户对企业的贡献率等指标把客户群分为关键客户(A类客户)、普通客户(B类客户)、小客户(C类客户)三个类别，即ABC客户分类法(图 10-1)。对不同类别的客户,应采取不同的管理方法,并建立科学动态的分类管理机制。

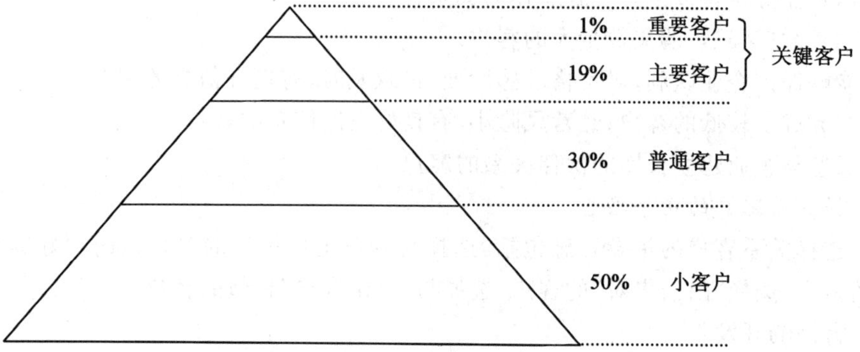

图 10-1 客户分级

1.实施客户分级管理的作用

(1)可以增强企业的客户服务水平。这是众多企业实施企业客户管理系统的一个主要目标。系统整合与记录企业各个部门所接触的客户资料,通过对这些客户信息的分析和挖掘,深入了解客户的需要,发现企业的高价值客户,从而向客户提供更加具有针对性、更加专业化的服务。

(2)可以增强企业的市场营销管理的能力。企业客户关系管理系统可以帮助企业制订合适的市场营销计划,并对各种推广渠道(传统营销、电话营销、网络营销)所接触的客户进行记录、分类和辨识,加强企业对潜在客户以及现实客户的管理,同时对企业的各项营销活动效果进行评价,提高企业的市场营销管理的能力。

(3)可以提高企业的销售收入。这是诸多实施客户关系管理系统的企业所期望的一个重要目标,客户关系管理体系通过企业的门户网站、第三方电子商务平台以及微信、微博等方式,充分利用信息资源得到各级客户销售记录的实时信息,并利用该信息为企业带来更高的价值。

2.影响客户分级的因素

(1)客户的信用状况。即企业统计客户最近一年的付款情况是否及时,有否拖延及拖延的天数与原因,然后根据这些因素,来判定客户的级别。

(2)客户的下单金额。统计企业近一年或者两年的客户下单金额,然后,按照其下单量从大到小,进行排列。下单量可以从下单的金额,也可以从下单的数量进行考核。

(3)客户的发展前景。这主要针对新客户,企业通过考察、了解等手段,挖掘客户的潜在价值,然后,去人为地判断其重要性。新客户因为没有历史交易的情况,所以很难用具体的数据来支持企业的决策,只有通过这主观的判断,才可以指定客户的优先级别。

(4)客户对企业利润的贡献率。这种方法,不但从客户下单的金额考虑,还涉及其购买产品的成本与利润问题。统计一年客户的销售订单量及其购买产品的利润率问题,然后算出其给企业创造了多少的利润。再以这个利润的大小进行优先级的排名。

(5)综合加权。以上几个指标都只是从一个方面进行衡量,不免有点偏颇。如客户虽然信用状况很好,但是,有可能其一年才下 100 元的订单,就算其信用状况再好,其也没有给企业创造多少的利润；再如，客户的下单量虽然比较大，但是，其购买的产品都是低利润的产品或者其信用状况不是很好，老是拖欠，那也不一定是价值高的客户。

3.客户分级管理的措施

客户分级管理是在客户分级的基础上，依据客户级别高低的不同设计不同的客户服务项目。不是对所有客户都平等对待，而是区别对待不同贡献的客户，将重点放在为企业提供80%利润的关键客户上，为他们提供上乘的服务，给他们特殊的礼遇和关照，努力提高他们的满意度，从而维系他们对企业的忠诚。同时，积极提升各级客户在客户金字塔中的级别，放弃不具赢利能力的客户，尤其是劣质客户，合理分配企业资源。

(1)关键客户的管理。重要客户和主要客户构成了企业的关键客户，他们是企业的核心客户，一般占企业客户总数的20%，企业80%的利润靠他们来贡献，是企业的重点保护对象。关键客户管理的目标是提高关键客户的忠诚度，并且在"保持关系"的基础上，提升关键客户给企业带来的价值。为此，要做好以下三方面的工作。

①成立为关键客户服务的专门机构。目前，许多企业对关键客户都比较重视，经常由企业高层亲自出面处理与这些客户的关系，但是这样势必分散高层管理者的精力。因此企业通常的做法是成立一个专门服务于关键客户的机构，对关键客户实行系统化、规范化的管理。关键客户服务机构的主要工作包括如下。

首先负责联系关键客户，一般来说，要给重要的关键客户安排一名优秀的客户经理并长期固定地为其服务，规模较小的关键客户可以几个客户安排一个客户经理；其次为企业高层提供准确的关键客户信息，包括获取关键客户相关人员的个人资料，并协调技术、生产、企划、销售、运输等部门，根据关键客户的不同要求设计不同的产品和服务方案；第三利用客户数据库分析每位关键客户的交易历史，注意了解关键客户的需求和采购情况，及时与关键客户就市场趋势、合理的库存量进行商讨，在销售旺季到来之前，要协调好生产及运输等部门，保证在旺季对关键客户的供应，避免因缺货而导致关键客户的不满；第四关心关键客户的利益得失，把服务做在前面，并且注意竞争对手对他们的"引诱"，千方百计地保持关键客户，决不能让他们转向竞争对手；第五要关注关键客户的动态，并强化对关键客户的跟踪管理，对出现衰退和困难的关键客户要进行深入分析，必要时伸出援手。

对关键客户的服务与管理是一项涉及部门多、要求非常细的工作，只有调动企业的一切积极因素，创造客户导向特别是关键客户导向的组织文化，才能做好这项工作。

②集中优势资源服务于关键客户。由于关键客户对企业的价值贡献最大，因而对服务的要求也比较高，但是目前有些企业没有为关键客户提供特殊服务，而是让关键客户与小客户享受同等待遇，使得关键客户的不满情绪不断增长。

为进一步提高企业的赢利水平，按帕累托定律的反向操作就是：要为20%的客户花上80%的努力。即企业要将有限的资源用在前20%的最有价值的客户上，用在能为企业创造80%利润的关键客户上。

为此，企业应该保证足够的投入，优先配置最多最好的资源，加大对关键客户的服务力度，采取倾斜政策加强对关键客户的营销工作，向关键客户提供"优质、优先、优惠"的个性化服务，从而提高关键客户的满意度和忠诚度。

除了为关键客户优先安排生产、提供能令其满意的产品外，还要主动提供售前、售中、售后的全程、全面、高档次的服务，包括专门定制的服务，以及针对性、个性化、一对一、精细化的服务，甚至可以邀请关键客户参与企业产品或服务的研发、决策，从而更好地满足关键客户的需要。

③通过沟通和感情交流，密切双方的关系。

第一，有目的、有计划地拜访关键客户。一般来说，有着良好业绩的企业营销主管每年大约有 1/3 的时间是在拜访客户中度过的，其中关键客户正是他们拜访的主要对象。对关键客户的定期拜访，有利于熟悉关键客户的经营动态，及时发现并解决问题，有利于与关键客户搞好关系。

第二，经常性地征求关键客户的意见。企业高层经常性地征求关键客户的意见，将有助于增加关键客户的信任度。例如，每年组织一次企业高层与关键客户之间的座谈会，听取关键客户对企业的产品、服务、营销、产品开发等方面的意见和建议，以及对企业下一步的发展计划进行研讨等，都有益于企业与关键客户建立长期、稳定的战略合作伙伴关系。

第三，及时、有效地处理关键客户的投诉或抱怨。处理投诉或抱怨是企业向关键客户提供售后服务的必不可少的环节之一，企业要积极建立有效机制，优先、迅速、有效及专业地处理关键客户的投诉或抱怨。

第四，充分利用包括网络在内的各种手段与关键客户建立快速、双向的沟通渠道，不断地、主动地与关键客户进行有效沟通，真正了解他们的需求，甚至了解他们的客户的需求或能影响他们购买决策的群体的偏好，只有这样才能够密切与关键客户的关系，促使关键客户成为企业的忠诚客户。

第五，增进与关键客户的感情交流。企业应利用一切机会，如关键客户开业周年庆典，或关键客户获得特别荣誉时，或关键客户有重大商业举措时，表示祝贺与支持，这些都能加强企业与关键客户之间的感情。当关键客户有困难时，如果企业能及时伸出援手，也可以提升关键客户对企业的感情。

企业与客户之间的关系是动态的，企业识别关键客户也应该是一个动态的过程。一方面现有的关键客户可能因为自身的原因或企业的原因而流失，另一方面又会有新的关键客户与企业建立关系。因此，企业应对关键客户的动向做出及时反应，既要避免现有关键客户的流失，又要及时对新出现的关键客户采取积极的行动。

(2)普通客户的管理。对于普通客户的管理，主要强调提升级别和控制成本两个方面。

①针对有升级潜力的普通客户，努力培养其成为关键客户。企业要增加从普通客户上获得的价值，就要设计鼓励普通客户消费的项目，如对一次性或累计购买达到一定标准的客户给予相应级别的奖励，或者让其参加相应级别的抽奖活动等，以鼓励普通客户购买更多数量的产品或服务。

企业还可根据普通客户的需要扩充相关的产品线，或者为普通客户提供"一条龙"服务，以充分满足他们的潜在需求，这样就可以增加普通客户的购买量，提升他们的层级，使企业进一步获利。

②针对没有升级潜力的普通客户，减少服务，降低成本。针对没有升级潜力的普通客户，企业可以采取"维持"战略，在人力、物力、财力等限制条件下，不增加投入，甚至减少促销努力，以降低交易成本，还可以要求普通客户以现款支付甚至提前预付。另外，还可以缩减对普通客户的服务时间、服务项目、服务内容，或对普通客户只提供普通档次的产品或一般性的服务，甚至不提供任何附加服务。

(3)小客户的管理。对于低价值的小客户，企业通常的做法会有两种：一种是"坚决剔除"，不再与他们联系和交易；另一种是"坚决保留"，信奉"客户就是上帝"，无论小客户多么难缠，都不遗余力地与其保持关系。这两种做法都过于极端，不可取。

①判断有没有升级的可能。企业应在认真分析小客户价值低的原因之后，判断和甄别这类客户是否有升级的可能。

如果这类小客户有升级的可能，企业就应加强对他们的培育，帮助其成长，挖掘其潜力，可通过客户回访、邮寄赠品或刊物等不同的手段与这类小客户建立特殊的关系。通过这样密切的联系往往可以促使小客户上升为普通客户甚至关键客户，那么伴随着小客户的成长，企业利润就可以不断得到提升。

如果这类小客户没有升级的可能，企业也不能说淘汰就淘汰，而要搞清楚是不是非淘汰不可。

②判断是不是非淘汰不可。开发一个新客户的成本远远大于维系一个老客户的成本，因此，企业必须珍惜并慎重对待现有的每一个客户。

虽然一些小客户给企业带来的利润很少甚至根本没有利润，但是他们仍然为企业创造和形成了规模优势，在降低企业成本方面功不可没。因此，保持一定数量的低价值客户是企业实现规模经济的重要保证，是企业保住市场份额、保持成本优势、遏制竞争对手的重要手段。所以，企业在决定淘汰小客户时，要权衡利弊得失，纵观全局，认真研究是不是非淘汰不可。

③有理有节地淘汰。对于没有价值的小客户一般可以通过提高价格和降低成本的方式逐步淘汰。

(二)加强与客户的沟通

沟通是指两个或两个以上的人之间交流信息、观点和理解的过程。在客户服务中，很多时候，客服人员都不能真正理解对方的意思，从而引起客户的不满与抱怨。客户服务人员必须不断完善自己的沟通技巧。

1.客户沟通的基本技能

(1)掌握客户的特点。只有了解不同人在沟通过程中的不同特点，才有可能用相应的方法与其沟通，最终使沟通效果臻于完美；只有掌握了不同的人在沟通中的特点后，才能选择与其接近的方式与其沟通；还应了解对方的声音、语速等，尽可能与对方保持一致，才能产生较好的沟通效果。

(2)有效的语言沟通。客服人员的语言是否热情、礼貌、准确、得体，直接影响到客户的购买行为，并影响客户对企业的印象。客服人员的语言应具备以下特点：①语言有逻辑性，层次清楚，表达明白。②突出重点和要点。③真实、准确。④说话文明。⑤话语因人而异。⑥调整自己的音量和讲话速度。

(3)适度的身体语言。所谓身体语言，不仅包括沟通者的动作、神态、表情，它还反映在说话的音色和音量以及必要的抑扬顿挫上，不同的声音带来不同的效果。因此，在和客户沟通的过程中，一定要注意调节自己的音色，让自己的声音能够包含更为丰富多彩的内容。另外，客服人员的眼神、表情等肢体语言也会给客户传递更多的信息和情感，所以要巧妙地运用各种身体语言，赢得客户的信任。

2.客户沟通时的倾听技能

在于客户沟通中,潜心地倾听往往比滔滔不绝地谈话更为重要。学会倾听才能探索到客户的心里活动,观察和发现其兴趣所在,从而确认客户的真正需要,以此不断调整自己的服务。

(1)要集中精力、专心致志地听,这是倾听技能中最重要、最基本的方面。

(2)善于使用并观察肢体语言。

(3)着重听取关键词。透过关键词,可以看出对方喜欢的话题,以及说话者对人的信任。另外,找出对方话中的关键词,也可以帮助我们决定如何响应对方的说法。

(4)尽量避免打断客户的谈话。随意打断客户谈话不仅会打击客户表达观点和意图的热情和积极性,甚至还会引起客户的反感。

(5)清楚地听出对方的谈话重点。与客户沟通过程中,清楚地听出客户谈话的重点,了解客户的真正意图。

(6)肯定对方的观点、适时的积极回应。在谈话中,一定要用心去接受客户的观点,给予积极的肯定和赞美,这是获得对方好感的一大绝招。

3.客户沟通时的提问技巧

提问是非常重要的一种沟通行为,客服人员的服务技能究竟怎样、服务经验是否丰富,关键看他提问的质量。

(1)开放式提问。所谓开放式问题,就是不限制客户回答问题的答案,完全让客户跟着自己的喜好,围绕谈话主体自由发挥。如"您能谈谈当时的具体情况吗?或者您能回忆一下当时的具体情况吗?"一句话问出来,客户就滔滔不绝了,可能会告诉你非常多的信息。

进行开放式提问有助于让谈话的气氛轻松,令客户感到自然并畅所欲言,又有助于客服人员根据客户谈话了解更多有效的客户信息,收集信息全面。但是开放式提问容易浪费时间、容易偏离谈话主题和目标。

(2)封闭式提问。封闭式提问限定了客户的答案,客户只能在有限的答案中极性选择。比如,你读过公司内部杂志或简讯吗?客户只能回答有或者没有。使用封闭式提问,客户往往会感觉比较紧张和被动,甚至还会产生被审问的感觉。封闭式问题的使用完全是为了帮助客户进行判断。

一般而言,客服人员发现话题跑偏时可问一个封闭式问题;发现对方比较紧张时,可问开放式问题,使气氛轻松自如。

向客户提问时应注意:保持礼貌和谨慎、少说为什么、少问带有引导性的问题以及避免多重提问。

4.客户沟通时的回答技巧

沟通中客服人员的回答主要是消除客户的疑虑,纠正客户的错误看法,用劝导的方式,说明、解释并引导客户对问题的认识。

(1)及时调整谈话速度。要根据客户是否能理解谈话的主旨,以及对谈话中重要情况的理解程度,来调整说话速度。在向客户解释一些主要情况和重要问题时,说话的速度要适当放慢,使客户易于领会。要随时注意客户的反应,根据客户的理解程度来调整谈话的速度,避免长篇大论。

(2)讲究否定的艺术。在沟通中,最忌讳与客户争论。在任何情况下,都不要直截了当地反驳客户，断然地否定很容易使客户产生抵触。如果在特定的情况下，客服人员可以采用“尽管很对，但是……”的方法，首先明确表明同意客户的看法，然后再用婉转的语言提出自己的观点，客户往往比较容易接受。

(3)保持沉着冷静。任何时候都要冷静地回答客户，即使是在客户完全错误的情况下也应沉得住气。有时候客户带有很多偏见和成见，很多看法带有强烈的感情色彩，这时候用讲道理的方法是改变不了对方的成见的。沉着冷静的举止不仅会强化客户的信心，而且在一定程度上会使沟通的气氛朝着有利于客服人员的方向发展。

(三)提高客户的满意度

客户满意度是客户期望值与客户体验的匹配程度。客户满意度的大小受到以下四个因素的影响。

1.产品和服务让渡价值的高低

客户对产品或服务的满意会受到产品或服务的让渡价值高低的重大影响。如果客户得到的让渡价值高于他的期望值，他就倾向于满意，差额越大越满意；反之，如果客户得到的让渡价值低于他的期望值，他就倾向于不满意，差额越大就越不满意。

2.客户的情感

客户的情感同样可以影响其对产品和服务的满意的感知。这些情感可能是稳定的，事先存在的，比如情绪状态和对生活的态度等。非常愉快的时刻、健康的身心和积极的思考方式，都会对所体验的服务的感觉有正面的影响。反之，当客户正处在一种恶劣的情绪当中，消沉的情感将被他带入对服务的反应，并导致他对任何小小的问题都不放过或感觉失望。

3.对服务成功或失败的归因

这里的服务包括与有形产品结合的售前、售中和售后服务。归因是指一个事件感觉上原因。当客户被一种结果(服务比预期好得太多或坏得太多)而震惊时，他们总是试图寻找原因，而他们对原因的评定能够影响其满意度。

4.对公平性的判断

公平性是客户在心理上进行比较后的一种主观判断。客户希望得到公平的感受，期望自己的投入可以得到相应的回报，认为自己应该受到重视，并被礼貌地对待。客户会将产品或服务的诸多方面与参照对象进行比较，如果发现综合产出与综合投入的比率较高，其满意度也就较高。

(四)培养客户的忠诚度

客户忠诚度是一个量化概念，是指由于质量、价格、服务等诸多因素的影响，使客户对某一企业的产品或服务产生感情，形成偏爱并长期重复购买该企业产品或服务的程度。

客户忠诚是指客户对企业的产品或服务的依恋或爱慕的感情，它主要通过客户的情感忠诚、行为忠诚和意识忠诚表现出来。其中情感忠诚表现为客户对企业的理念、行为和视觉形象的高度认同和满意；行为忠诚表现为客户再次消费时对企业的产品和服务的重复购买行为；意识忠诚则表现为客户做出的对企业的产品和服务的未来消费意向。这样，由情感、行为和意识三个方面组成的客户忠诚营销理论，着重于对客户行为趋向的评价，通过这种评价活动的开展，反映企业在未来经营活动中的竞争优势。

客户忠诚具体体现在如下四个方面。

(1)客户忠诚是指客户在进行购买决策时，多次表现出来的对某个企业产品和品牌有偏向性购买行为。

(2)忠诚的客户是企业最有价值的客户。

(3)客户忠诚的小幅度增加会导致利润的大幅度增加。

(4)客户忠诚营销理论的关心点是利润。建立客户忠诚是实现持续的利润增长的最有效方法。企业必须把做交易的观念转化为与客户建立关系的观念,从仅仅集中于对客户的争取和征服转变为集中于客户的忠诚与持久。

(五)正确认识和处理客户的投诉

1.客户投诉的含义

客户投诉是消费者对企业的产品质量问题,服务态度等各方面的原因,向企业主管部门反应情况,检举问题,并要求得到相应的补偿的一种手段。其方式主要有当面投诉、信函投诉和电话投诉等。

客户投诉是每一个企业皆会遇到的问题,它是客户对企业管理和服务不满的表达方式,也是企业有价值的信息来源,它为企业创造了许多机会。因此,如何利用处理客户投诉的时机而赢得客户的信任,把客户的不满转化为客户满意,锁定他们对企业和产品的忠诚,获得竞争优势,已成为企业经营管理的重要内容之一。

2.阻碍客户投诉的因素

虽然客户投诉是司空见惯的事情,但并非所有不满意的客户都会进行投诉。研究表明,通常情况下,70%~95%的不满意客户不会向经营性组织机构投诉。具体而言,有如下情况:对服务不满意的客户,96%会静静地离开,91%永远不会再回来,80%的此类客户将不满意的服务活动向8~10位朋友诉说,20%的此类客户更会向20个友人讲述。

那么,为什么客户会选择沉默呢?

(1)企业没有为客户提供适当的投诉渠道。由于企业没有向客户明确告知的义务和客户的权益,造成客户在问题发生后,不知道损失该由谁承担;或者没有清楚告知客户如果发生问题,应该通过何种渠道、向企业哪个部门反映,使受到损失的客户束手无策;或者提供的渠道使客户觉得不方便,如经常无人接听电话。

(2)客户心理上存在障碍。客户认为投诉了也不会有什么结果,企业不会理睬他的投诉,更不会公正处理,所以投诉也是徒劳。在客户不满意时,这种想法也会阻碍客户投诉行为的实施。另外,客户心理上的担忧也会影响客户投诉。在产品或者服务的提供方处于某种强势的情况下,客户会担心由于投诉遭到报复。比如病人对护士的恶劣服务,不敢投诉,是害怕投诉换来更加恶劣的服务。

(3)客户认为投诉不值。在影响不满意客户不投诉的原因中,客户认为投诉不值得的比例最高,因为客户认为投诉要花费时间成本、精力成本、货币成本,甚至心理成本。尤其是在企业投诉处理效率不高、造成损失不大的情况下,客户会认为投诉成本过高而放弃投诉。

3.清除客户投诉的障碍

企业主动清除客户投诉的障碍,鼓励和引导不满意客户投诉,为不满意客户投诉提供方便是十分必要的。

(1)鼓励客户评价与投诉。为了鼓励客户直接向企业反映情况,企业应该制订明确的产品和服务标准及补偿措施,使客户明确判断自己购买的产品、接受的服务是否符合标准,是否可以进行投诉,如果投诉的话,可能获得什么结果。如联邦快递就保证,如果客户没有在递交邮件次日上午 10:30 前收到邮件，邮件费用全免。在此基础上，企业还应该增加接受和处理投诉的透明度，设立奖励制度鼓励客户投诉，督促员工积极接受并处理投诉，从而加强客户与企业、企业与员工、员工之间的理解。

(2)培训客户投诉。在鼓励客户投诉的基础上，企业还要采用各种方式培训客户如何投诉。例如，通过促销材料、产品包装、文具、名片等客户能够接触到的媒介，告知客户，企业接受客户投诉的部门联系方式和工作程序。

(3)方便客户投诉。企业应尽可能降低客户投诉的成本，减少其花在投诉上的时间、精力、货币与心理成本，使客户的投诉变得容易，方便和简捷，投诉系统不能向客户要求过多的文件 证据和额外的努力。公司还要了解客户更乐意用什么方式投诉，是邮寄、电话、电子邮件、传真还是面对面投诉，然后提供给客户乐于接受的投诉渠道，告知客户投诉的程序，更方便客户投诉。

4.客户投诉的处理程序

从某种意义上说，恰当地处理好客户投诉是最重要的售后服务。客户投诉的处理流程包括以下几个步骤。

(1)记录投诉内容。利用客户投诉登记表详细地记录客户投诉的主要内容，如客户姓名、性别、购买产品的时间、地点、产品或服务的类型、客户的使用方法、产生不满与抱怨的原因、客户希望以何种方式解决问题、客户的联系方式等。

(2)判断投诉是否成立。由于客户在投诉时总是会强调那些支持他的观点的情况，所以接待人员必须谨慎地确定有关的事实信息。在全面、客观认识情况的基础上了解客户投诉的内容，然后判定客户投诉的理由是否充分、投诉要求是否合理。如果投诉不能成立，即可以婉转的方式答复客户，取得客户的谅解，消除误会。

(3)确定投诉处理部门。根据客户投诉的内容，确定相关的具体受理单位和受理负责人。

(4)投诉处理部门分析投诉原因。要查明投诉的具体原因，以及造成客户投诉的部门具体负责人。

(5)提出处理方案。根据实际情况，参照客户的处理要求，提出解决投诉的具体方案，如退货、换货、维修和赔偿等。

(6)提交主管领导批示。对于客户投诉问题，领导应予以高度重视。主管领导应对投诉的处理方案一个一个过目，及时做出批示，根据实际情况，采取一切可能的措施，挽回已经出现的损失。

(7)实施处理方案。处理直接责任人，通知客户，并尽快地收集客户的反馈意见。对直接责任人和部门主管要按照有关规定进行处罚，依据投诉所造成的损失大小，扣罚责任人一定比例的绩效工资或奖金。同时对不及时处理问题造成延误的责任人也要进行追究。

(8)总结评价。对投诉处理过程进行总结与综合评价，吸取经验教训，提出改进措施，不断完善企业的经营管理和业务运作，以提高客户服务质量和服务水平，降低投诉率。解决客户投诉后，接待人员可以打电话或写信给他们，了解客户是否满意。一定要注意与客户保持联系，并定期拜访。

四、完善售后服务

(一)售后服务的概念和意义

售后服务,就是在商品出售以后所提供的各种服务活动。从销售工作来看,售后服务本身同时也是一种促销手段,通过售后服务可以提高企业的信誉,扩大产品的市场占有率。

售后服务是售后最重要的环节。售后服务已经成了企业保持或扩大市场份额的要件。售后服务的优劣能影响客户的满意程度。在购买时,商品的保修、售后服务等有关规定可使客户摆脱疑虑、摇摆的心态,下定决心购买商品。优质的售后服务是品牌经济的产物,在市场激烈竞争的今天,随着客户维权意识的提高和消费观念的变化,客户不再只关注产品本身,在同类产品的质量与性能都相似的情况下,更愿意选择这些拥有优质售后服务的公司。

(二)售后服务的内容

售后服务的内容主要包括:①代为客户安装、调试产品;②根据客户要求,进行有关使用等方面的技术指导;③保证维修零配件的供应;④负责维修服务,并提供定期维护、定期保养;⑤为客户提供定期电话回访或上门回访;⑥对产品实行“三包”,即包修、包换、包退(许多人认为产品售后服务就是为“三包”,这是一种狭义的理解);⑦处理客户来信来访以及电话投诉意见,解答客户的咨询;⑧征集客户对产品质量的意见,并根据情况及时改进。

(三)售后服务的要点

1.耐心聆听

对客户所说的话要从头到尾耐心地听。一般人如果听到对方重复话题,不免都想阻止对方,于是就说“我知道了”,不想让对方再说下去。但是请你一定把这些反复的话当作重要的环节来耐心地听完。

2.听出真意

在与客户谈话的过程中或者是了解、商讨对策的过程中,你要注意去听,听出客户真正的用意在哪里,看他们有什么不满或者抱怨的情形。如果你遇到的客户表达可能不是特别好,或他讲话方面可能有一些结巴,但是你一定要有耐心,让客户把他的问题说出来,听出真意,说出不便说或不敢说的话才是重要的。

3.引导客户出对策

当你用心去为客户服务,用心地关心客户,客户会谢谢你,还会做出更大、更好的回馈,为你想出最好的解决烦恼的对策来。

4.通过服务树立企业形象

在产品同质化日益严重的今天,售后服务作为市场营销的一部分已经成为众厂家和商家争夺客户的重要领地,良好的售后服务是下一次销售前最好的促销,是提升客户满意度和忠诚度的主要方式,是树立企业口碑和传播企业形象的重要途径。

5.提升客户满意度

售后服务作为客户提出来的要求,企业做得好坏程度将与客户的满意程度呈正比的关系。售后服务做得好,若能达到客户提出的要求,客户的满意度自然会不断提高;反之售后服务工作做得不好或者没有去做,客户的满意度就会降低,甚至产生极端的不满意。客户满意后通常会持续购买自己满意的产品,进行口碑宣传等积极方式进行传播,对提高产品的市场占有率和品牌的美誉度起到强而有力的作用。

市场的竞争归根结底是对客户的竞争，无论是出售产品还是出售服务，最终客户的满意度才是检验企业经营管理工作成败的标准。完善售后服务就是充分了解客户，研究客户心理，注重售后细节，改进工作缺点，提高服务质量，通过全程优质服务，以换取客户的品牌忠诚度。

企业建立的CRM应该借助于“客户关系管理”的本能，给客户提供优质的售后服务，把企业内部战略塑造出的核心竞争力和优势以最快的速度和最有效的方式，传递给客户，使客户能够感知这种核心竞争力和优势，并提高客户的满意度。

【案例分析】

北京华都肉鸡客户关系管理分析

一、案例介绍

（一）企业背景（客户状况）

北京华都肉鸡公司拥有现代化饲料厂3座，肉鸡加工厂2个，熟食加工厂2个。北京华都肉鸡公司年屠宰加工能力3 600万只。采用国际先进的现代化屠宰加工工艺与中国传统的劳动力优势相结合，引进丹麦林可的全自动化流水线生产工艺，单班日屠宰加工肉鸡能力12万只。年产50万t全价优质配合颗粒饲料。科学的配方、先进的加工工艺、国际标准化管理、高品质原料质量、确保了饲料品质，为公司肉鸡饲养提供全价、安全的营养来源。同时，产品还销往北京和河北等地区。

（二）客户识别

寻找有发展潜力的肯德基产业客户，针对华都肉鸡公司的产品消费对象，并对相关客户的信息进行归纳整理，整合出客户类型分为消费客户，中间客户，公利客户。找出对自身发展有利的消费者和产业客户，及时更新客户信息，并保证客户信息的安全完整性。

（三）客户区分（过程）

华都肉鸡公司利用的是ABC客户分析法，以客户给企业带来的利润和销售额以及客户为企业的生存和发展所做的贡献，将客户分为高端客户，大客户，中等客户，小客户。4%的客户为大客户，为企业贡献了20%左右的收入及利润。中等客户占据了客户数量的15%，为企业贡献了18%的收入及利润。其余为小客户的贡献，虽然数量比例最大，但是为企业所做的贡献很小。

（四）客户互动（步骤）

华都肉鸡公司首先通过与客户的互动，确定了互动对象，并将自己的产品介绍给客户。其次确定互动目标，扩大客户群，了解客户的需求。之后设计互动内容，提高客户对华都肉鸡公司的满意度，这是维系客户的重要途径。华都肉鸡公司互动的内容：宣传华都企业的文化，经营理念与政策，产品或者信息服务等，还可以向企业传递客户需求信息。拉近客户与企业的情感距离，维系老客户，发展新客户。

（五）客户个性

(1)识别客户个性化需求：客户需求特征表现为5W2H1F，根据华都肉鸡公司的客户特征，采用目的——手段链和市场调查的方法区分客户需求。

(2)分析客户价值差异：根据 RFM 分析法分析客户价值差异。

(3)弄清企业的优势和劣势：从企业自身能力和竞争对手以及市场环境出发，扬长避短，用华都肉鸡公司有限的资源满足客户的最大需求。

(4)根据客户的需求价值以及企业的现状选择客户。

(5)实施不同的营销模式：企业可以根据客户价值及需求差异大小实施不同的营销模式。

(六)客户满意或忠诚衡量

(1)客户满意衡量：代表了客户的鸡肉需求被满足的程度。可用如下公式来表示：

$$C=B/A$$

C：客户满意度；

B：客户对产品或服务所感知的实际体验；

A：客户对产品或服务的期望值。

若 B 小于 A，那么客户就会感觉到不满意；若 B 恰好等于 A，那么客户就会感到满意；若 B 大于 A，那么客户感到非常满意。

(2)客户忠诚衡量：对客户忠诚可以从时间、行为和情感几方面来衡量。

问题：1. 华都肉鸡公司是如何进行客户关系管理的？

2. 今后华都肉鸡公司应如何继续做好客户关系管理工作？

二、案例分析

(一)华都肉鸡公司在客户关系管理方面所做的工作如下

1. 客户识别

定义鸡肉客户信息→收集鸡肉客户信息→整合管理客户信息→更新鸡肉客户信息→客户信息安全性

2. 客户区分

确定区分客户的基础→区分不同的客户→分析不同客户的特征

3. 客户互动

确定互动对象(与哪些客户互动?)→确定互动目标(希望达到什么目的?)→设计互动内容(信息、情感、意见和建议)→设计互动预算(预算花多少钱?)→选择互动渠道与频率(怎么说?)→评估效果(达到预期目的了吗?)

4. 客户个性

识别客户个性化需求→分析客户价值差异→弄清企业的优势和劣势→根据客户的需求价值以及企业的现状选择客户→实施不同的营销模式

5. 客户满意或忠诚衡量

①对客户满意度进行了定量分析，并根据分析结果将客户满意分为非常满意、感到满意、不满意三种情况。②对客户忠诚可以时间、行为、情感几方面进行综合衡量。

(二)对华都肉鸡公司继续做好客户关系管理工作的建议

(1)提高核心产品的创新服务，采用有效的客户关怀手段，吸引新顾客，保留老顾客，更好地维护客户关系。

客户关怀手段指企业与客户交流的手段，主要有主动电话营销、网站服务、呼叫中心等。在 e 时代企业只有做到 CCPR(C：让客户更方便、C：对客户更亲切、P：个人化、R：立即反应），才能更好地维系客户关系。

（2）提高客户服务的可靠性、及时性、方便性，为客户提供增值服务。

增值服务是建立在基本服务基础之上，企业“额外”提供的服务，让客户大喜过望，有利于赢得客户高度满意并建立客户忠诚。

（3）加强企业与客户的情感对客户的沟通倾听，解决客户问题，提供独特的关怀，提高客户的满意度和忠诚度。

大量的实践证明：忠诚的客户对企业提供的价值感到满意时，会向企业提出再次购买的要求并向其他客户推荐，导致企业收入和市场份额的增长。

【知识拓展】

客户关系管理系统的主要功能

一、客户管理

主要功能包括：客户基本信息；与此客户相关的基本活动和活动历史；联系人的选择；订单的输入和跟踪；建议书和销售合同的生成。

二、联系人管理

主要功能包括：联系人概况的记录、存储和检索；跟踪同客户的联系，如时间、类型、简单的描述、任务等，并可以把相关的文件作为附件；客户的内部机构的设置概况。

三、时间管理

主要功能有：日历；设计约会、活动计划，有冲突时，系统会提示；进行事件安排，如约会、会议、电话、电子邮件、传真；备忘录；进行团队事件安排；查看团队中其他人的安排，以免发生冲突；把事件的安排通知相关的人；任务表；预告/提示；记事本；电子邮件；传真。

四、潜在客户管理

主要功能包括：业务线索的记录、升级和分配；销售机会的升级和分配；潜在客户的跟踪。

五、销售管理

主要功能包括：组织和浏览销售信息，如客户、业务描述、联系人、时间、销售阶段、业务额、可能结束时间等；产生各销售业务的阶段报告，并给出业务所处阶段、还需的时间、成功的可能性、历史销售状况评价等信息；对销售业务给出战术、策略上的支持；对地域（省市、邮编、地区、行业、相关客户、联系人等）进行维护；把销售员归入某一地域并授权；地域的重新设置；根据利润、领域、优先级、时间、状态等标准，用户可定制关于将要进行的活动、业务、客户、联系人、约会等方面的报告；提供类似BBS的功能，用户可把销售秘诀贴在系统上，还可以进行某一方面销售技能的查询；销售费用管理；销售佣金管理。

六、电话营销和电话销售管理

主要功能包括：电话本；生成电话列表，并把它们与客户、联系人和业务建立关联；把电话号码分配到销售员；记录电话细节，并安排回电；电话营销内容草稿；电话录音，同时给出书写器，用户可作记录；电话统计和报告；自动拨号。

七、营销管理

主要功能包括：产品和价格配置器；在进行营销活动（如广告、邮件、研讨会、网站、展览会等)时,能获得预先定制的信息支持;把营销活动与业务、客户、联系人建立关联;显示任务完成进度;提供类似公告板的功能,可张贴、查找、更新营销资料,从而实现营销文件、分析报告等的共享;跟踪特定事件;安排新事件,如研讨会、会议等,并加入合同、客户和销售代表等信息;信函书写、批量邮件,并与合同、客户、联系人、业务等建立关联;邮件合并;生成标签和信封。

八、客户服务

主要功能包括:服务项目的快速录入;服务项目的安排、调度和重新分配;事件的升级;搜索和跟踪与某一业务相关的事件;生成事件报告;服务协议和合同;订单管理和跟踪;问题及其解决方法的数据库。

九、呼叫中心

主要功能包括:呼入呼出电话处理;互联网回呼;呼叫中心运行管理;软电话;电话转移;路由选择;报表统计分析;管理分析工具;通过传真、电话、电子邮件、打印机等自动进行资料发送;呼入呼出调度管理。

十、合作伙伴关系管理

主要功能包括:对公司数据库信息设置存取权限,合作伙伴通过标准的Web浏览器以密码登录的方式对客户信息、公司数据库与渠道活动相关的文档进行存取和更新;合作伙伴可以方便地存取与销售渠道有关的销售机会信息;合作伙伴通过浏览器使用销售管理工具和销售机会管理工具,如销售方法、销售流程等,并使用预定义的和自定义的报告;产品和价格配置器。

十一、知识管理

主要功能包括:在站点上显示个性化信息;把一些文件作为附件贴到联系人、客户、事件概况等上;文档管理;对竞争对手的Web站点进行监测,如果发现变化的话,会向用户报告;根据用户定义的关键词对Web站点的变化进行监视。

十二、商业智能

主要功能包括:预定义查询和报告;用户定制查询和报告;可看到查询和报告的SQL代码;以报告或图表形式查看潜在客户和业务可能带来的收入;通过预定义的图表工具进行潜在客户和业务的传递途径分析;将数据转移到第三方的预测和计划工具;柱状图和饼图工具;系统运行状态显示器;能力预警。

十三、电子商务

主要功能包括:个性化界面、服务;网站内容管理;店面;订单和业务管理;销售空间拓展;客户自助服务;网站运行情况的分析和报告。

【考核评价】

一、考核题目

世界上没有十全十美的人和产品,因此,任何饲料企业都会接到一些客户的抱怨和投诉。由于饲料企业的经营活动核心是"通过不断满足客户的需要来获取收益",所以,如何处理客户投诉,直接关系到企业能否更好地满足客户的需要,关系到企业收益的程度,从长远看,甚至关系到企业的可持续发展。处理客户投诉是客户管理的重要内容。客户投诉主要涉及产品质量、延迟交货、产品规格与所要求的不符、包装问题、服务水平等。出现客户投诉并不可怕，而且可以说它是不可避免的，问题的关键在于，饲料企业如何正确看待和处理客户的投诉并形成有效的解决方案，以便有效处理企业在经营过程中出现的失误和错误，达到补救和挽回客户，提高企业的信誉度，甚至化危机为契机吸引新客户。请为饲料企业设计和策划有效处理客户投诉的解决方案。

二、评价标准

1.饲料企业常见的客户投诉有善意投诉和恶意投诉

善意的投诉是指客户在和饲料企业的经营往来中，因各种原因确实造成客户经营阻碍甚至损失，从而引起的客户对企业投诉的行为。善意的投诉原因有两个：一是企业过失造成的，二是客户自己过失造成的。

恶意的投诉是指客户在和饲料企业的经营往来中，为了寻找理由不付货款、少付货款、延迟付货款甚至是故意骗取赔偿，而对企业提出不合理要求的投诉。

“饲料霉变、生虫、有异味”之类的客户投诉，由于责任易区分，很少出现恶意投诉。但“动物的饲养效果不好”之类的客户投诉，由于动物的生长和生产性能的发挥受诸多因素的影响，恶意投诉发生的概率要高。

2.饲料企业需要正确的认识客户投诉

客户投诉不是找事，有期望才有投诉；客户在投诉时想得到什么？据统计，当客户不满意时，4%的顾客会说出来，96%的客户会默默观察，当不满积累到一定程度时，他们就会离开。而企业吸引一个新客户的难度是留住一个老客户的6倍；当投诉未得到正确的处理时，对客户而言，对这家饲料企业的品牌忠诚度下降，不再向人推荐，严重的会选择用脚投票，甚至进行非常负面的宣传。

3.饲料企业有效处理客户投诉的解决方案

①构建处理客户投诉的组织平台。

②有效处理客户投诉解决方案的原则。

③如何预防投诉的产生。

④有效处理客户投诉的程序。

⑤难缠客户的应对方法。

【知识链接】

1. http://wenku.baidu.com/view/146dd0252f60ddccda38a046.html 客户关系管理制度

2. http://www.sino-manager.com/2014812_402872.html 消费者互动的十大黄金法则

3. http://www.sino-manager.com/2014811_402847.html 让客户做你的代言人

4. http://www.uf-crm.com/用友 CRM

参考文献

[1] 方天堃.畜牧业经济管理.北京:中国农业大学出版社,2003.
[2] 靳胜福.畜牧业经济与管理.北京:中国农业出版社,2008.
[3] 朱云山.畜牧业经济与管理.北京:中国农业出版社,1997.
[4] 黄渝祥.企业管理概论.2版.北京:高等教育出版社,2000.
[5] 王秉秀.畜牧业经济管理.2版.北京:中国农业出版社,1998.
[6] 刘文龙,朱煜.企业经济基础知识.北京:中国石化出版社,2000.
[7] 张京和.畜牧场经营与管理.北京:中国农业大学出版社,2013.
[8] 朱道华.农业经济学.4版.北京:中国农业出版社,2002.
[9] 李秉龙,薛兴利.农业经济学.北京:中国农业大学出版社,2003.
[10] 陈耀春.畜牧业经济管理手册.北京:中国农业出版社,1995.
[11] 郭羽诞.新编现代西方经济学教程.上海:上海财经大学出版社,1996.
[12] 葛素洁,杨洁.现代企业管理学.北京:经济管理出版社,2001.
[13] 刘庆山.农业经济管理学.天津:天津大学出版社,1994.
[14] 张京和.畜牧业经营管理.北京:中国农业出版社,2002.
[15] 陈良珠.畜产品市场学.北京:中国农业出版社,1995.
[16] 郭明瑞,房绍坤.新合同法原理.北京:中国人民大学出版社,2000.
[17] 周文昌.经济法基础知识.北京:中国财政经济出版社,1995.
[18] 张德.人力资源开发与管理.北京:清华大学出版社,1999.
[19] 徐国华,张德,赵平.管理学.北京:清华大学出版社,1999.
[20] 张卫星.市场预测与决策.北京:北京工业大学出版社,2002.
[21] 刘金花.市场营销学.北京:清华大学出版社,2002.
[22] 王方华.市场营销学.上海:上海人民出版社,2003.
[23] 吴世经.市场营销学.成都:西南财经大学出版社,2007.
[24] 郭奉元.现代推销技术.北京:高等教育出版社,2001.
[25] 何利良.市场营销.北京:中国农业出版社,2010.
[26] 孙祥俊.合同法疑难案例评析与法理研究.北京:人民法院出版社,2000.
[27] 沙玉圣,辛盛鹏.畜产品质量安全与生产技术.北京:中国农业大学出版社,2008.
[28] 王洪漠.成本会计.北京:中国农业出版社,1999.
[29] 王佩琦.企业财务主管.北京:北京工业大学出版社,2000.
[30] 秦耀明.兽药与饲料营销操典.北京:中国农业科学技术出版社,2006.
[31] 皮骏.客户关系管理教程.上海:复旦大学出版社,2011.

[32] 周贺来.客户关系管理实用教程.北京:机械工业出版社,2011.
[33] 全国饲料工作办公室,中国饲料工业协会.2011中国饲料工业年鉴.北京:中国商业出版,2012.
[34] 国家统计局农村社会经济调查司.2011中国农村统计年鉴.北京:中国统计出版社,2011.
[35] 国家统计局农村社会经济调查司.中国农村统计年鉴2012.北京:中国统计出版社,2012.